U0360980

| 文 治 堂 |

上海交通大学
人文社会科学成果文库

上海市哲学社会科学规划“江南文化研究”系列课题

天上的街市

TIANSHANG
DE JIESHI

江南城市文化与长三角高质量一体化发展

刘士林
等 著

上海交通大学出版社
SHANGHAI JIAO TONG UNIVERSITY PRESS

内容提要

近年来，随着长三角城市群建设不断深入推进，江南文化也受到越来越多的关注和重视。江南文化的许多独特品性构成了长三角一体化发展的文化基础，是长三角地区共同的传统文化资源，对当今世界和中国发展具有独特的价值。本书以“江南诗性文化”为精神内核，结合历史与现状，从长三角一体化发展的角度分析江南城市圈若干城市的文化精神，为长三角城市群建设提供了价值阐释与建设思路，对当下城市发展与建设具有积极的作用。

图书在版编目(CIP)数据

天上的街市：江南城市文化与长三角高质量一体化发展／刘士林等著．—上海：上海交通大学出版社，2022.10

ISBN 978-7-313-27384-0

Ⅰ．①天… Ⅱ．①刘… Ⅲ．①城市文化—研究—华东地区②长江三角洲—区域经济发展—研究 Ⅳ．①G127.5②F127.5

中国版本图书馆CIP数据核字(2022)第162751号

天上的街市：江南城市文化与长三角高质量一体化发展

TIANSHANG DE JIESHI：JIANGNAN CHENGSHI WENHUA YU CHANGSANJIAO GAOZHILIANG YITIHUA FAZHAN

著　　者：刘士林 等

出版发行：上海交通大学出版社　　地　　址：上海市番禺路951号

邮政编码：200030　　电　　话：021-64071208

印　　制：上海盛通时代印刷有限公司　　经　　销：全国新华书店

开　　本：710mm×1000mm　1/16　　印　　张：14.5

字　　数：230千字

版　　次：2022年10月第1版　　印　　次：2022年10月第1次印刷

书　　号：ISBN 978-7-313-27384-0

定　　价：78.00元

目 录

Contents

绪　论

江南的历史、文化和城市

2017年12月，中共上海市委学习讨论会上，市委书记李强提出“丰富的红色文化、海派文化、江南文化是上海的宝贵资源，要用好用足”，首次把江南文化提到城市战略性资源的高度。2018年1月，《上海市城市总体规划（2017—2035年）》发布，提出加强总体城市设计，凸显“拥江面海、枕湖依岛、河网交织、林田共生”的自然山水格局，塑造国际化大都市和江南水乡风貌特色，体现了江南文化在未来城市发展中的重要地位。从2000年开始，我们团队就开始研究江南，涉及江南文化、江南美学、江南城市和作为传统江南地区当代形态的长三角城市群等。最早我们出的一本书叫《江南的两张面孔》，主要讲的是江南的历史和现在。江南的历史、文化和城市，这三者很难截然分开，历史积淀在文化里，文化蔓延于历史中，同时又交集、汇聚于城市，并通过城市这个“容器”的压缩和聚变而生发出种种“新声”和“新态”，深刻影响和有力推动了上海、江南和中华文明的现代化进程。

一、历史的“变”与“不变”

历史属于时间范畴。正如康德所说没有和空间相分离的时间，江南的历史也是和江南的空间密切结合在一起的。在这个意义上，对江南要提的第一个问题是“什么是江南”。然而，这个问题很难明确，因为江南的版图在历史上一直处在变动之中。到底哪个时代、谁的江南才是要研究的对象？对此各有各的说辞和论证。我们借用了马克思“人体解剖对于猴体解剖是一把钥匙”的理论方法，“低等动物身上表露的高等动物的征兆，反而只有在高等动物本身已被认识之后才能理解”。[①] 历史上尽管有很多的江南，但由于只有其中“最成熟的形态”才完美体现了江南的本质，所以也只有最成熟的形态的江南才是我们要研究的江南。尽管魏晋以后，由于北方与中原人口和文化的大批量南移，江南地区在经济与文化上逐渐后来居上，但作为成熟形态的江南无疑是在明、清两代。据此我们把李伯重提出的“八府一州”（苏州、松江、常州、镇江、应天、杭州、嘉兴、湖州八府及太仓州）作为江南的核心区，同时将“江南十府”说中的宁波和绍兴，以及尽管不直接属于太湖经济区，但在自然环境、生产方式、生活方式与文化联系上十分密切的扬州、徽州等也作为江南的外延，由此绘制出一幅以文化为边界同时又较好照顾了历史的江南地图[②]。有了这样一份地图，就可以避免纠缠在“什么是江南”的争论中，把江南研究深入下去。

尽管江南最直接的存在形式是空间，但在历史长河中也必定有其源头。在江南文明起源研究中，长期以来占主导地位的是“黄河中心论”，即“中华文明的起源是一元的，其中心在黄河中下游，由之向外传播，以至各地”。由此导致的直接后果是，中原文明成为认识和研究江南的基本语境和判断标准。如果江南文明确系由黄河文明传播而来，自然也无可厚非。但正如李学勤先生说，“黄河中心论”最根本的问题是“忽视了中国最大的河流——长江”[③]。而综合 20 世纪考古学、历史学、人类学的研究，早在新石器时代，作为江南母体且自成一体的长江文明就已发育得相当成熟。由此出现了一个颠覆性的发现，江南文明是长江文明的“亲生子”，而不是黄河文明传播的产物。在解决了这个原则性的问题后，以往很多解释不通、解释歪了的东西，才有可能被纠正过来。

斯宾格勒有句名言：“世界历史，即是城市的历史。”我们也可以说，“江南的历史，就是江南城市的历史”。在任何时代，集聚着大量人口、财富和文化资本的城市，都代表着一个时代在物质文明和精神文明两方面的最高成就。对于江南城市而言，一方面，各种零零碎碎、遍布江南大地的技术创造和文化智慧，正是由于最后汇集到了南京、扬州、苏州、杭州、

---

① 《马克思恩格斯选集》第 2 卷，人民出版社，1972 年版，第 108 页。
② 刘士林：《江南与江南文化的界定及当代形态》，《江苏社会科学》2009 年第 5 期。
③ 李学勤等主编：《长江文化史》，江西教育出版社，1995 年版，第 7—8 页。

上海等城市才发扬和传承下来的；另一方面，也主要是要满足江南人民在历史和现实中的种种生活、生产需要，江南城市才日益形成了自己的形态、功能和特色。从空间类型上看，历史学家习惯于把中国古代城市分为政治型和工商型，他们也比较一致地认为江南城市属于后者，而北方城市多属于前者。江南的工商型城市有一个很突出的特点，不是政治与军事，而是经济和文化成为影响城市发展的主要机制。这是一条始终贯穿江南城市发展的重要线索。在南宋时期的临安，就已开始挣脱“政治型城市”的约束。临安尽管是南宋首都，始终面临着政治和军事的压力，但与唐代长安和洛阳、北宋汴梁不同，它的文化消费功能异常发达，有时甚至可以与政治和军事相提并论。这也是诗人林升说“西湖歌舞几时休”的主要原因。在明清时代江南地区就出现了一个规模很大的城市网络，有着明确的层级体系和经济分工，这和几百年以后西方的“城市群”已经很接近。当时的江南城市群对中国历史的影响，不仅是在经济财力上支撑整个国家机器运转，同时也在意识形态、生活方式、审美趣味、风俗时尚等方面获得了“文化领导权”，后者的影响有时还甚于前者。在从近代向现代演变过程中培育出的上海文化，特别是在中西文明交流和文化杂交下缔造的海派文化，不仅是中国现代都市文化的杰出代表，也在很大程度上重建了20世纪中华民族的价值观念和生活方式。

20世纪中期以来，作为城市高级形态的城市群成为世界城市发展的主流，也是我国新型城镇化的主体形态。江南这个美丽的名称逐渐淡出，今天人们说的最多的是长三角城市群。与历史上的江南地区一样，长三角的范围也先后经历了1996年14城市版、1996年15城市版、2003年16城市版、2008年25城市版和2016年26城市版等变化。表面看来，今天的长三角已在很大程度上突破了江南地区的传统版图，两者已不可同日而语。但实际上并非如此，一方面，长三角城市群之所以有今天，离不开明清时代的苏州、杭州、南京、扬州和近现代的上海、无锡等城市几百年的积累和奋斗；另一方面，以2017年上海“2035规划”提出的“上海大都市圈”为标志，长三角的核心区仍未超出明清时代的“八府一州”的范围。这可以称之为“万变不离其宗”，也是今天研究江南和江南文化的旨归。

二、文化的“是”与“不是”

多年以前，在《江南话语》丛书的总序中，我写下这样一句话，黑格尔曾说古希腊是“整个欧洲人的精神家园”，而美丽江南无疑可以是中华民族灵魂的乡关。但同时也表达了深深的忧虑，这个农业文明时代创造的典雅、精致、意境优美、情味隽永的精神家园，在经历了工业化、城市化和消费社会的几度风雨之后，正变得越来越遥远和陌生，“脱有形似，握手已违”。如何找回中华民族魂牵梦萦的江南？其实并没有什么方便法门，我们给出的一个答案是“先知后行”，即先要在头脑中弄清“什么是江南”或者说“什么是江南的美”，然后才是在现实中的重建或复兴。事实上，由于不认真研究“什么是江南”，现实中的“东施效颦”已经很多。本着这个初心，我们开始了江南文化和美学的研究。

尽管人们常说“知易行难”，但我们体验更多的却是“知难行易”。以往的江南研究，一是偏重于文献整理与研究，它们或是卷帙浩繁的集大成，或是各类专学的资料汇编，但大都局限在文字、版本校订和资料收集上，这种“故纸上的江南”很少去触及“江南文化的现代价值与美学意义”，与现代人们的生活关系不大。二是经济史与社会史研究尽管突破了“资料文献整理与汇编”的局限，但它们主要揭示的是“江南文化的功利价值与实用意义”，而诸如“春水碧于天，画船听雨眠”“沾衣欲湿杏花雨，吹面不寒杨柳风”“小楼一夜听春雨，深巷明朝卖杏花”“人生只合扬州老”“三生花草梦苏州”——这些中华民族心目中最看重的江南意境和精神差不多“集体失踪”了。尽管可以说，没有文献学、经济学、历史学的研究，就不可能还原出江南的历史真面目，但在当下更要强调的却是，如果只有文献学的江南、经济学的江南和历史学的江南，那绝对不是中华民族内心深处那个能够安顿生命和灵魂的家园。

为了把在现代学术中“被遮蔽的诗性江南”找回来，我们尝试提出和建立了江南诗性文化理论和方法。这和我个人过去的中国诗性文化和中国诗性美学研究有关。其间的历史关系和逻辑关系既密切又复杂，这里从两方面予以简要说明。

首先，中国诗性文化主要是在和西方理性文化的比较中提出的。从文化起源的角度看，人类文化的第一个形态是诗性智慧。在轴心时代（公元前8—前2世纪），诗性智慧一分为三，出现了以理性文化为核心的古希腊文明、以佛教文化为核心的古印度文明和以诗性文化为核心的中国古代文明。从历史流变的角度看，中国古典诗歌，既是人类诗性智慧最直观的物化形态，也是中国诗性文化最重要的历史载体。以“情”见长的唐诗和以“理”胜出的宋词，在本质上是一种“诗化的感性”和一种“诗化的理性”。[①] 有了这两样东西，中华民族既不会走向高度抽象的西方逻辑系统，也不容易走向西方非理性的欲望狂欢。从中西比较的角度看，西方民族给人类最大的贡献是科学和理性文化，中华民族最重大的创造则是诗学和诗性文化，这两者再现了中西民族在本体论上的根本差异。科学和理性文化的最大问题是造成了感性与理性、主体与自然的二元对立，在此基础上形成了机械地对待生命和残酷地征服自然的西方生产生活方式。而诗性文化的精髓在于肯定个体感性欲望的同时，又能较好地控制个体与群体的冲突程度；在征服改造自然世界的同时，也能有效避免天人关系走向彻底的分裂与对立。中国诗性文化为江南文化研究提供了一个基础性的语境和方法。比如以往人们在讲到明清江南的感性解放思潮时，总喜欢套用西方的自然人性论、现代生命哲学、存在主义等。但从中国诗性文化理论出发，就可以知道，江南人的“情”是一种“诗化的感性”，这种经过诗性文化改造的本能与西方人讲的“原欲”“本能”并不是一回事儿。

其次，中国诗性美学主要是在和李泽厚的“审美积淀说”的比较中提出的。“审美积淀说”的基本意思是，艺术与审美活动最初都是实用的，有着明确的功利目的。只是随着历史和社会的变迁，原有的政治、伦理、宗教等现实功利逐渐失去，然后才成为无利害关系的“自由”和“愉快”。我一直认为，这是目前把美和美感的本质讲得最通透和最通俗的学说，即使在今天我们仍然不能说“审美积淀说”错了，客观而公允的评价是，它只能解释人类审美实践中的部分经验，对中国则是比较适合解释中原文化圈的审美经验。在世界范围看，艺术人类学的研究表明，早在3万年前甚至更早，人类就开始有了审美体验和艺术创作，根本不需要等到政治、宗教等都比较成熟的文明时代。这意味着审美能力是人的天性，而不一定是

① 刘士林：《“诗化的感性”与“诗化的理性”》，《上海师范大学学报》2009年第1期。

后天的经验的产物。在中国范围看，这就涉及历史上一直存在的“南北文化之辩”。由于自然地理条件和生产生活方式的不同，在古代中国一直居于主流地位的中原文化，在深层结构上主要呈现为一种“政治—伦理文化”，并在此基础上形成了实用性很强的“伦理美学”。但在长期处在政治边缘的江南地区，从一开始就强烈地表现为一种“经济—审美文化”，同时也在这种相对独立的环境中孕育了相对纯粹的诗性美学。这是两种不同的文化价值和审美判断标准，也是不应该混淆的。比如江南地区自古就盛产优美、多情的爱情诗，但在古代诗歌评论和士大夫的文章中，它们却常被冠以“有伤风化”“有失风雅”“淫佚”等恶名，这主要因为戴上了伦理文化和伦理美学的“有色眼镜”。而如果从“诗性美学”的角度看，它们都是基于恩格斯讲的“体态的美丽、亲密的交往、融洽的旨趣等”，是两性之间最自然的感情流露和最正常、健康的感性生命活动。

西方人说“有一千个读者就有一千个哈姆雷特”，这未免有些夸张。但如果我们说至少有三种江南文化应该是完全成立的。一是“江南物质文化”，如所谓的“鱼米之乡”“苏湖熟，天下足”等，它们奠定了江南的经济基础。二是“江南社会文化”，如所谓的“晴耕雨读”的乡村、“西湖歌舞”的城市、工于算计和遵守规则的众生相等，它们构成了江南的社会环境。三是“江南人文文化”，这是诗人、作家和艺术家的江南，也是中华民族倾心向往和追求的精神家园。那么，究竟哪一个才最能代表江南？我们一直认为，尽管江南以富甲天下著称，但古代的天府之国在物质文化上并不输于江南。江南自古也崇文好礼，但在这方面孕育了儒家学派的齐鲁地区也许更有代表性。在这个意义上，真正使江南成为江南的，不是财富，也不是礼教，而是由于江南有一种最大限度地超越了中原实用文化、代表着生命最高理想的审美自由精神。审美自由精神是古代江南民族对中国文化最独特的创造。所以说，江南诗性文化是江南文化的核心内涵与最高本质。

“失去了才知道珍贵”，这是现代化进程中的普遍经验，也适用于江南文化。在空间和建筑方面，古代江南园林集中体现了诗性文化的审美理念与要求，融入大自然和融入社会成为主要的空间功能和特征。但在今天的江南城乡，由于西方理性建筑文化在理论、技术和方法上沧海横流，各种“洋大怪”的地标建筑已把传统的江南机理和文脉改造得面目全非。这是西方理性文化驱逐了中国诗性文化的结果。在衣食住行等日常生活方面也是如此。在李渔的《闲情偶寄》等文人笔记中，经常会看到一个很有意思的叙事，就是江南人的精致和讲究与北方人的粗放和毛糙。《长安客语》中有一首歌曲，写得既夸张又形象："门前一阵骡车过，灰扬，那里有踏花归去马蹄香。绵袄绵裙绵裤子，膀胀，那里有春风初试薄罗裳。生葱生蒜生韭菜，腌脏，那里有夜深私语口脂香。开口便唱冤家的，歪腔，那里有春风一曲杜韦娘。"但受社会的"麦当劳化"和网络粗口"漫天飞"的影响，历史上"铁马秋风塞北"和"杏花春雨江南"、"关西大汉"和"吴侬软语"的区别，也早已成为追忆之梦。

当然，一种文化的沧桑巨变，涉及政治、经济、社会、技术、思想观念和价值体系各方面，不会只是基于一个原因。但有一点可以确定，不是今天的江南地区不富裕，也不是因为这里的文教事业落后，但为什么今天的江南变得越来越不像江南，我们只能说这是因为失去了江南诗性文化的灵魂。如果认可这种典雅、精致的古典文明生活是中华民族最重要的乡愁之一，它的传承和重建与新时代人民幸福生活的追求高度一致，那么从美学和文化角度研究和阐释江南文化，就不再是发思古之幽情，而是拥有了独特、隽永、厚重、深长甚至有些紧迫的时代况味。

三、城市的"返本"与"开新"

当今世界是城市世界。中国是城市化速度最快的国家之一。人们一切的努力与奋斗，最终都要落脚在城市中"过上美好生活"。而在中国文化谱系中最具诗意和诗性的江南，自然也是"让人民群众过上美好幸福生活"最重要的生态和人文资源。

但在当下江南文化的研究和重建中，却有一种很不好的思潮和做法，它们希望通过远离城市和在与城市化"对着干"中去守护和传承。这些思潮和做法的主要问题有二：一是不了解今天的城市化是全球性的现代化进程，想以"在山泉水清"的方式"遗世而独立"，不仅无异于痴人说梦，也只能把生动活泼的江南变成博物馆里的"标本"；二是不了解江南诗性文化和江南城市在历史上的内在密切关系，也忽略了今天的长三角对江南诗性文化特有的强烈深层的需要。尽管出现这些思潮和实践有现实原因，由于经济开放发展程度较高以及与世界发达城市联系比较密切，各种“贪大、媚洋、求怪”的现象在长三角比在其他地区更加突出。但这种拒绝现实的方式过于消极，也不是解决问题的有效办法。江南城市在现代化进程中遭遇的异化问题，本质上是因为只有一个西方参照系的结果。对西方城市发展观念、规划理论、设计技术等的盲目崇拜和机械模仿，是导致长三角城市规模失控、功能紊乱和越来越不适合人们生活的根源。要从根本上扭转这种城乡空间的“去中国化”和“去江南化”，最重要的是要找回另一个参照系，这就是历史上的江南城市。

从形态上看，在江南成熟形态的明清时代，当时的城市已发展到令人吃惊的成熟程度。据城市史家的统计，在明代全国50个重要的工商城市中，位于江南地区的就有应天（南京）、镇江、苏州、松江（上海）、常州、扬州、仪征、杭州、嘉兴、湖州、宁波等十余个[①]。在世界范围看，在18世纪共有10个人口超过50万的大城市，其中中国就占了6个，分别是北京、南京、苏州、扬州、杭州和广州，江南地区占据了4席。[②] 有研究认为，到了清朝的中叶，苏州已发展成一个以府城为中心、以郊区市镇为“卫星城”的特大城市[③]。江南地区星罗棋布的大中小城市，为这个地区城市化的进一步升级奠定了雄厚基础。所以我们提出，借助环太湖地区独特的自然环境与生产生活方式，以及在这个基础上形成的具有内在一致性的区域经济社会与文化模式，明清时代的江南城市已不再是一个个孤零零的城市，而是最终形成了我们命名的“江南城市群”。而今天的长三角城市群，最早就可以追溯到这里。

从功能上看，江南城市群可以说已很接近理想的城市群。正如芒福德认为希腊城市比罗马城市、比今天的西方大都市都更好地实现了城市的本质一样，这不是因为经济发达和交通便捷，而是因为希腊城市提供着“生活价值和意义”的城市文化。文化的核心作用在于提供一种良好的价值纽带，使原本在经济利益上激烈冲突的城市结成命运共同体。众所周知，改革开放以来长三角城市群的建设一直十分曲折，至今在资源、产业等方面

---

① 长江三角洲城市经济协调会办公室编：《走过十年——长江三角洲城市经济协调会十周年纪事》，文汇出版社，2007年版，第1页。

② 戴逸：《论康雍乾盛世》，《中南海：历史文化讲座四十座——著名学者与中央高层讨论的问题》上册，内部资料，2007年版，第96页。

③ 李伯重等主编：《江南的城市工业与地方文化》，清华大学出版社，2004年版，第7页。

的冲突与无序竞争仍比较严重。其主要原因是中心城市和大城市只想“支配”和“虹吸”而不想“服务”和“外溢”。但在明清时代的江南城市群，天然地形成了中心城市“支配”功能与“服务”职责的和谐，这非常有利于江南城市群的功能互补和共存共荣，所以在明清时代各种规格的城市都发展得非常好。如果说，今天的长三角之所以在中国城市群中表现优秀，在很大程度上得力于明清时代江南城市数百年的“家底”，那么也可以说，自 20 世纪 80 年代就开始推进的长三角一体化进程之所以历经曲折和反复，与维系区域经济社会的江南文化机制老化和新的文化联系机制一直未能建立起来直接相关。

改革开放 40 多年来，长三角城市群一直是中国城市的骄傲，综合发展水平在我国 19 个城市群中位居第一。正是由于这个原因，2018 年 11 月 5 日，习近平主席在首届中国国际进口博览会开幕式上提出支持长江三角洲区域一体化发展上升为国家战略。长三角城市群与西方相比，两者最大的差异不是经济体量和人口规模，甚至也不是高科技，而主要是城市文化和现代服务功能。在新时代推进长三角城市群走向高质量发展的新阶段，需要研究和建构两个参照系，一个是已经学习得太多、需要加以规范和改进的西方理论和模式，另一个则是长期以来一直被冷落和被忽视的江南文化和江南城市群。以后者为根基和资源，在已有的经济社会发展目标中增加上海“文化大都市”和“长三角世界级文化城市群”的战略定位，既是江南文化在新时代的新使命，也是上海改革开放再出发应有的战略考量，对于高水平建设长三角世界级城市群和高质量推进长三角一体化发展的国家战略具有举足轻重的重大意义。

第一章
江南城市文化的诗性内涵与文化阐释

江南地区是我国城市起源最早的地区之一，在漫长的古代历史中，借助于江南地区共同的文化源头和在古代城市化进程中密切的地理、交通、经济与文化联系，江南城市不仅发展为一个水平更高、规模最大的城市共同体，同时，也创造出远高于其时代一般城市、并在某种意义上具有现代都市文化功能的江南城市文化。江南城市文化对重新认识中国传统文化的现代价值及探索其当代转换路径，具有不可替代的标本价值与示范意义。

一、中国、南北与江南城市：诗性文化三重奏

庄子说："吾生也有涯，而知也无涯。以有涯随无涯，殆已！已而为知者，殆而已矣!"（《庄子·内篇·养生主》）而我们二十多年来关于中国诗性文化的研究经历，仿佛就是要在当今世界中去印证这句话的真理性。

中国诗性文化研究始于20世纪八九十年代之交，尽管这与当时80年代中期的"文化热"不无关系，但更直接的原因却来自我们的反省与检讨，即对当时那些动辄中国文化、动辄中西文化比较等大而无当的学术叙事的反感与思考，认为它们的根本问题在于既缺乏新的文化理念与理论框架，同时又由于"普遍的不读或浅阅读中国书"而缺乏坚实可靠的经验基础。在另寻新路的孤独探索中，我以自己较为熟悉的中国诗学为经验基础，从维柯的《新科学》中借取"诗性智慧"概念，经过了近10年研习、

磨合与对接，建构出不同于西方理性文化系统的中国诗性文化体系[1]。作为一种本土性的原创文化理论成果，中国诗性文化体系在“滔滔者皆西方话语者”的时代中，尽管一直没有成为显学，但也没有像许多时尚学术一样很快淹没在滚滚红尘中，相反还逐渐超出了文学与美学的范围，并被越来越多的其他学科与专业的学者所借鉴和使用。

但由于“知也无涯”的原因，不久我就发现，与中国文化相比，中国诗性文化尽管在内涵上窄化了许多，但更具体了，就它本身而言仍是一个“大概念”，包含的内容与层次过于繁复，仍然不是一个十分理想的现代学术对象。特别是有了一定的江南生活经验以后，“中国诗性文化”本身的“大”与“空”也日益暴露了出来。于是，我又以中国古典诗学特别看重的“诗分南北”为框架，从空间叙事角度把“中国诗性文化”进一步细化为南、北两种形态。笔者曾在一篇文章中指出：“与北方那种充满政治伦理内涵的诗性文化不同，江南诗性文化在气质上完全是艺术的与审美的。现在，我倾向于这样理解中国诗性文化，它有两个系统，一个是以政治伦理为深层结构的‘北国诗性文化’，另一个是以审美自由为基本理念的‘江南诗性文化’。至于两者的关系，我的态度是，由于‘北国’的审美特征不够清晰，它应该被看作中国诗性文化的‘初级阶段’或‘早期状态’。”[2]

但同样是由于“知也无涯”的原因，自两年前移居上海这座中国最大的城市，并由于学术与职业需要开始关注都市文化之后，我再次经历了几年前的困惑与尴尬。具体说来，尽管江南诗性文化已是一种变得更小的“地方经验”，比中西文化比较研究立足的“世界经验”，以及中国诗性文化倚重的“本土经验”等，具有更确切的知识形态与更稳定的学理内涵，但另一方面，不仅江南本身在自然空间上仍过于辽阔广大，而且由于发展水平的不同，诗性文化在城市与在乡村也表现出很大的差异性。这些差异性必然要影响到“江南诗性文化”的具体形态与内涵，对此如果不加关注，其结果必然是产生新的遮蔽与误读，并直接影响到我们所研究的江南

---

① 其中重要著作分别是刘士林：《中国诗哲论》，济南出版社，1992年版；刘士林：《中国诗性文化》，江苏人民出版社，1999年版；刘士林主编：《江南话语丛书》，上海音乐学院出版社，2003年版；刘士林主编，《诗性智慧丛书》，东方出版社，2005年版，刘士林编：《中国诗性文化：刘士林中国诗性文化系列》（四卷本），海南出版社，2006年版。

② 刘士林：《在江南发现诗性文化——刘士林教授在全国审美文化学术研讨会上的演讲》，《解放日报》，2004年10月17日。

诗性文化的真实意义。这就使一个新的对象——江南城市诗性文化开始进入我们的学术视野。

在这种逻辑的与历史的知识条件下，对江南城市文化的研究获得了可能，同时，这也是中国诗性文化研究在空间上进一步细分的前提。

二、江南城市诗性文化：语境与阐释

在江南城市、北方城市、江南乡镇三者之间，共同之处即统属于中国诗性文化，并与西方理性文化或依附于其他空间的精神文化系统迥然有别。在它们三者之间也存在着重要的差异，这是江南城市诗性文化之所以自成一格的原因。认识与研究这些差异十分必要，因为正是由于它们的存在，才使江南城市诗性文化成为它自身。

如果说江南城市诗性文化的存在本身无可置疑，那么，在中国诗性文化系统中，的确存在着一种既不同于北方城市，也不同于江南城镇的诗性文化形态。如此则最关键的问题在于，如何建构一个具有合法性的阐释语境，使江南城市诗性文化在我们的言说与建构中真实地呈现出来。这需要从两方面入手。首先，诗性文化在江南城市与北方城市之间的差异，主要是由于空间因素亦即南北不同的城市类型所造成。也可以说，南北城市在空间结构与功能上的不同，是中国诗性文化在江南城市发育出新形态的重要原因。其次，诗性文化在江南城乡间表现出的不同，则主要是由于城乡之间社会发展水平不同而产生的。也可以说，在江南城乡之间客观存在的发展不均衡，是江南诗性文化再次裂变为城市与乡镇两种形态的根本原因。把江南城市与北方城市、江南城市与江南乡镇区别开，是我们正确阐释或建构江南城市诗性文化最重要的前提。

但另一方面，仅仅把三者区别开是不够的，这会导致对它们内在联系的遮蔽与忽视，所以在确定了基本的差异以后，还需要在三者之间建构对话的中介与桥梁。由此出发可知，无论南北城市在类型上的不同，还是江南城乡之间发展水平的差距，在本质上都可以归结为人类文明发展的结果，把它们作为人类文明不同的空间生产形态加以考察，是深入理解江南城市诗性文化的重要方法。由于“文明”概念在内涵上过于含混，因而在使用之前，我们首先对这个概念的内涵与层次做必要的梳理与限定。在中国文献中，“文明”最早见于《易·乾·文言》和《尚书·舜典》，指人们创造的用以区别“先进”与“落后”、“文明”与“野蛮”的一整套形式符号系统，也就是先秦儒家津津乐道的礼乐制度，其主要功能是为政治服务，所以文明在古代中国主要是指政治文明。马克思、恩格斯对文明也多有论述，核心是把文明看作人类改造世界的实践活动的成果，包括物质文明与精神文明两方面。对此加以整合可知，文明的基本内涵即人类创造的文化成果，包括政治文明、物质文明与精神文明三种形态。其功能也相应有三：在物质文明层面上，以生产工具的发明与使用为标志，它表现为人类特有的、不同于动物活动的物质生产方式；在政治文明层面上，以政治、法律等上层建筑的创造与运用为标志，它表现为与野蛮时代有着根本性不同的社会制度系统；在精神文明层面上，以伦理、艺术等人文精神的创造为最高目标与理想，它表现为一种在大自然、动物界及野蛮社会中不可能出现的艺术生活方式与审美精神境界。物质文明、政治文明与精神文明，大体上涵盖了人类文明的主要内容，同时其发展程度的高低也是衡量文明发展程度的重要尺度。引申言之，江南城市与北方城市、江南城市与江南乡镇的差异，主要是由于它们在物质文明、政治文明与精神文明三方面的不同决定的。在确立了这个既相联系又相区别的结构关系之后，大体上就为研究中国诗性文化的空间演变建构了一个合法的学术语境。

在物质文明层面上，对诗性文化影响最大的是物质生产方式，这既是中国诗性文化在不同自然地理与经济空间中发生裂变的直接原因，同时也是江南城市诗性文化进行自身再生产最重要的社会背景。

从城市形态的角度看，南北城市在类型上的差异，与它们各不相同的物质生产方式及其所积淀的物质文明基础有直接关系。以明清时代江南的中心城市苏州为例，与北方或中原的中心城市相比，它有三个显著特点：一是城市空间的形成与城市工业发展密切相关。“在明中叶至清中叶的三个世纪中，苏州城市有显著扩大。这个扩大同时表现为城市地域范围的扩展与城市人口的增加。苏州城市变化的主要趋势，是城市从府城内扩大到城厢附郭和郊区市镇，从而形成一个以府城为中心、以郊区市镇为卫星城市的特大城市。苏州城市变化的主要动力来自城市工业的发展。城市工业的发展，并非单纯的府城工业向外转移，而是在比较优势的基础上形成的合理的地域分工。经过这三个世纪的发展，到了清代中期，城市工业在苏州经济中已经居于主导地位。”[①] 二是城市市场经济体系高度成熟。尽管在一般意义上，“明清时期中国经济最具时代意义和历史意义的发展是向市场经济的转化。具体而言，就是政府对经济的直接干预逐渐减弱，市场机制在经济发展中的作用不断加强”。[②] 但更多的研究告诉我们，正是以苏州这样的江南大都市为中心，一种多层级的、辐射全国的古代市场经济体系才真正地成熟。关于多层级，如李伯重所说，“明中叶至清中叶苏州府城的商业腹地，由小而大，可大致分为 4 个层级：最直接的是苏州府辖下地区；其次是整个江南地区；再次是施坚雅所说的‘长江下游经济巨区’；最后，作为明中叶至清中叶中国最大的商业城市，苏州的商业功能覆盖了中国最主要的经济地区”。[③] 至于辐射面，则如陈学文所描述：“苏州不仅是江南区域市场，而且已具有全国市场的规模，它的经济辐射力已遍及全国各地，而全国各地的商品和商人都汇集到苏州来”。[④] 三是苏州中心城区与周边城镇在经济功能上出现了显著的区别，“府城内首先出现了商业集中的地区，后来又逐渐形成工业集中的地区……此时的苏州东城，可以说已成为当时中国最大的城市工业区”。与此形成鲜明对照的是，“郊区市镇由于地域范围较小，因而似乎并未像府城那样形成专门的工业区、商业区和居民区”。[⑤] 正是由于在物质生产方式上出现了不同于传统农业生产的城市工业，不同于传统政治分配体制的相当成熟的市场交换系统，才使得以苏州为代表的江南都市，不仅与以政治为中心的北方城市，也与一般的江南城镇在生产结构与经济功能上发生了重要变化，并在不少方面具备了现代都市的内涵与特征，为中国诗性文化在江南城市空间的发展与演化提供了新的物质基础与社会条件。

在政治文明层面上，中国城市的发生与中国古代政治关系密切。“中国古代城市大量兴起的第一个高潮是在公元前 11 世纪左右，周武王建立起封建领主制的西周王朝。为了维护和巩固封建领主的统治，开国之初，周

---

① 李伯重等主编：《江南的城市工业与地方文化》，清华大学出版社，2004 年版，第 7 页。

② 许檀：《明清时期城乡市场网络体系的形成及其意义》，《中国社会科学》2000 年第 3 期。

③ 李伯重等主编：《江南的城市工业与地方文化》，清华大学出版社，2004 年版，第 23—24 页。

④ 陈学文：《明清时期太湖流域的商品经济与市场网络》，浙江人民出版社，2000 年版，第 256 页。

⑤ 李伯重：《多视角看江南经济史》，三联书店，2003 年版，第 433—434 页。

天子在土地国有制的基础上，分封了大量诸侯国。这些大小诸侯受封之后，必然要到自己的封地去进行统治，这样就出现了众多因政治需要而建立的城市”。[①] 为了农业文明的利益，从西周开始，统治者不仅对各级城市的规模有严格的限制，同时对于城市中的商业与商品经济空间也有严格的规定。这种情况一直延续唐代。尽管这是中国社会的主流，但由于政治、经济与人文之间错综复杂的关系与影响，特别是中国古代政治向有“重北轻南”的传统，亦即政治本身有“中心”与“边缘”之分，所以其对诗性文化的影响也有明显不同。这是中国诗性文化在南北、城乡之间产生不同形态的又一重要原因。

从中国城市的类型看，南北之间有一重要区别，北方城市的最高发展形态是政治中心，而最具代表性的江南城市则多为经济中心。前者最突出的特征是政治因素对城市空间具有决定性的影响，以唐朝都城长安为例，“长安城内除宫城外，有东西两个市，一百零八坊，每个市又大约占两个坊的位置，商业交易区是相当狭小的。这是中国封建社会内部商品经济发展还不充分的表现。坊和市，四周都有围墙和门，坊内都设有鼓楼，依太阳出落，按鼓声而启闭。从建筑形式来看，坊市之墙，实乃是城中之城，可以说是一种封建堡垒式的城市格局”。[②] 所以有学者指出，它有两个特点，一是“中央官署独立区划，与民居分离”；二是“宫城与皇城占全城总面积约八分之一”。[③] 而在经济中心，对城市形成与发展最直接的动力来自工商业因素，上海城市的形成与发展可以很好地说明这一点[④]。这两种类型的城市在城市功能上明显不同。政治中心最重要的是维持国家机器的正常运行，其核心是政治与军事。尽管政治与军事不直接服务于生产，不增加一个社会的物质基础，但由于它们是控制资源最有效与最直接的手段，所以一直成为政治中心城市的头等大事。对于城市本身的控制，政治中心的主要做法有三：一是在规模上限制。从西周开始，统治者就严格规定各级城市的规模，以免给王城造成现实的威胁；二是运用各种政治、经济手段削弱非中心城市的实力。朱元璋对作为“中古时期最富裕、城市化

---

① 陶思炎等：《中国都市民俗学》，东南大学出版社，2004 年版，第 20 页。

② 陶思炎等：《中国都市民俗学》，东南大学出版社，2004 年版，第 22 页。

③ 宁欣：《转型期的唐宋都城：城市经济社会空间之拓展》，《学术月刊》2006 年第 3 期。

④ 参阅约翰逊主编：《帝国晚期的江南城市》，成一农译，上海人民出版社，2005 年版，第 195—200 页。

程度最高和最先进的经济文化中心”的苏州的态度，可以说是最有代表性的个案[①]；三是具体到城市内部空间，则是对城市中最具活力的经济空间（即古人的市）进行严格限定。直到唐代以前，统治者一般只允许有“市籍”的商人在其中从事商业经营，这使得城市的经济功能受到极大的限制。经济中心与政治中心不同，其基本功能是扩大生产与流通的规模，贪婪地占有自然资源、人力资源以便创造出更多的物质财富，而与现实政治的联系则相对比较疏远。如南朝的中心城市建康，与北方的都市有很大的不同。

南朝的建康，商业繁荣。史言：“丹阳旧京所在，人物本盛，小人率多商贩，君子资于官禄，市廛列肆。”作为商业活动主要场所的市，在东吴的基础上大大发展起来了。《隋书·食货志》亦云建康“有大市百余，小市十余所”。这些市大部分分布在秦淮河以北、冶城以东，其中不少是在寺院附近。如建初寺前的大市、栖霞市等。因为东晋、南朝佛事隆盛，寺院周围人烟稠密，来往频繁，是交易的好地方。市场名目繁多，且分工专业，一些商品有专门的市场。商品有三吴地区的粮食、丝帛、青瓷、纸张，长江中游来的铜、铁、矿石，海外的香料、珍宝等。另外还有不固定的草市，甚至宫中也列苑市。东吴时还没有按货物种类列市，到南朝已出现了牛马市、纱市等名称，并且贸易量很大。[②]

又如明代的南京：

> 明代南京的商业区主要集中在秦淮河两岸，其中江东门、三山门、聚宝门、三山街一带最为繁华，明初曾在这里开设了醉仙、轻烟、翠柳、梅艳、淡粉、叫佛等十六座大型酒楼，以供功臣、贵戚、官僚和文人墨客消遣享乐之用。人们爱吃的烤鸭、烤鹅是这些酒楼的拿手名菜。南京景点中最著名的当属秦淮河。从南朝开始，秦淮河两岸酒家林立，气氛奢靡，无数歌船往来河上，许多歌女寄身其中，轻歌曼舞，丝竹缥缈，王孙公子流连其间，佳人故事留传千古。一时灯红酒绿，纸醉金迷。唐朝诗人杜牧写了“烟笼寒水月笼沙，夜泊秦淮

① 约翰逊主编：《帝国晚期的江南城市》，成一农译，上海人民出版社，2005 年版，第 30—31 页。

② 陶思炎等：《中国都市民俗学》，东南大学出版社，2004 年版，第 26 页。

近酒家。商女不知亡国恨，隔江犹唱《后庭花》”。这首著名的《泊秦淮》来描述当时六朝金粉醉生梦死的景象。隋唐之后，秦淮风情一度冷落。明清再度繁华，富贾云集，青楼林立，画舫凌波，成江南佳丽之地。秦淮风光，以灯船最为著名。河上之船一律彩灯悬挂，游秦淮河之人，必以乘灯船为快。每逢盛时，灯船蜿蜒似火龙，素称“秦淮灯船，天下第一”。[①]

尽管政治中心与经济中心的划分还不够精细，但已将南北城市的本质不同揭示出来。这也是一般人文社会科学研究者比较普遍的看法。如经济史学家将中国城市分为“开封型”与“苏杭型”，在前者，“工商业是贵族地主的附庸，没有成为独立的力量，封建性超过了商品性”“充满了腐朽、没落、荒淫、腐败的一面”，后者与之不同，其“工商业是面向全国的”，流露着“清新、活泼、开朗的气息”。[②] 此外，从都市民俗的角度也可印证这一点：“在古代，以政治中心为首的‘都城型城市’，如唐代长安、洛阳等，文人会聚，中外使节商贾云集，酒肆林立，其‘都城型民俗’表现为重礼仪和门第，食不厌精，建筑和服饰上‘竞相侈丽之风’。以交通、商业发达的‘商埠型城市’，如扬州、泉州等，市民‘性轻扬’、‘尚鬼好祀’……形成了喜艺文儒术和吟咏之事，耽于逸乐，善于消费的‘商埠民俗’”。[③]

从城市与乡镇的角度看，由于中国政治“重北轻南”的传统，由于江南社会经济更发达等原因，江南城乡在总体上对古代政治的依赖程度小于北方城镇。这其中所表达的正是经济基础对上层建筑固有的反作用。也就是说，经济发展水平越高，对政治的依赖性就会相对减少。多一分经济实力，就多一分自由发展的可能。

以南北乡村为例，它们所不同的不仅是种小麦或种水稻、养蚕或绩麻，或者是由于土地、气候、水文等原因“多收三五斗”或“少收三五斗”，而是有着一些质的区别。如在经济活动方面，北方乡村主要是从事农业生产劳动，农民一般很少与工商活动发生联系。但在江南农村与乡

---

① 陶思炎等：《中国都市民俗学》，东南大学出版社，2004年版，第43页。
② 傅衣凌：《明清时代经济变迁论》，人民出版社，1989年版，第158页。
③ 陶思炎等：《中国都市民俗学》，东南大学出版社，2004年版，第151页。

镇，则出现了工农之间界线模糊的情况，“由于农村工业化和商业化的发展，江南农村居民常常是农、工、商多种职业兼营，并非只是种田的‘专业农民’，相反，在市镇居民中，也有不少人把其全部或部分劳动时间用于农业生产劳动”。[①] 以松江为例，在明嘉靖年间，这一地区就以出产棉布著称，“中户以下，自织小布，以供食”，至清嘉庆年间，仍然是“乡村纺织，尤尚精细，农暇之时，所出布匹，日以万计”。[②] 又如对现实政治的依赖程度方面，有学者指出，“在长江三角洲，商品化程度高，国家政权势力渗透少，村社组织力量薄弱，而同族集团却高度稳定；华北则相反，商品化程度低，国家政权势力渗入村庄，村民流动频繁，同族组织不稳定，而超族的村社组织却力量强大”。[③] 但由于在物质文明积累、制度文明建设，以及在城市文化发展阶段上的差异，因而无论是对政治及其意识形态系统的游离程度，还是在经济生产的性质与规模上，江南乡镇与江南城市的差别仍然是显而易见的。

这既可以从乡村、市镇与城市工业在性质上的不同加以认识，也可以通过比较乡镇与都市在市场经济规模上的差异来理解。首先，城市工业与农村工业的区别比较明显，“从生产性质上来说，农村工业基本上是一种很小范围内的地方自给性工业，主要依靠的是本地原料和市场；而城市工业则主要是一种‘外向型’工业，即其所使用的原料大多数来自外地，产品也有很大一部分供给外地市场。在生产方式方面，农村工业主要是农家副业生产，生产的专业化程度、工艺水平以及产业层级都较低，而城市工业则并非主要是工匠的专业生产，在生产的专业化程度、工艺水平以及产业层级等方面都处于较高地位”。[④] 而市镇工业则介乎两者之间，一方面它属于城市工业，与农村工业相比，不仅技术上领先，“即使是同一行业，市镇上的专业化生产与农村里的农家副业生产，无论是在生产的工艺水平上，还是在生产的效率与产品的质量等方面，都有明显的差别”。[⑤] 另一方面，市镇工业不仅难以成为中心，在总体上也是从属于大都市的。正如李伯重对明清时代苏州工业格局的分析：

---

① 李伯重等主编：《江南的城市工业与地方文化》，清华大学出版社，2004 年版，第 15 页。
② 段本洛等：《苏州手工业史》，江苏古籍出版社，1986 年版，第 52 页。
③ 黄宗智：《长江三角洲的小农家庭与乡村发展》，中华书局，1991 年版，第 315 页。
④ 李伯重等主编：《江南的城市工业与地方文化》，清华大学出版社，2004 年版，第 41 页。
⑤ 李伯重等主编：《江南的城市工业与地方文化》，清华大学出版社，2004 年版，第 43 页。

留在府城内的工业主要是产业层级较高的工业。集中了这些工业的府城也因此而成为苏州城市工业的中心。城厢附郭的工业以产业层级处于中等的工业为主，而郊区市镇则集中了产业层级较低的工业，因此它分别成为苏州城市工业的中层与低层。在这种合理的产业地域分工的基础之上，三者形成了一个以府城工业为中心的工业体系。①

其次，江南城、镇在工业上的区别，也适用于描述其市场经济的差异。尽管江南乡镇在市场贸易等方面也有相当的发展规模，以明清吴县盛泽镇为例：

吴越分歧处，青林接远村。水乡成一市，罗绮走中原。尚剩民风薄，多金商贾尊。人家勤织作，机杼辄晨昏。②

远商鳞集，紫塞雁门。粤、闽、滇、黔辇金至者无虚日，以故会馆、旅邸，歌楼舞榭，繁阜喧盛，如一都会焉。③

迄今居民，百倍于昔。绫绸之聚，亦且十倍。四方大贾辇金至者无虚日。每日中为市，舟楫塞港，街道肩摩。盖其繁阜喧盛，实为邑中诸镇之第一。④

从这里的一诗、一文、一方志看，盛泽的城市化水平已然很高，是江南乡镇在明清时代城市化进程迅速发展的标志，如陈学文所说："自明中叶以来，太湖流域市镇如雨后春笋般大量兴建、发展起来……大大小小的市镇像群星拱聚在太湖四周广大土地上，其中有些市镇规模甚至超过了府、州、县城，经济非常发达，生产、消费、交换和服务各种功能齐备。"⑤ 但另一方面，由于江南乡镇的政治地位不高，所以不仅比起城市来更容易受到压制与限制，如康熙前期就颁布"机户不得逾百张"以限制民

---

① 李伯重等主编：《江南的城市工业与地方文化》，清华大学出版社，2004年版，第63页。
② 周灿：《盛泽》。
③ 沈云：《盛湖杂录》。
④ 乾隆《吴江县志》卷4。
⑤ 陈学文：《明清时期太湖流域的商品经济与市场网络》，浙江人民出版社，2000年版，第384页。

间丝织手工业的发展[1]，而且更为重要的是，它们在空间规模、人口数量、经济总量、消费水平等方面，与堪称当时的国际化大都市或世界城市的苏州、杭州相比，仍然无法相提并论。

江南城乡之间存在的这些差异，直接决定了它们在社会生活方式上的不同。一个时代的生活观念与生活方式，既直观地展示了这个时代的物质文明发展水平，同时也集中体现了一个时代的权力意志与政治需要，是其政治文明的客观化、现实化、感性化。从这个角度出发，可以明显看出江南城乡在文明发展程度上的差距。即使在已相当富裕的江南乡镇，人们在生活观念上依然倾向于儒家哲学，如耕读为本、勤俭持家等素朴生活方式，就是北方意识形态与生活观念在江南乡镇的直接表现。在明清时代的家训或启蒙读物中，其所宣扬的基本上也是政治文明的理念与话语。如这些家喻户晓的名言：

> 传家二字耕与读，防家二字盗与奸。倾家二字淫与赌，守家二字勤与俭。（《重定增广》）
>
> 人生在世，多见多闻，勤耕苦读，作古证今。（《训蒙增广改本》）
>
> 念祖考创家基，不知栉风沐雨，受多少苦辛，才能足食足衣，以贻后世；为子孙长久计，除却读书耕田，恐别无生活，总期克勤克俭，毋负先人。（《围炉夜话》）

这与昼夜喧闹、纸醉金迷般的江南城市生活，是完全不同的。一个有趣的例子是明末一些士大夫发起的“不入城”运动，他们不喜欢城市生活的奢华与糜烂，因而选择逃到乡镇去。又如清人颜元把自己少年时的轻薄不检归结为生活在城市里（《未坠集序》），这从一个侧面表明了江南城乡在社会生活方式上的重要区别。从中可以看出，由于文明发展程度不同，因而江南乡镇对政治文明的依附要比江南城市严重得多。

在精神文明层面上，南北城市与江南城乡也有明显的差异。它表现于

---

① 段本洛等：《苏州手工业史》，江苏古籍出版社，1986年版，第32页。

南北城市是中国诗性文化裂变为两个子系统，正如我在《江南都市文化的“文化理论”与“解释框架”》中所指出：“由于中国南北文化的根本差别在于政治与审美、实践理性与诗性智慧的二元对立，因而中国诗性文化还可以更具体地划分为以‘政治—伦理’为深层结构的‘北国诗性文化’和以‘经济—审美’为基本内涵的‘江南诗性文化’。前者以齐鲁礼乐文化为表征，后者则以江南诗性文化为代表。”[①] 由于江南乡镇与北方文化的联系更加密切，诗性文化的这种南北差异也可以用来指称江南地区的城乡之别，其所不同的只是程度与细节而已。与物质文明重经济、政治文明重制度不同，精神文明的核心是“礼”与“乐”。《乐记》云：“乐者，天地之和也；礼者，天地之序也。和，故百物皆化；序，故群物皆别。”对此进一步阐释，“礼”的功能在于划定秩序，相当于今天的法律与伦理；“乐”的目的在于生产和谐，相当于今天的艺术与审美。两相比较，前者的基本功能是区别文明人与野蛮人，后者的主旨在区别自由的人与异化的人。由于后者涉及人的愉快、幸福与自由目标，由于人的愉快、幸福与自由是判定一个社会是否全面发展最重要的尺度，因而可以说，“乐”比“礼”更高一层，代表着人类发展的更高文明水准与理想境界。在这个意义上讲，南北城市、江南城乡在文明程度上的差异，主要不在其政治、经济等“硬件”，而是突出地表现于“重礼”与“重乐”之间。

首先，从“礼”的层面看，在北方城市与江南乡镇中，最突出的空间特征即政治伦理功能重于经济生产功能，这是它们在精神文明层面上表现为“礼重于乐”的根源。以南北城市论，北方城市最具代表性的是北京，它以天子明堂为中心逐层逐级向四周延伸，是以“君臣”为中心的政治伦理理念在城市空间中的感性显现。而江南城市苏州与之完全不同，其城市空间的生产是以月桥商业区——唐代设置的坊市为中心，在工业、商业、贸易等经济资本的驱动下向各个方向扩张的。正如西方学者所说：“1008至1016年间，尽管少数的专业化的市场已经在城市的其他角落建立起来，但主要的商业街区依然是月桥东西两侧的市场。这些主要的市场是唐代坊市制的延续。唐代的坊市制是按区块而不是按街道规划城市，这种规划有

① 刘士林：《江南都市文化的“文化理论”与“解释框架”》，《江苏社会科学》2006年第4期。

利于政府的控制，而且市场有着官方制定的规则。在宋末，商业区已经向各个方向伸展，占据了城市景观中很大的一部分。”[①] 以江南城乡论，也是如此。以伦理习俗为考察对象，可以很好地说明两者对“礼”“乐”的不同态度。在某种意义上，江南乡镇是传统礼俗最忠实的信仰者与实践者，在维护风化与纲纪等方面，它们比北方的政治中心往往更加顽固不化。如江南乡镇对越轨男女的惩罚，其严厉与残酷是世人皆知的。这说明江南乡镇生活的核心原则即“万恶淫为首”，他们最害怕“礼崩乐坏”，是北方意识形态与伦理规范忠诚的卫道士。另一方面，在“慈孝天下无双里，锦绣江南第一乡”的徽州棠樾，它驰名于世的牌坊群就是一个很好的证据。但在江南城市生活中，对同一件事情不仅羡慕者有之，鼓励、纵容者有之，更有甚者还把它们美化为“越名教而任自然”的解放行为。由于这个原因，即使是古代艳情小说，也最喜欢以苏州、扬州、杭州为生活场景。如《梧桐影》第三回写道：“话说从古到今，天子治世，……第一先正风化。风化一正，自然刑清讼简了。风化惟‘奢淫’二字，最为难治。奢淫又惟江南一路，最为多端。穷的奢不来，奢字尚不必禁，惟淫风太盛。苏松杭嘉湖一带地方，不减当年郑卫……”透过其道德说教的外衣，这恰好说明江南城市生活的“去道德”与“去教化”本质。如果说，与北国诗性文化相比，江南诗性文化最明显的是其审美气质，那么与江南乡镇诗性文化相比，江南城市诗性文化则呈现出更加自由、活泼的感性解放意义。

其次，从“乐”的层面，也明显可见三者的不同。古人的“乐”，主要有伦理与审美两层内涵。前者再现的是“礼”与“乐”的相互交融与和谐，表现为政治伦理对审美文化与个体快乐的渗透与规约；后者表达的是两者的矛盾、对立与分裂状态，它表明生命的自由与愉快在于最大限度地超越社会与伦理的束缚与异化。在北方城市与江南乡镇，固然也有快乐与自由等审美经验，但由于更多地受制于政治伦理结构，所以其核心内涵是所谓的寓教于乐，即娱乐、快感与自由体验只是手段，最终目的是再生产出崇高的“道德主体”。就此而言，北方城市与江南乡镇的审美经验不够纯粹，在本质上是一种道德趣味，并只能与具有较高伦理价值的对象产生

---

① 约翰逊主编：《帝国晚期的江南城市》，成一农译，上海人民出版社，2005 年版，第 28 页。

审美共鸣。进一步说，南北城市、江南城乡在“乐”的层面上，其最大的区别即审美趣味与道德趣味的不同。如果说，在北方城市及江南乡镇中，艺术与审美活动只是实践道德的工具，或者说精英是文化生产与消费的主体，而普通大众只是被动的接受者，那么正是在江南城市中，它们才逐渐由手段发展为目的本身，其中一个最重要的标志是文化艺术生产与消费的市场化。这正如龙登高在分析临安娱乐市场时所指出的：“各种文化与娱乐活动早已有之，通常主要是特权享受，或自娱自乐，或相互娱乐，而不是通过市场来开展的，不发生交易行为。中晚唐以后，娱乐作为一种消费服务，开始在市场上出现。在南宋临安，以谋生和营利为目的的文化娱乐活动已相当普遍，娱乐市场发育趋于成熟，并推动着娱乐业的成长，这在经济史和文化史上都具有阶段性的意义。”[①] 由此可知，至少从南宋临安开始，一种与当今大众文化相类似的文化消费与娱乐活动，在最发达的江南城市中已渐成气候。由于城市空间经济功能的强化与政治伦理功能的衰退，使中国江南城市直接表现出与西方近代市民生活甚至是当代消费社会相似的特征。尽管正统人士一概称之为“大伤古朴之风”，但作为一种历史必然，这又是任何人无力挽回的。如张瀚《松窗梦语》所说：

> 民间风俗，大都江南侈于江北，而江南之侈尤莫过于三吴。自昔吴俗习奢华、乐奇异，人情皆观赴焉。吴制服而华，以为非是弗文也；吴制器而美，以为非是弗珍也。四方重吴服而吴益工于服，四方重吴器而吴益工于器。是吴俗之侈者愈侈，而四方之观赴于吴者，又安能挽之俭也。[②]

这说明，中国古代都市文化在发展到高峰期的同时，一些重要的现代都市文化特征也开始在中国人的社会生活中显现。这一点突出地表现在江南城市社会与文化中。以江南城市独特的物质文明、制度文明、精神文明为基础，最终形成的是一种完全不同于北方城市或江南乡镇的都市生活方式。表现在现实生活中，其最突出的特征是吃、喝、玩、乐。以日常宴饮

---

① 龙登高：《临安娱乐市场分析》，载于李伯重等主编《江南的城市工业与地方文化》，清华大学出版社，2004年版，第117页。

② 张瀚：《松窗梦语》，盛冬铃点校，中华书局，1985年版。

为例，古来就有“肆筵设度，吴下向来丰盛”之说。《武林旧事》中曾详细记载过一次菜肴多达200多种的盛大宴会，其中鱼虾禽肉为41种，水果和蜜饯为42种，蔬菜20道，干鱼29道，此外还有17种饮料、19种糕饼和59种点心。以日常服饰为例，褚人获曾记载有一首《吴下歌谣》，其中讲到“苏州有三件好新闻”，是“男儿着条红围巾，女儿倒要包网巾，贫儿打扮富儿形”。（《坚瓠补记》卷六）以日常游玩为例，尽管北方城里人与江南乡镇人也游玩，如士大夫赋闲或致仕以后，但那本质上是有节制的与高雅的，以不伤大雅，即不触及政治理想与伦理原则为前提。但江南城市市民与此不同，如苏州虎丘中秋节：

> 每至是日，倾城阖户，连臂而至。衣冠士女，下迨蔀屋，莫不靓妆丽服，重茵累席，置酒交衢间。从千人石上至山门，栉比如鳞，檀板丘积，樽罍云泻。远而望之，如雁落平沙，霞铺江上，雷辊电霍，无得而状。布席之初，唱者千百，声若聚蚊，不可辨识。分曹部署，竞以歌喉相斗，雅俗既陈，妍媸自别。未几而摇手顿足者，得十数人而已。已而明月浮空，石光如练，一切瓦釜，寂然停声，属而和者，才三四辈；一箫，一寸管，一人缓板而歌，竹肉相发，清声亮彻，听者魂销。比至夜深，月影横斜，荇藻凌乱，则箫板亦不复用。一夫登场，四座屏息，音若细发，响彻云际。每度一字，几尽一刻，飞鸟为之徘徊，壮士听而下泪矣。①

江南城市最大特点是多元化与多样性，适宜不同人等的消费与享受。江南都市生活表现在意识形态领域中，就是以李贽、李渔等人提出的人性解放思想与日常生活美学。以李渔为例，从《闲情偶寄》细察他的日常生活实践，其原理主要有二：一是勤于动脑筋；二是勤于动手。这是江南文化的独特产物，北方人尽管也不是思想和行动的懒惰者，但他们一般只肯在国家大事上费力费神。而李渔即使做一碗面、煮一锅粥，也会动员、运用他所有的知识与思考，以便更好地满足一己的口腹之欲。尽管古人为此十分担忧，并时时希望“谁个出来移乾坤”。但这种评价是带有很大的片

① 袁宏道：《袁中郎全集》卷2。

面性与局限性的。它没有看到江南诗性文化对中国民族具有的独特价值。具体说来，由于注重日常生活细节，江南人的审美感觉越来越精细和敏感，而对于只有衣食饱暖理想的北方人，则必然在审美趣味上出现严重的异化和退化。长此以往，他们就不再有关心实际生活之外事物的闲情和逸志。其最大的悲剧在于，一般人都想着奋斗成功之后再坐下来享受生活，但实际情况是，一旦在奋斗过程中完全磨损了主体享受生命和创造生活的审美机能，最后的结果必然是“恰似暴富儿，颇为用钱苦”。正是因为这个原因，李渔《闲情偶寄》中的江南生活理念与日常实践方式，可以看作对古典江南城市生活方式最高的理论总结。

江南城市诗性文化把中国诗性文化提高到一个新的高度，代表了诗性文化在中国历史上的最高发展水平，同时，作为古代江南人民留给我们的一笔极为珍贵的古典人文精神资源，对它的深入研究与现代阐释，对于我们提高当代中华民族的生活质量，提升当代城市文明发展水平等方面，具有十分重要的参照价值与借鉴意义。

三、江南城市诗性文化的现代性价值

在物质文明、政治文明与精神文明三方面存在的差异，是江南城市诗性文化不仅与其北方与中原血统，同时也与江南乡镇诗性文化拉开了具有文明层次意义的距离。这是我们阐释江南城市诗性文化时特别需要加以关注的。

江南城市诗性文化有两个核心要素：一是不同于北方城市诗性文化，两者在逻辑上主要表现为政治与经济的对立；二是不同于江南乡镇诗性文化，两者的根本差异在于伦理与审美的不同。由于文明发展程度最高，江南城市诗性文化本质上是一种具有重要本土价值的都市文化模式。把江南城市中的诗性文化模式及其经验单独提出，可以为中国当下的城市化进程提供一种重要的参照。与人们一直参照的西方城市模式与经验不同，作为一种本土性的都市社会与文化模式，江南城市诗性文化对农业文明历史过于悠久、农业人口数量过于庞大、城市化内外环境异常复杂的中国当下，具有重要而不可替代的价值与意义。

首先，江南城市诗性文化为我们认识中国现代城市社会与文化的发生提供了一个新的背景与框架。与北方城市相比，这一点十分明显。北方城市的核心是政治-伦理，尽管它的存在与延续不可能脱离繁荣与发达的城市经济，但为了避免政治中心被经济发展喧宾夺主，所以它对城市社会与文化的发展一直充满戒心与有意压制。这是北方政治型城市在意识形态上选择“尚俭”[①] 与“戒奢”[②]，甚至运用各种文化工具制造“罪恶与不道德的城市形象”的根本原因。以诗性文化为核心的江南城市与之有很大区别，由于城市社会发展越快，城市文化发育越成熟，越有利于城市社会自身的再生产，因而它一直是刻意鼓励与纵容各种非农业的人生观与生活方式。以上海为例，近代海派文明的突出形象是所谓“十里洋场”，其在主体方面最重要的工作就是培养与市场经济相适应的消费意识形态。如上海的《申报》在19世纪70年代就开始鼓吹奢侈消费，而“时髦”“摩登”等现代中国城市文化的关键词，据考证都是起源于近代海派文明。[③] 甚至在更早的清末民初，上海就有《游戏报》《笑林报》《及时行乐报》等专供人娱乐消遣的报刊20余种，其中不少公然传授吃喝嫖赌等经验。[④] 它们的目的就在于，通过不断制造主体“消费的需要”，以推动城市社会的运转，这与北方城市出于政治原因而压抑人的感性需要与欲求，是完全不同的。对此，一般人只看到海派文明与西方近现代文明的关系，但实际上，海派文明与明清以来的江南城市诗性文化的独特模式也有密切关系。理解了这一点，才能找到海派文明发生的中国本土根源，以及把它纳入中国城市社会与文化现代化进程之中。尽管海派文明有不少负面影响，但有一点是必须加以肯定的，即，正是在这种特殊的城市空间中，才最大限度地摆脱了中国北方城市的存在模式，使上海从一个海边渔埠迅速发展为当代中国最大的城市，以及使以上海为中心的长江三角洲成为当代中国城市化水平最高的地区，所以我们不仅不能轻易地否定与批判它，相反还应该以之为对象，努力挖掘深藏在其内部的中国城市社会与文化要素，以便为当代中国城市社会与文化建设提供一种本土性的参照。

其次，研究江南城市诗性文化，对以上海为中心的长江三角洲地区的可持续与全面发展有重要的现实意义。改革开放后，特别是近十年来，以

---

① 如《论语·八佾》说：“礼，与其奢也宁俭。”
② 如《左传·庄公二十四年》记载：“俭，德之共也；侈，恶之大也。”
③ 乐正：《近代上海人社会心态》，上海人民出版社，1991年版，第111页。
④ 秦绍德：《上海近代报刊史论》，复旦大学出版社，1993年版，第134页。

上海为中心的长江三角洲地区，正在形成一个在经济社会与文化发展等方面联系更加密切的城市共同体，最有希望成为世界第六大都市群。而江南地区特有的地理条件、社会结构及文化传统等，不仅直接参与了江南城市的历史建构，也深刻影响着它在今天的存在与发展。与江南乡镇相比，一方面，江南城市诗性文化代表着江南社会与文化的最高历史成果，这是中国现代化（城市化）进程在江南地区开始最早、发育最充分的文化与历史根源；另一方面，它本身还是以一种比较自然的方式从中国传统社会结构中发展而来，这就为我们融合传统与现代、以城市化进程为界面进行传统社会与文化的现代转换提供了重要的思想资源与发展模式。但由于中国城市化水平不高等原因，人们的目光一直比较关注的是江南乡镇，其中最典型的是以乡镇企业为中心与主体的苏南模式，而对于江南城市、特别是作为城市更高空间形态的大都市群注意较少。这是当下亟需反思与补课的。因为“在经济全球化的背景下，依托于规模巨大的人口与空间、先进的生产能力及富可敌国的经济总量、发达的现代交通网络与信息服务系统而形成的都市社会正在成为当代人生存与发展的重要背景。与此同时，在大都市社会中逐渐形成并不断扩散的新型思维方式、生活方式与价值观念，不仅直接冲垮了中小城市、城镇与乡村固有的传统社会结构与精神文化生态，同时也在全球范围内对当代文化的生产、传播与消费产生着举足轻重的影响”。①

在都市化进程中，不是乡镇，也不是一般的中小城市，恰恰是所谓的“国际化大都市”以及作为其更高发展形态的“世界级都市群”，才是影响中国经济社会与文化发展最重要的因素。当代城市化进程中的都市化模式必须关注中国现代化的城市经验。而江南城市及其诗性文化是中国最重要的城市社会模式与都市文化经验，对它历史源流与现代形态进行研究，不仅有利于江南城市文化的可持续发展，有利于提升江南乡镇的文明程度与发展水平，同时对中国其他区域的城市化进程，也具有一定的示范性价值。这也就是我们不仅要研究中国诗性文化、研究北方诗性文化，还要进一步研究江南城市诗性文化的理论与实践意义之所在。

---

① 刘士林：《都市文化学：结构框架与理论基础》，《上海师范大学学报》2007 年第 3 期。

第二章
江南城市群与长三角的历史渊源与当代重构

自从1976年，戈特曼在《城市和区域规划学》杂志发表《全球大都市带体系》[1]，将“以上海为中心的城市密集区”看作与美国东北部大都市带、五大湖都市带、日本太平洋沿岸大都市带、英格兰大都市带、西北欧大都市带相并列的第六大都市带之后，特别是改革开放以来，在空间上以古代江南地区为核心区、在当代被冠以长三角城市群的这一城市密集区，可以说备受全球的关注、享尽国家的荣宠。在以往的研究中，我们已多次谈到，长三角城市群不是无本之木，古代江南地区高度发达的经济与文化，既是中国现代化与城市化进程在江南地区开始最早、发育最完善，也是长三角在新时期以来能够以率先发展的态势引领中国都市化进程的根本原因。[2] 对作为当代长三角前身的古代江南城市进行系统的梳理与探索，可以为当代长三角城市群建设和长三角一体化国家战略实施提供有益的参照和借鉴。

一、“地方经验”与“历史经验”：城市群研究的新生长点

城市群是一个当代的概念，又叫都市群、都市带或都市连绵区。1961

---

① 刘士林主编：《2007中国都市化进程报告》，上海人民出版社，2008年版，第120页。

② 参见刘士林：《江南都市文化的历史源流及现代阐释论纲》，《学术月刊》2005年第8期；《江南城市与诗性文化》，《江西社会科学》2007年第10期；《文化都市的界定与阐释》，《上海大学学报》2008年第3期；《上海浦江镇文化资源与发展框架研究》，《南通大学学报》2009年第2期；《江南与江南文化的界定及当代形态》，《江苏社会科学》2009年第5期；《江南文化的当代内涵及价值阐释》，《学术研究》2010年第6期。

年，曾任牛津大学地理学学院主任的地理学家戈特曼（Jean Gottmann）发表《城市群：美国城市化的东北部海岸》，第一次提出并论证了城市群（Megalopolis）的概念与存在。城市群是城市发展到成熟阶段的最高空间组织形式，如“波士沃施”（BosWash）、北美五大湖、日本太平洋沿岸等世界级城市群，它们集聚着数千万城市人口和数以万计的高级人才，有着优越的地理位置、良好的自然环境、合理的城市布局、高效的基础设施和先进的产业结构，并以雄厚的经济实力、发达的生产能力、完善的服务能力和连通全球的交通、信息、经济网络为基础，使自身发展成为可以控制与影响全球政治、经济、社会、科技与文化的中心。城市群的出现改写了城市化的历史，其巨大的影响力是以往任何形态的城市无法相比的。这也是我们把以“城市群”为主要标志的当代城市化进程命名为都市化（Metropolitanization）进程，以及把它看作传统城市化（Urbanization）的升级版本与当代形态的原因。[①]

戈特曼提出的城市群概念与理论，至今已过去了六十多年。由于时世的变迁和城市群发展的不断深化，这一理论早已超越了地理学研究的范围，同时也开始面临补充或创新的问题。在经济全球化和世界城市化的背景下，有两个方面值得深入分析与探讨。其一是由于都市化进程已逐渐扩散到城市化水平原本很低的不发达国家和地区，因而，在城市化与都市化进程中不同于西方模式的地方经验具有了重要的研究价值。其二是由于经济全球化还直接导致了世界各地非主流文化传统的断裂、均质化和非历史化，因而，对这些区域城市化或都市化的历史经验的发现与重建也成为城市群理论的新的生长点。

在逻辑上看，城市群概念在语源上可追溯到古希腊，早在西方城市发展的第一个黄金时代——古希腊时期，城市群的概念就已“恍兮惚兮，其中有象”，同时，在人类城市发展史上，依托自然地理、商业流通或其他方面的现实需要，曾出现了大量在内涵上接近城市群的古代城市群体。以早于希腊城市的中国原始城市为例，在距今 4 500—4 000 年的龙山文化时期，以山东章丘的城子崖古城为代表，考古界先后发现了山东寿光县的王村古城、河南登封县的王城岗古城堡、淮阳平粮台古城、偃师郝家台古

① 刘士林：《都市化进程论》，《学术月刊》2006 年第 12 期。

城、安阳后岗古城、阳谷景阳冈古城址等。尽管“这些原始城市的发育程度”在总体上“规模不大”[1]，但从其空间分布的格局看，以黄河中下游一带为地理背景、以中原旱作农业为基本生产方式，以龙山文化为核心的文化联系机制，以及以城墙、道路、房屋、陶窑、排水设施等为城市符号，可以说这些原始城市从一开始就初步具有了城市群的特征。同时，运用城市群理论对这些原始城市进行整体性的研究，也有助于揭示中国原始城市共同的发生机制与相互关系。其次，如同任何新生事物一样，城市群也一直是在逆境中成长的。原因有二：一是在古代农业文明的汪洋大海中，以消费为主要特征的都市文明受到批判与抵制是很自然的；二是在现代世界中，尽管工业化为城市发展带来无限生机，但由于现代城市化进程带来的“城市病”，因而各种“逆城市化”思潮与行为也是难以避免的。而这种情况，在西方直到20世纪60年代，在中国直到21世纪初，随着当代都市化进程在全球范围内的启动与不断拓展，对城市群这一新城市形态的批判和否定才得到一定程度的遏制。这是以往人们很少运用城市群理论研究非西方的历史经验与地方经验的根源。

在历史上看，被国内外学者高度关注的明清时代的江南地区，是在中国古代农业文明背景下形成的一个城市群。其原因在于：借助环太湖领域独特的自然环境与生产生活方式，以及在这个基础上形成的具有内在一致性的区域经济社会与文化模式，形成了与当今城市群高度一致的功能集聚区或中心区。在以往的研究中，我们对古代江南城市与城市群的关联已有所关注，认为当代长三角城市群是以古代江南城市的经济发达与文化繁荣为基本条件的，“如1980年代的长三角经济区概念，其雏形可追溯到明清时期太湖流域经济区。而1990年代以后的长三角城市群，其胚胎或基因实际上早在古代江南城市发展中就已开始培育”[2]。由此可知，尽管城市群是一个全新的当代概念，但并不表明它必然是当今世界的新产物。而只能说明由于充分借助了当代都市化进程，它在历史中一直被遮蔽的存在获得了“出场”的权力。在古代世界中，江南城市群并非特例，而是存在着很多与之类似的“家族”。以隋代为例，东南地区出现了江都、宣城、丹阳、

① 傅崇兰等：《中国城市发展史》，社会科学文献出版社，2009年版，第35页。
② 刘士林：《江南与江南文化的界定及当代形态》，《江苏社会科学》2009年第5期。

毗陵、吴郡、京口、会稽、余杭、东阳等商业城市，而北方的睢阳、清河、沧州、景城、太原、鲁郡等也有很大的发展。[1] 对这些古代城市的历史形态及其现代转换过程进行研究，不仅可以丰富戈特曼式的建立在20世纪西方都市化经验基础上的城市群理论，对中国及世界其他地区的都市化进程也会有积极的借鉴意义。

二、江南城市群的内涵与阐释

关于城市群的界定，目前尚无定论。《牛津地理学词典》给出的定义是："任何超过1千万居民的众多中心、多城市、城市区域，通常由低密度的定居和复杂的经济专门化网络所支配。"而综合相关学科的研究，衡量城市群的标准主要有五条：一是区域内有比较密集的城市；二是有相当多的大城市，中心城市与外围地区的经济社会联系十分紧密；三是城市间有通畅便捷的交通走廊；四是人口必须达到相当大的规模，西方的标准是2 500万人以上；五是属于国家的核心区域，并在国际联系中起到交往枢纽的作用。按照这些公认的标准，在明清江南地区已出现了一个相当成熟的中国古代城市群。

第一，区域内有比较密集的城市，在江南地区是不成任何问题的。有关研究表明，到鸦片战争前夕，长三角已经成为一个大中小城镇遍布、经济发展水平居全国之冠的地区，从芜湖沿江到宁、镇、扬，经大运河到无锡、苏州、松江、杭州，再沿杭甬运河到绍兴、宁波这一大片地区，共有10万人口以上的城市10个，几乎占当时全国10万人口以上城市的一半。[2] 而根据戴逸的研究，在18世纪，即使从全球范围看，江南城市的影响也堪称是举足轻重的。

> 18世纪全世界超过50万人口的大城市一共有10个，中国占了6个，就是说城市发展的程度，中国也是最高的。中国6个超过50万人口的城市是北京、南京、苏州、扬州、杭州、广州。而世界上超过50

---

① 傅崇兰等：《中国城市发展史》，社会科学文献出版社，2009年版，第85页。

② 长江三角洲城市经济协调会办公室编：《走过十年——长江三角洲城市经济协调会十周年纪事》，文汇出版社，2007年版，第1页。

万人口的城市还有4个：伦敦、巴黎、日本的江户（就是现在的东京）以及伊斯坦布尔。所以中国大城市的数目也是最多的。[①]

第二，江南的大城市在整个古代世界中一直呈现出繁荣和壮观景象。如作为东晋和南朝政治中心的建康（今南京），在当时已发展为一座巨大的消费性城市。

人们的生活用品都系于商市，皇宫内院更是动辄用数以千万计的库钱到城内外市场购买粮食、丝绵、纹绢、布匹等物。随着市场的繁荣，商业经营水平也大为提高，已经开始按货物种类列市，形成了一些专业市场，如牛马市、纱市、谷市、盐市、花市、草市、鱼市等等，政府并专门设置官吏加以管理，处理商业纠纷。为满足都城人民的需求，大小商人常年奔波于旅途中，通过水陆运输将富庶的三吴地区（吴郡、吴兴和会稽地区）出产的优质青瓷器、铜镜、丝、帛、纸、席、食盐、粮食、家禽等产品，长江中游地区盛产的铜、锡、漆器、木材，南方沿海地区的土特产品香料、海味、漆、密蜡、朱砂等各类商品，源源不断地运往建康。商业经济的发达，使政府开始将商税作为重要的财政收入来源，在建康西面的石头津和东面的方山津都设有关卡，货物十分税一，市内则专设市令、市丞负责收取市税。[②]

隋唐时期，扬州由于其特殊的地理位置和交通条件，不仅成为江南地区重要的核心城市，同时也是当时全国最大的工商业城市。最有意思的是，绍兴在唐代也有“会稽天下本无俦”之称[③]。除了大城市多、影响大，江南城市之间的经济社会联系也十分密切，特别是其作为城市群中心、具有重要的国内甚至国际影响的首位城市，对周边的城市的辐射与带动能力很强。如明清时代江南的中心城市苏州，首先，它是一个具有相当规模的

---

① 戴逸：《论康雍乾盛世》，《中南海：历史文化讲座四十座——著名学者与中央高层讨论的问题》上册，内部资料，2007年版，第96页。

② 高树森、邵建光编：《金陵十朝帝王州》，中国人民大学出版社，1991年版，第64页。

③ 陈桥驿：《会稽天下本无俦》，《中华读书报》，2008年3月8日。

“特大城市”，“在明中叶至清中叶的三个世纪中，苏州城市有显著扩大。这个扩大同时表现为城市地域范围的扩展与城市人口的增加。苏州城市变化的主要趋势，是城市从府城内扩大到城厢附郭和郊区市镇，从而形成一个以府城为中心、以郊区市镇为‘卫星城市’的特大城市。”① 其次，以苏州大都市为中心，还形成了一种十分成熟、多层级的、可以辐射全国的古代市场经济体系，“苏州不仅是江南区域市场，而且已具有全国市场的规模，它的经济辐射力已遍及全国各地，而全国各地的商品和商人都汇集到苏州来。”② 苏州在明清时代的影响，与今日上海可以说十分相似。

第三，通畅便捷的交通走廊更不成问题。以明清太湖经济区这一江南核心区为例，其在地理上“有一个极为重要的特点，即同属一个水系——太湖水系，因而在自然与经济方面，内部联系极为紧密”③。这种便利的交通条件，直到今天仍是长江三角洲经济区的一个显著特征。“长三角向以‘水乡泽国’著称，境内河道罗列，湖泊棋布。据统计，长三角的天然和人工河道总长达37万公里，水域面积几乎占总面积的十分之一，其中太湖平原上更是水网密集，以‘碟形洼地’太湖为中心，平均每隔120米，就有一条河道。苏州市就是因为河道众多而有‘东方威尼斯’之称。水域面积广大，水系错综复杂是长三角景观的主要特征。”④ 以太湖水系为核心，江南城市之间拥有了便利的古代“高速公路”，使核心城市之间的交通往来十分便捷。同时，借助江南运河和海上丝绸之路，江南城市还成为古代中国与海外相联系的交通枢纽。以镇江为例，在大运河全线贯通的隋唐时期，长江和运河在镇江构成了国内最大的黄金十字水道。太湖和钱塘江地区的漕粮、贡赋，一般都是先由江南运河运至镇江再转运北方；甚至两广的许多物资也由此中转，镇江因而被称为漕运咽喉。北宋在镇江设立转船舱，南宋则设立大军仓，使镇江成为全国的粮食仓储中心，直到康熙《江南通志》，仍有“京口为舟车络绎之冲，四方商贾群萃而错处，转移百物，

① 李伯重等主编：《江南的城市工业与地方文化》，清华大学出版社，2004年版，第7页。
② 陈学文：《明清时期太湖流域的商品经济与市场网络》，浙江人民出版社，2000年版，第256页。
③ 李伯重：《多视角看江南经济史》，三联书店，2003年版，第448—449页。
④ 长江三角洲城市经济协调会办公室编：《走过十年——长江三角洲城市经济协调会十周年纪事》，文汇出版社，2007年版，第4页。

以通有无”的记载。以上海为例，在嘉庆《上海县志》序文中曾记载：“上海，为华亭所分县，大海滨其东，吴淞绕其北，黄浦环其西南。闽广辽沈之货，鳞萃羽集，远及西洋暹罗之舟，岁亦间至，地大物博，号称繁剧，诚江海通津，东南都会也。”特别是在“19 世纪中叶以后，由于中外贸易与交流的关系，上海在长三角地区迅速崛起，成为长江流域的大港，担负起整个长江流域贸易的重任。19 世纪末叶，马关条约以后，西方可以在中国投资，长三角成为西方列强在华投资的首选之地。到 20 世纪 30 年代，上海成为东亚地区最大的金融、贸易和工业中心。”① 这几个例子，很能说明江南城市在当时已成为实际上的“主干大街”，承担了中国为数众多的服务功能。

第四，在人口规模与数量上看，明清江南地区的城市化水平已经很高。这具体表现在，一是城市人口增加迅速。以 1850 年的苏州为例，其人口就从 922 年的大约 20 万上升到约 70 万②。城市人口增加最快的是隋唐时代的杭州，“杭州户口的增长最快，隋时一万五千户，唐贞观中三万五千户，宋元丰间增至十六万户，南宋初为二十六万户，至咸淳年间高达三十八万户、一百二十多万户口，成为全国最大的城市”③。就作为江南核心的三吴地区而言，“从人口密度来看，天宝元年江南东道为每平方公里 31.44 人，低于都畿、河北、京畿、河南诸道，居全国第五位。而三吴四郡，据我的初步估算，每平方公里约为 60 人左右，与都畿道的 58.7 人和河北道的 56.76 人不相上下，成为全国人口密度最高的地区之一。（注：各地人口密度，据《中国历代户口、田地、田赋统计》甲表 28。估算三吴四州人口密度时，口数据《新唐书・地理志》，面积据《中国历代户口、田地、田赋统计》甲表 88 折算。）”④ 二是城市化水平远远高于国内其他地区。研究指出：“明后期江南城市人口比例约为 15%，1620 年城市人口约 300 万，1850 年则增至约 720 万人。清中叶的江南府州城市人口比例

① 长江三角洲城市经济协调会办公室编：《走过十年——长江三角洲城市经济协调会十周年纪事》，文汇出版社，2007 年版，第 5—6 页。

② 施坚雅主编：《中华帝国晚期的城市》，叶光庭、徐自立等译，中华书局，2000 年版，第 16 页。

③ 何荣昌：《唐宋运河与江南社会经济的发展》，载于唐宋运河考察队编《运河访古》，上海人民出版社，1986 年版，第 320—322 页。

④ 吴宗国：《唐代三吴与运河》，载于唐宋运河考察队编《运河访古》，上海人民出版社，1986 年版，第 298 页。

达19.2%，江南全境水平大致相当。这一水平远高于江苏省的13.6%，浙江的10%，相当于全国平均7.4%的2.6倍。”① 及至清末，“城镇密度仍以长江下游地区为最大，1893年为每一万平方公里有城镇14个；东南地区和华北地区次之，分别为每一万平方公里有城镇7.2个和6.5个，岭南及长江中、上游地区又次之，为每一万平方公里有城镇4.2个到4.8个；西北地区和云贵地区的城镇密度最小，仅为每一万平方公里有城镇1.5个到1.7个，仅相当于长江下游地区的九分之一。”② 此外，在当时也出现了人口和资源向中心城市、大城市移动的都市化迹象。根据施坚雅的统计分析，在19世纪中期，江南地区的城市人口主要分布在都市或大城市，明显有别于当时人口总数与之相当的华北地区，“到1843年为止，长江下游地区三分之二的城市居民住在人口超过16 000的城市里，而华北地区相应的比率只略微超过二分之一。”③ 在明清时期江南萌发的都市化进程，使当时社会的各种资源向大都市迅速集聚，为江南城市化水平的进一步提升奠定了雄厚的基础。倘若不是因为自太平天国以来的各种战争，其中特别是对江南核心城市苏州、杭州、南京等的严重破坏，可以想见，这一地区在全球的现代城市化进程中仍会占有重要的一席之地。尽管在某种意义上，与当今世界大城市群相比，明清江南城市在人口总量上有所不及，但从江南城市人口在全国和当时全球人口所占的比例看，却可以说它在人口上丝毫不逊色于当今的任何一个大城市群。

第五，至于江南城市作为国家核心区域更是无须讨论的。江南城市并不是一开始就成为国家核心区，这其中有一个历史的迁移过程。刘师培在《南北学派不同论》的《总论》中曾指出：“三代之时，学术兴于北方，而大江以南无学。魏晋以后，南方之地学术日昌，致北方学者反瞠乎其后，其故何哉？盖并、青、雍、豫古称中原，文物声名洋溢蛮貊，而江淮以南则为苗蛮之窟宅，及五胡构乱，元魏凭陵，虏马南来，胡氛暗天，河北关中，沦为左衽，积时既久，民习于夷，而中原甲姓避乱南迁，冠带之民萃于江表，流风所被，文化日滋，其故一也。又古代之时，北方之地，水利

① 龙登高：《江南市场史——十一至十九世纪的变迁》，清华大学出版社，2003年版，第56页。

② 靳润成主编：《中国城市化之路》，学林出版社，1999年版，第78页。

③ 施坚雅主编：《中华帝国晚期的城市》，叶光庭、徐自立等译，中华书局，2000年版，第280页。

普兴，殷富之区，多沿河水，故交通日启，文学易输。后世以降，北方水道淤为民田，而荆、吴、楚、蜀之间，得长江之灌输，人文蔚起，迄于南海不衰，其故二也。就近代之学术观之，则北逊于南，而就古代之学术观之，则南逊于北。”[①]尽管这是讲学术，但也适应于城市。其中除了人们一般知道的战争影响，刘师培阐述的水利工程对南北地位的影响，也是十分重要的。

首先，与北方城市相比，江南城市在经济社会发展上相对稳定，并在唐代安史之乱后成为中国经济的重心。

> 安史之乱虽被平定，但黄河流域经济发达地区却因战争破坏而人口锐减，遍地哀鸿……作为唐政府粮赋主要来源之一的两河地区优势丧失殆尽，一向号称富庶的关中渭河平原亦因各种原因失去了往日的风采。在这种形势下，唐中央不得不向长江流域各地寻找财赋来源。诗人杜甫对当时“河南、河北贡赋未入，江淮转输异于曩时”的情状十分了解，指出：“惟独剑南，自用兵以来税赋则殷，部领不绝，琼林诸库，仰给最多。蜀之土地膏腴，物产丰富，足以供王命也”。而此前理财名臣第五琦在成都则向玄宗建议：“方今之急在兵，兵之强弱在赋，赋之所出，江淮居多。”虽然两人所说内容不同，但都足以说明当时唐代的经济重心已不在黄河流域。中唐以后，唐政府所需的粮食几乎全部依赖漕运，长江流域的粮赋源源不断地经过大运河北上，运抵两京。这一地区已完全成为中国经济发展的重心所在。[②]

从上面这一段引文看，杜甫和第五琦也有一个差别，即前者更看重长江上游的巴蜀地区，而后者则偏向于江南地区。但在实际上，特别是由于大运河及漕运的关系，江南地区的重要性可以说与日俱增。

其次，水利水运工程的影响也是改变南北地位的重要原因。以隋唐大运河为例，从唐宋时代开始，北方与中原不仅越来越仰仗于江南的漕运，整个中国古代的国家经济也是如此。北宋张方平在《论汴河》中写道：

---

① 刘师培：《南北学派不同论》，载于刘梦溪主编《中国现代学术经典·黄侃、刘师培卷》，河北教育出版社，1996年版，第732页。

② 李学勤、徐吉军主编：《长江文化史》，江西教育出版社，1995年版，第530—531页。

"今日之势，国依兵而立，兵以食为命，食以漕运为本，漕运以河渠为主。今仰食于官廪者不惟三军，至于京师士庶以亿万计，大半待饱于军稍之余，故国家于漕事至急至重。有食则京师可立，汴河废则大众不可聚。汴河之于京师，乃是建国之本，非可与区区沟通水利同言也。大众之命，惟汴河是赖。"[①] 南宋章如愚则指出："夫东南财赋之渊薮，惟吴越最为殷富……唐财赋皆仰给于东南，其他诸郡无有。"[②] 其原因在于，与饱经战乱破坏的北方与中原相比，江南地区"总的发展趋势是一直向前的，较少曲折"[③]，特别是在两宋以后，江南作为全国经济中心的地位很少再受到撼动，"北宋时南方经济的发展不仅持续到南宋，而且这种发展在南宋时又一步深化了。元、明、清三代南方经济的发展仍然有增无减，相形之下北方的发展是缓慢的。近代以前，中国经济发展南高北低的格局再也没有逆转过。江南经济区不仅完全取代了原先北方经济区所具有的地位，而且使得封建王朝的政治中心对它的依赖程度不断提高"。[④] 可以说，在整个古代社会的中后期，江南城市已成为中华帝国最重要的支撑体系。

江南城市在形成一个共同体的同时，也以更大的资本与力量改变着中国城市的形态与功能。与中国文化相一致，中国城市向有南北之分，一般说来，"北方城市的最高发展形态是'政治中心'，而最具代表性的江南城市则多为'经济中心'"。[⑤] 但在相当长的历史时期内，由于中国古代农业文明和专制政体的性质，城市的经济功能仍受到很大的压迫和限制。在某种意义上，这与中国古代的农业文明直接相关。以周代为例，"农业文明在周代城市中的反映十分明显，即城市以政治中心功能为主，同时也是军事中心，而城市的经济中心地位和作用不突出。这就是周代城市最基本的特征。这种城市特征对中国封建时代的城市发展影响十分巨大"。[⑥] 以城市中最具活力的经济空间（即古人的"市"）为例，直到唐代以前，统治者一般只允许有"市籍"的商人在其中从事商业经营，这使城市的经济功能

---

① 转引自陈凤珍：《汴河与开封》，唐宋运河考察队编《运河访古》，上海人民出版社，1986年版，第207页。

② 章如愚：《群书考索》卷46"财用门·东南财赋"，广陵书社，2008年版，第1139页。

③ 郑学檬：《中国古代经济中心南移和唐宋江南经济研究》，岳麓书社，2003年版，第4页。

④ 郑学檬：《中国古代经济中心南移和唐宋江南经济研究》，岳麓书社，2003年版，第19页。

⑤ 刘士林：《江南城市与诗性文化》，《江西社会科学》2007年第10期。

⑥ 傅崇兰等：《中国城市发展史》，社会科学文献出版社，2009年版，第44页。

和活力很难获得自然与健康的成长。但在江南城市特有的城市空间中，却逐渐摆脱了中国一般城市之中普遍存在的政治对经济的压迫与限制，使城市固有的经济功能与商业活力获得了激发。正如西方学者所指出的那样，即使在明清时期的华北地区，一些地方经济体系在生产与交换上均不同程度地享有特殊的政治背景，其中最重要的是要靠皇室的恩惠才能很好地维持其发展。但长江下游则主要依靠自身形成的经济体系发展，其中包括依靠区域内形成的各种类型的市场支撑，其对政治的依赖程度要小得多。[①]在某种意义上，要从中国古代农业文明和专制政体中争得自由和解放，既不是个别的单体城市、更不是不发达的中小城市所能做到的，而是直接借助了当时的核心城市以及江南地区城市的整体实力，才完成了江南城市经济功能从中国古代政治型城市的整体合围中的突围，并逐渐演化出具有本土特色的中国经济型城市形态。以古代江南城市群的核心城市杭州为例，“明代杭州城从宋、元时的以政治中心功能为主转向以经济功能为主，成为江浙商品经济活跃的城市，是明代杭州城市发展的基本特点”。[②] 以明代江苏城市的群体兴起为例，“明代在工商业发达的基础上出现了较大的城市，除两京之外，主要集中于江、浙、闽、广诸省。这些省较大的城市成为明代商品贸易中心和资本主义萌芽的地区。其中，江苏的主要大城市是：苏州、松江、常州、镇江、淮阴、仪征、徐州、无锡、扬州等”。[③] 从这两方面看，它们与以大都市和城市群为中心的都市化进程已很接近。

城市经济的全面发展是这一新城市形态的关键词，这一点已被很多学者揭示。在城市工业经济方面，“明清时期，江南地区的一些传统城市发生裂变，内部结构重新整合，形成了新的城市经济形态，即生产型城市，如松江、苏州等，尤其后者更具典型意义”。[④] 同时，城市经济间的层级分工体系与互补性也进一步强化，以生活日用品为例，松江是全国闻名的棉布业中心，苏州、无锡是重要的米业市场和粮食加工中心，苏州、杭州、南京、镇江等是重要的造酒基地，杭州、南京、苏州还是全国最大的成衣制造地等。以工业制造业为例，清代苏州冶铁业发达，有专门的冶坊公

---

① 施坚雅主编：《中华帝国晚期的城市》，叶光庭、徐自立等译，中华书局，2000 年版，第 14—15 页。

② 傅崇兰等：《中国城市发展史》，社会科学文献出版社，2009 年版，第 146 页。

③ 傅崇兰等：《中国城市发展史》，社会科学文献出版社，2009 年版，第 142 页。

④ 王卫平：《吴文化与江南社会研究》，群言出版社，2005 年版，第 300 页。

所，同时铁工具生产则分布在吴江县庉村市、震泽县檀邱市、宜兴县张渚市等。而丝织业工具在生产制作上的专业化程度更高，南京城内“供应丝织机具的有机店、梭店、竹器店、范子店、边线行等，分工甚为细密”。[①]城市群是一个资源集约、结构优化、功能互补、生态和谐的城市共同体，在明清时代的江南城市群中，一个初步具备这些功能的城市群已经形成。此外，当时中国与世界的联系主要是丝绸之路，而大运河则是联系海上与陆上丝绸之路的中介。“大运河的一端通过明州港以通海外诸国，另一段则从洛阳西出以衔接横贯亚洲内陆的‘丝绸之路’。可以说，大运河起着沟通陆上‘丝绸之路’和海上‘丝绸之路’的巨大作用。”[②] 明清时代的江南运河，就处在大运河最重要的位置上，因而也成为中国古代最重要的国际交往枢纽。由于可以在更广阔的范围内吸收并实现资源的配置，江南运河上的城市迅速发展起来。以江南城市群中重要的节点城市杭州为例：

> 杭州是江南运河南端的终点城市，地处钱塘江畔，海路可通东南沿海。大运河开通后，杭州成为重要商业城市和海外贸易的港口……入宋以后，海外贸易发展，在杭州设置市舶司，成为对外贸易的港口，“闽商海贾，风帆浪舶，出入于江涛浩渺，烟云杳霭之间”。（陈高华、吴泰《宋元时期的海外贸易》）……城市商业十分繁荣，临安城里有四百十四行。北宋熙宁十年，杭州的商税已居全国首位，共八万二千多贯，南咸淳年间增至四十二万贯。（朱瑞熙《宋代社会研究》）可见其城市经济的繁荣与商品经济的发达。[③]

与之相仿的是上海地区在宋代以后的迅速崛起。在上海地区的古代城市化进程中，“以商业贸易、特别是国际物流与贸易为中心”是其基本特点。天宝五年（746），唐朝在今天青浦东北吴淞江南岸设置了直属华亭县的青龙镇，可以看作上海地区古代城市化进程的起点。青龙镇的主要功能是唐代对外贸易的新兴港口，当时其航运不仅通往沿海和内河重镇，还直

---

① 南京市人民政府研究室编：《南京经济史》上册，中国农业科技出版社，1996 年版，第 210 页。

② 唐宋运河考察队编：《运河访古》，上海人民出版社，1986 年版，前言第 6 页。

③ 何荣昌：《唐宋运河与江南社会经济的发展》，载于唐宋运河考察队编《运河访古》，上海人民出版社，1986 年版，第 320—322 页。

达日本、朝鲜。宋人杨潜《云间志》对此曾有详细的描述："青龙镇瞰松江上，据沪渎之口，岛夷闽广之途所自出，海舶辐辏，风樯浪楫，朝夕上下，富商世贾，豪宗右姓之所会。"[①] 刻于北宋嘉祐七年（1062）的《隆平寺灵鉴宝塔铭》，对青龙镇繁忙的航运情形有更细致的记载："自杭、苏、湖、常等州日月而至；福建、漳、泉、明、越、温、台等州岁二、三至；广南、日本、新罗岁或一至。"[②]发达的国内国际贸易与人员往来，使青龙镇成为"人烟浩穰，海舶辐辏"的枢纽，极大地提升了其城市化水平。[③]而在中国近现代历史上，江南城市群之所以能够一如既往地保持其优势，与其因优越的地理位置，比一般内陆地区更容易吸纳和接受全球的各种物质、人力与文化资源密切相关。

三、研究江南城市群的重要现实价值

"察往在于知今。"众所周知，今天长三角城市群的建设并非一帆风顺，而是经历了多次的反复与波折，至今在资源、产业等方面的冲突与无序竞争仍然相当严重。在芒福德看来，城市中至关重要的是共生关系与合作关系，"只有在这些关系保持内在平衡并在更大环境中保持稳定时，城市才能繁荣"[④]。就城市群是城市的更高发展形态而言，这些论述也完全适用于城市群。古代江南城市之间之所以可以自发地形成一个城市群，是因为它们以江南文化为母体繁衍出发达的共生与合作关系。

城市社会学原理告诉我们，作为首位城市的大都市的职能主要有二：一是支配，二是服务。而如果仅有支配而没有服务，就会导致城市群内部的冲突与无序竞争。在明清时代的江南城市之间，可以说主要体现为支配与服务的统一。一方面，作为一个城市群，江南地区以大城市为中心，形成了分工合理、功能互补的城市层级关系。如陈国灿先生将江南城市分作

① 转引自熊月之、周武主编：《上海：一座现代化都市的编年史》，上海书店出版社，2007年版，第5页。

② 转引自熊月之、周武主编：《上海：一座现代化都市的编年史》，上海书店出版社，2007年版，第6页。

③ 刘士林：《上海城市的起源和发展》，《江苏行政学院学报》2009年第3期。

④ 芒福德：《城市发展史——起源、演变和前景》，宋俊岭、倪文彦译，中国建筑工业出版社，2005年版，第158页。

四个等级：一是小城镇，主要是由县级城市和更小规模的市镇构成，它们处于整个体系的最底端，起着联系城乡的纽带作用；二是规模城市，主要为府州治所在地城市，在这一级向下与县级城市和市镇构成一个结构相对简单的城市网络，向上则参与构成更复杂更大的区域城市网络体系；三是区域大城市，一般为有跨区域性影响力的城市，这一层级的城市体系比较复杂，其影响范围往往超出本区域而进入其他邻近地区，如平江（今苏州）、绍兴、宁波、建康（今南京）等；四是周围区域核心大城市的首都临安（今杭州），其影响力可以直接影响到区域内每一层级和全国其他区域城市。临安尽管位于江南城市金字塔的顶端，"它不仅是江南地区东西向、南北向商品流通的中心，也是最大的商品消费市场，诸如严、徽等州的木材和柴炭，苏、湖等州的粮食，婺州和绍兴的纺织品，温、台、明等州的海产品和外来舶货等，均会聚该城，或就地消费，或转运其他地区"[①]。另一方面，这又没有演化为像北方与中原地区那种可以决定一切的作为政治中心的"寡头城市"。如美国学者林达·约翰逊所说："江南地区最大的城市是苏州、杭州和南京。……在长江下游地区繁荣的背景下，没有哪一个城市能长时期处于支配地位，而且没有一座城市能压倒其他城市，即使在它鼎盛时期也做不到这一点。"[②] 同时，尽管在城市群中会受到适当的限制与约束，但古代江南的中心城市却没有因此而走向衰落，这正是施坚雅所特别强调的，"长江下游的实例，其引人注目之处在于：地区城市体系反复重组，但该区的几个大城市却没有一个趋于衰落"。[③] 因而可以说，在古代江南城市群中，天然地实现了中心城市支配功能与服务职责的和谐，因而有利于城市群本身的功能互补和共存共荣。与之相比，当代长三角城市之间不时出现的"恶性竞争"，则多半是因为中心城市或大城市只想支配而拒绝服务。

2018 年 11 月 5 日，习近平主席在首届中国国际进口博览会开幕式上表示支持长江三角洲区域一体化发展上升为国家战略，为长三角城市群在新时代的规划建设确立了新的发展目标和方向。改革开放以后，经过曲折

---

① 陈国灿：《宋代江南城市研究》，中华书局，2002 年版，第 557 页。

② 约翰逊主编：《帝国晚期的江南城市》，成一农译，上海人民出版社，2005 年版，第 193 页。

③ 施坚雅主编：《中华帝国晚期的城市》，叶光庭、徐自立等译，中华书局，2000 年版，第 17 页。

的探索和发展，以上海为中心的长江三角洲地区，正在形成一个在经济社会与文化发展等方面联系更加密切的城市共同体，并最有希望发展成为一个世界级的大城市群。特别是浦东开发以来，长三角的经济总量、交通基建和人口规模快速增长，但硬件与软件、经济与人文、管理与服务之间的不平衡和不协调问题也日益突出，成为影响长三角城市群建设质量的主要矛盾。对古代江南城市群的层级结构、内在机制与文化生态进行深入的研究与阐释，无疑可以为长三角“建设世界级城市群”和作为国家战略的一体化进程提供一种最直接和十分重要的历史镜鉴。同时，由于“发展在前”的原因，当代长三角发展模式正在成为中西部地区竞相模仿与参照的对象，在这个意义上，研究长三角城市群就是研究当代中国经济社会与文化可持续发展的重要问题，并可以为正在艰难行进的中国城市化进程、为我国经济实现高质量发展提供一种实现科学发展、促进和谐生存的理论参照。

第三章

苏州篇：江南水乡里的一株睡莲

上有呀天堂，下呀有苏杭。
城里有园林，城外有水乡。
哎呀，苏州好风光，好呀好风光，哎呀哎呀……
春季里杏花开，雨中采茶忙。
夏日里荷花塘，琵琶叮咚响。
摇起小船，轻弹柔唱，桥洞里面看月亮，
桥洞里面看月亮，哎呀哎呀……
秋天里桂花香，庭院书声朗。
冬季里腊梅放，太湖连长江。
推开门窗，青山绿水，巧手绣出新天堂，
巧手绣出新天堂，哎呀哎呀……
上有呀天堂，下呀有苏杭，
古韵今风，天下美名扬，哎呀……
说不尽苏州好呀好风光。
哎呀哎呀，
哎哎呀，说不尽苏州好呀好风光。
哎呀哎呀，说不尽苏州好呀好风光。

——谭亚新等作词《苏州好风光》

一曲委婉软糯的《苏州好风光》唱尽了苏州的风土人情，为苏州的城市文化谱上了优美动听的曲调。这座被誉为“东方威尼斯”的古城，宛如江南水乡里幽香芬芳的一株睡莲，千百年来，因历史机缘，少有战火纷扰，世世代代沿袭着礼乐盈门、耕读传家的诗性精神，成为了江南文化柔软的部分。

一、苏州城市文化的起源

1.“富可敌国”的根基所在

早在近一万年前的旧石器时代，苏州地区就有了先民活动的踪迹。太湖中三山岛存留的旧石器文化遗址表明，五六千年之前先民就已经开始有了水稻耕种技术和捕鱼工具。在苏州城东北的唯亭镇，有一处草鞋山文化遗址，东西长 260 米，南北宽 170 米，总面积达到 4.4 平方米。数十年来的不断挖掘考察，证实这里的文化堆积厚达 11 米，可以分成 10 个地层，从地层叠压关系可以看出文化层的先后关系：最早的是马家浜文化，然后依次为崧泽文化、早期良渚文化、典型良渚文化、春秋时代的吴越文化。草鞋山遗址发掘中发现了 6 000 年前的水利建筑痕迹，由浅坑、水沟、水口和蓄水井构成的早期蓄水灌溉设施，还发现了炭化粳籼稻谷，炭化纺织品残片，精美的陶器、玉器等，说明新石器时期吴地先民已经掌握人工耕种水稻的技术，其生产和生活中的技术水平在当时来说已经达到相当优秀的程度。

历史上，苏州地区的经济优势主要体现在农村的种植业和养殖业，而苏州城市文化兴盛的基础也离不开农业经济的长期繁盛，尤其在铜铁冶炼、丝棉纺织、食品加工等手工业方面，发源于农业生产的各种人才技术给苏州都市的发展提供了重要的资源基础。

从五六千年前的种植水稻开始，江南吴地的种植业就异军突起，吸引着各地移民的到来，苏州的农业耕种文化也在与北方黄河流域文化交流的过程中不断得到发展。

六朝之后，江南地区的经济开发加快了进度。早在三国纷争时代，吴国大力兴办屯田、兴修水利、建筑城池，被形容为“带甲百万，谷帛如山，稻田沃野，民无饥岁，所谓金城汤池、富强之国也”。[①] 之后每当中原

---

① 见《三国志·吴主传》注引《吴书》记载。

出现战乱，总有大批北方人口移民南下，到富饶的江南吴地定居。比如沈约《宋书》卷五十六“传论”中描绘江南经济繁荣的情况：“江南之为国，盛矣……地广野丰，民勤本业，一岁或稔，则数郡忘饥。会土带海傍湖，良畴亦数十万顷，膏腴上地，亩值一金，鄠、杜之间不能比也……鱼盐杞梓之利，充仞八方；丝棉布帛之饶，覆衣天下。”从此，江南吴地成为了中国农业经济最为发达的地区之一，奠定了中国经济重心的地位，并从宋代开始进一步达到“苏湖熟，天下足”的独领风骚的程度。可以说，苏州城市工商业的长期兴旺，是建立在周边农村乡镇经济持续繁荣的这一基础之上的，如果缺少了这一基础，就不会出现苏州城市文化的兴盛。与江南农村的密切结合，是苏州城市经济的特点，也是苏州城市文化的特点，并且从唐宋到明清时期都是如此，这也是苏州长期以来并不是一国之都却能“富可敌国”的根基所在。

2. 姑苏精神之缘起

苏州，最初称作阖闾城，相传为公元前 514 年吴王阖闾命楚国叛将伍子胥所筑，距今已有 2 500 多年的历史。至隋开皇九年（589），隋灭陈，废吴州，以姑苏山名之，始称苏州。苏州建城早，规模大，变迁小，水陆并行，河街相邻，人潮熙攘的古城区至今仍坐落在原址上，古典美与现代美相结合的迷人魅力为国内外所罕见。

吴国的开创者泰伯、仲雍的风范，对于苏州城市文化所产生的影响是巨大而深远的。《史记·吴太伯世家》记载：

> 吴太伯（按：即泰伯）、太伯弟仲雍皆周太王之子，而王季历之兄也。季历贤，而有圣子昌，太王欲立季历以及昌，于是太伯、仲雍二人乃奔荆蛮。文身断发，示不可用，以避季历。季历果立，是为王季，而昌为文王。太伯之奔荆蛮，自号句吴。荆蛮义之，从而归之千余家，立为吴太伯。太伯卒，无子，弟仲雍立，是为吴仲雍。仲雍卒，子季简立。季简卒，子叔达立。叔达卒，子周章立。是时周武王克殷，求太伯、仲雍之后，得周章。周章已君吴，因而封之。[①]

① 《史记·吴太伯世家》。

这段关于吴国来历的最早记载告诉后人，当年太伯、仲雍的让贤南奔，实在是一个非常了不起的举动，也是吴文化发展史上一件开天辟地的大事。这一义举对于苏州城市文化发展所带来的深远影响，至少表现在以下三个方面。

其一是大胆开拓的精神。当时的古吴之地同北方中原地区相比还是相对落后，太伯、仲雍的南下定居，带来了较为先进的农耕技术和周族文明，与太湖流域的越族文明结合之后，对于吴地的开发起到了明显的促进作用。他们与民并耕而食，艰苦创业，这种勇于开拓的精神在苏州城市文化的发展中也被继承相传，生生不息。

其二是勇气与精明相结合的创业智慧。太伯、仲雍成为吴王之后，潜心进取，吃苦耐劳，与土著民众一起，用勤劳的双手开创出吴地文明。在开发过程中，根据江南水网地区的天时地利特点，创造出了丰富多彩的农业、渔业和畜牧业的生产技术，表现出了很高的智慧，这就为苏州城市文化的诞生创造了厚实的基础。

其三是以德服众的风范。身为兄长的太伯、仲雍，为了周族的根本利益，主动放弃了个人的权益，避走江南，文身断发，以示不返回和不可用之决心。这种对于权位的淡漠和谦让的美德，得到了吴地土著民众的尊敬和爱戴，并演绎成吴文化的一种传统精神。这种清高独立的人格精神，在苏州城市文化过程中始终受到文人和市民大众的普遍赞同，因而在苏州的城市建设和城市文化精神发展过程中都起到了较为显著的影响作用。

二、苏州城市文化的历史流变

1. 江南运河与苏州城市文化的发展

苏州城位于长江下游三角洲的中心位置，也就是以太湖为中心的江南水乡地区。距今大约一万年之前，这一带残存着一个宽阔的浅海湾，现在的上海市区仍在海平面之下，而苏州城周边的虎丘山、灵岩山、天平山、七子山、昆山的玉山、常熟的虞山等，都是浅海湾中的大小岛屿。由于长江带来的大量泥沙在入海口不断堆积，浅海湾逐渐被填平，形成了扇形的江南堆积平原，平原上的低洼地则形成了大小错落的内陆湖泊。江南平原地势低平，水源充沛，这就形成了苏州城得以依存和发展的富饶土壤。

“吴为水国，陂泽棋置，川渠网络，利足于注灌、运输，舟楫四达，岂非富庶之资。”[①] 因处太湖出水口的要道，苏州城内城外河网密布，给农业灌溉及交通运输带来了极大的便捷。明清时期有一篇《苏州赋》：“水村山郭，沃壤平原，洲渚相间，阡陌相连，柴门流水，茅店青帘，樵歌牧唱，农舍钓船，云帆浪楫，蟹簖鱼筌，鸟飞屏外，人行画边，渔郎声峭，莲女貌妍，所谓水云之乡、稼渔之区者欤。”[②]

除了太湖和长江这两大天然的水系之外，人工修建的京杭大运河也经过苏州。早在 2 000 年前苏州与大运河就已结下不解之缘。公元前 495 年，吴王夫差大兴水工，在苏州西北部向西开掘了一条全长 170 余里连通长江的运河。汉武帝时，由于要征调闽越贡赋，又从吴江开凿了接通嘉兴至苏州的运道。如果说到此时开凿的工程还只是些零星河道，那么三国时期，孙权在赤乌八年（公元 245 年）开凿的第一条沟通长江与钱塘江两大水系的纵向人工河——破岗渎，就可以称为江南运河的真正前身了。破岗渎的开凿在大运河建设史上占有重要地位，无论是工程开凿水平、航道设施完善程度，还是它的运载能力，在当时都是独步中外的。由此，苏州城在运河上的地位越来越特殊起来。至隋唐大运河疏浚后，苏州不仅毗邻太湖，更处于江南运河与娄江（今浏河）的交汇处，拥有了内河航运与海上交通的便利条件，完全是江南运河的中心。

另外，运河苏州段的开凿还巧妙地利用了原有的湖泊与河道。史载“苏郡多水道”，苏州真正是一座水做的城市。宋时，苏州城内河道总长达 82 公里，有被称为“三横四直”的水系脉络和有调节水位的七堰八门，并且河道与街道平行，商号店铺密集两岸，完全是“家家门外泊舟行”的水乡格局。城外则有由“太湖三江”及京杭运河构成的主要水系脉络。由此才造就了与苏州城如此浑然天成的水域系统。

古典名著《红楼梦》一开头这样写道：“当日地陷东南，这东南一隅有处曰姑苏，有城曰阊门者，最是红尘中一二等富贵风流之地。”其实，早在春秋时期，“吴市”就已据三江五湖之利而闻名遐迩，汉时成为了响当当的东南大都会。隋唐大运河的拓浚，进一步促进了苏州的商业繁荣和

---

① 民国《吴县志》卷 43。
② 民国《吴县志》卷 18。

市场发展，到明清时期其商业已处于全国领先地位。其中，阊门、胥门、山塘街一带，商贾云集，是全国最繁华的地方之一，阊门更是被喻为“天下第一码头”。“江南四大才子”之首的唐伯虎有首《阊门即事》，其中写道：“世间乐土是吴中，中有阊门又擅雄。翠袖三千楼上下，黄金百万水西东！五更市贾何曾绝，四远方言总不同。若使画师描作画，画师应道画难工。”事实上，阊门的繁盛正是出于枕着运河的缘故，便利的水上交通，给商业的大规模发展提供了可能。难怪苏州人把阊门看成苏州繁华之最，称之为“金阊门”。清人刘大观曾比较评论运河南端三座名城的风貌时也说：“杭州以湖山胜，苏州以市肆胜，扬州以园亭胜。三者鼎峙，不可轩轾。”

2. 物质文化要素与苏州城市格局的变迁

苏州不仅是典型的大运河水网城，也是“千桥之城”，城内桥梁遍布，共有桥 1 153 座，是我国河、桥最多的城市。唐时，苏州的桥梁均为木质，故白居易诗中有“红栏三百九十桥”之说，但因木质易腐烂，入宋以后，都改成了“工奇致密”的石桥。在苏州，古桥仿佛就是这座城市的街头雕塑，在这里水有多少，桥也有多少。“春城三百七十桥，夹岸朱楼隔柳条”，不夸张地说，苏州简直到了百步一横桥，五十步一竖桥的地步。悠长的岁月告诉我们，正是这些苍颜斑驳的古桥，给苏州增添了无限生动和绵延的韵味。

众多古桥之中，知名度最高的无疑是枫桥了。“月落乌啼霜满天，江枫渔火对愁眠。姑苏城外寒山寺，夜半钟声到客船。”由于《枫桥夜泊》这首诗的缘故，枫桥成了中国最著名的一座文化桥。吟咏枫桥的诗篇，不知其数。更是因为“诗里枫桥独有名”，千百年来，凡来苏州游览的人，都要到枫桥来实地领略一下它的诗情画意。枫桥为什么能给这些骚人墨客留下如此深刻的印象呢？其实，在隋唐以前，枫桥并不出名，也没有人题咏过，直至隋炀帝大业六年开江南运河，与北段大运河相连，枫桥才开始被人注意。乐天诗云：“平河（指运河）七百里，沃壤两三州。”说明运河对沿途灌溉和开发是一大促进。而苏州又是大运河的重要枢纽，枫桥地处苏州西南端，离城仅五六里，所谓“枕潜河，俯官道，南北舟车所从出”之处，因此便成了四方商旅最理想的停息之地。由于官商船舶经常停泊，商店林立，枫桥慢慢就成为了米豆、丝绸、布匹、茶、竹等商品的集散地，吸引了无数南北客商。官府还派员在这里检查南来北往的船只，并设有标准粮斗，俗称“枫斛”。直到明末清初，苏州还流传一首俗谚：“探听枫桥价，买物不上当。”可见唐代以来枫桥市面的繁荣程度。

苏州人的另一骄傲，是被誉为“吴中第一名胜”的虎丘。虎丘与苏州城的交通联系，在古代以水上交通为主，苏州城内以城河为条件沟通虎丘与运河。明清时期运河即与苏州城濠、城内河相通，又与绕虎丘而北的长荡相通，又与虎丘山塘水相通，所以在虎丘与城内相通的诸渠道中，运河也占有重要地位。

姑苏繁华，萃于金阊；吴中胜景，虎丘称最，两者一线相连，是即山塘。山塘街依河而建、临水而筑，也是姑苏城一个不可小觑的地标。晚唐诗人杜荀鹤曾诗云：“君到姑苏见，人家尽枕河。古宫闲地少，水港小桥多。”苏州城内水港交错，街衢纵横。在众多的街巷之中，这条有着 1 100 多年历史的山塘街被称誉为“姑苏第一名街”。

山塘的开街人当为白居易。公元 825 年白居易到苏州任刺史，此后的 17 个月里，他的身影穿梭在苏州的大街小巷，终日呼朋唤友，览奇观胜，把酒吟风，醉花邀月。一日，他坐了轿子到虎丘去，看到附近的河道淤塞，水路不通，回衙后，立即找来有关官吏商量，决定在虎丘山环山开河筑路，并着手开凿了山塘河。山塘河东起阊门渡僧桥附近，西至虎丘望山桥，长约 7 里，有“七里山塘到虎丘”之说。山塘河又在阊门与运河相接，大大便利了灌溉和交通。南北商人汇集于此，这一带便成了热闹繁华的市井。

山塘街一向为历代文人墨客和朝野名士所钟爱，留下了许多吟咏之作。而清乾隆帝对山塘街则是分外青睐，他写的诗中，直接提到山塘的就有 9 首。1761 年乾隆在崇庆皇太后七十大寿时，特意在北京万寿寺紫竹院旁沿玉河仿建了一条苏州街，而这条苏州街就是以山塘街为蓝本的。1792 年，乾隆帝又在御苑清漪园（即后来的颐和园）万寿山北侧建造了一条苏州街，仍然是苏州山塘街的翻版。山塘街历来都是举行丰富多彩的民俗活动的场所，苏州每年的龙舟赛会以及各种庙会、节会、花会都在此间进行。

山塘街还是产生许多市民文学故事的场所，苏州弹词《玉蜻蜓》《三笑》《白蛇传》都写到它。比如《玉蜻蜓》中金贵升与青年女尼志贞就是在山塘街的法华庵里结识的；《三笑》中唐伯虎遇秋香之后雇小船“追舟”的地点，也发生在山塘河里，这一切都使得七里山塘充满着浪漫的色彩。

三、苏州城市文化的近代化进程

1. 日常生活审美化的典型代表

苏州历史上除少数几次兵燹外，常几百年不识兵戈。东晋以后，经济中心逐渐南移，四方士宦富贾视苏州为乐土，久居不去，于是，“衣冠萃聚，人物之盛为东南冠”。入明清则“天下饮食衣服之侈未有为苏州者”，乾隆年间的袁枚盛赞苏州的蜜火腿，“其香隔户便至，甘鲜异常”，并慨叹“此后不能遇此尤物”。明清之后，苏州城市的日常生活在审美化与特色化上发生了更大的变化。

第一，千百年来，苏州食品形成了独特的风格。从秦汉直到明清，苏州一直是王室内廷食物的供应基地之一，明代苏式菜肴的发展主要表现在讲究菜肴本身色、香、味、形、器俱佳的同时，融绘画、书法、雕刻等艺术手法于菜肴制作，刻意追求菜肴的美感。清代是苏式菜肴的昌盛时期。清代《北京竹枝词》《清稗类钞》《清异录》《养小录》《清嘉录》《藤荫杂记》等书中有许多赞美苏式菜肴的诗句和记载。苏州人对饮食审美情趣的追求，反映出了苏州城市生活中的一个重要方面：讲究典雅优美的饮食环境、精美绝伦的饮食器皿、时令新鲜的饮食时尚等。

顾禄在《桐桥倚棹录》中对此有生动的描述：

> ……接驾桥楼遗址，筑山景园酒楼，疏泉叠石，略具林亭之胜。亭曰“坐花醉月”，堂曰“勺水卷石之堂”。上有飞阁，接翠流丹，额曰“留仙”。联曰“莺花几緉屐，虾菜一扁舟”。又柱联曰“竹外山影，花间水香”……左楼三楹，扁曰“一楼山向酒人青”。右楼曰“涵翠”、“笔峰”、“白雪阳春阁”。冰盘牙箸，美酒精肴。客至则先飨以佳荈，此风实开吴市酒楼之先。

在这神仙般的场合中饮酒细斟，品尝美食，乃人间极致享受，更能感受到融合各种艺术效果于一体的苏州饮食文化的绝妙境界。

第二，苏州古城的街坊巷弄充分展现出江南水都精巧秀丽的风貌，成为苏州城市文化最为显眼的特色招牌。从南宋《平江图》石碑上就可以看到，当时苏州城内有小巷600多条，街20多条，其他称为前、里、场、堂、园、庄、湾的有70多条。河道和小巷的纵横交错、浑然一体，构成了苏州城市风貌的基本格局。

苏州小巷街坊弯弯曲曲，把白墙黑瓦的民居、临街开店的商铺、高墙深院的豪府联结起来，形成江南水乡古城中的无限风情。仅从民居宅门的装饰形式看，就有将军门、六扇头墙门、四扇头墙门、备弄门、石库门、砖雕花门、雀宿檐门楼、过街门楼、矮挞门、遮堂门、栅板门等。成片的粉墙黛瓦中，又保留着众多的青苔老树、古井甜泉，石柱牌坊，处处显示出古朴素雅的风韵，透露出丝丝缕缕的悠久历史和水城文化的气息。余秋雨在其散文《白发苏州》中曾用十分感性的笔触描写走进苏州小巷之中的感受：

> 最近一次去苏州，重游寒山寺，撞了几下钟，因俞樾题写的诗碑而想到曲园。曲园为新开，因有平伯先生等后人捐赠，原物原貌，适人心怀。曲园在一条狭窄的小巷里，由于这个普通门庭的存在，苏州一度成为晚清国学重镇。当时的苏州十分沉静，但无数的小巷中，无数的门庭里，藏匿着无数厚实的灵魂。正是这些灵魂，千百年来，以积聚久远的固执，使苏州保存了风韵的核心。
>
> 漫步在苏州的小巷中是一种奇特的经验。一排排鹅卵石，一级级台阶，一座座门庭，门都关闭着，让你去猜想它的蕴藏，猜想它以前、很早以前的主人。想得再奇也不要紧，2 500年的时间，什么事情都可能发生。如今的曲园，辟有一间茶室。巷子太深，门庭太小，茶客不多。但一听他们的谈论，却有些怪异。阵阵茶香中飘出一些名字，竟有戴东原、王念孙、焦理堂、章太炎、胡适之。茶客上了年纪，皆操吴侬软语，似有所争执，又继以笑声。几个年轻的茶客听着吃力，呷一口茶，清清嗓子，开始高声谈论陆文夫的作品。未几，老人们起身了，他们在门口拱手作揖，转过身去，消失在狭狭的小巷

里。我也沿着小巷回去。依然是光光的鹅卵石，依然是座座关闭的门庭。我突然有点害怕，怕哪个门庭突然打开，涌出来几个人：再是长髯老者，我会既满意又悲凉；若是时髦青年，我会既高兴又不无遗憾。

该是什么样的人？我一时找不到答案。

这段文字既是对苏州小巷现实景象的描绘，更是掺杂着对于古城数千年神韵的丰富文化想象。苏州的街坊小巷中确实至今保存着这种延续数千年的文化，经过岁月的磨练和历史的筛选，苏州都市文化的精髓就这样一代一代地被物化并沉淀在这些街坊小巷之中，仿佛每一条小巷、每一段河道、每一座旧宅都会诉说一段神奇的往事，寄托着一段缠绵的旧情，令人浮想联翩，流连忘返。

第三，明清时期苏州的服饰显露出鲜明的地方文化特色，从日常服饰的演变过程可以看出吴地民众日常生活的需要，也可以看出伦理之道对于日常生活方式的深刻影响。

明清时期，苏州妇女的发式和服饰领全国时尚之先，被称为“苏意”。水乡妇女服饰历史悠久，世代相传，相因成习，传承性很强。历代以来，经过潮流的变化和民众的筛选，苏州城乡出现了一系列具有水乡特色的民俗服饰。尤其是农村女性服饰，适宜于水乡妇女身材，适宜于江南的气候特点，尤其适宜于水乡农田的生产劳动，实用价值较高，深受苏州城乡女性的喜爱。这些服饰在长期的发展中，不断地变化和更新，形成了具有苏州地区文化传统特色的审美观念，充分表现出明清时期的苏州人是按照美的规律来塑造自身和美化环境的。

2. 当代苏州城市的新形态

苏州并不是中国古代最早出现的城市，距其不远的徐州就比苏州早了近半个世纪。除了 2 500 年前作为南方吴国首都，此后的岁月里，苏州城一直远离政治权力中心，但从城市的经济实力、文化建树、建筑景观等方面看，苏州又是一座闻名全国的文化名城。江南自古繁盛的城镇市井和便利的交通，为苏州工商业的脱颖而出创造了优越的条件，也构成了有利于苏州城市文化持续成长的重要推动因素。

改革开放后，苏州的城市建设进入了一个新的历史阶段，城市形态发生了一系列巨大的变化，分别经历了单中心城市、“古城新区”的“双星”模式、“东园西区，古城居中”的“一体两翼”以及目前“五区组团”的新格局。[①] 从空间上来看，苏州城市空间扩展类型属于外延型。其城区自 2000 年以来扩展飞速。其中，2005 年前城市扩展速度较为缓慢，2005 年之后城市用地面积快速增长，2005—2010 年是苏州市城市扩展巅峰时段。苏州市城区扩展总体上呈现出由增到减的趋势，阶段性特征突显，大致经历了“内部填充式扩展—外延式扩展—内部填充式扩展”发展模式，城市由偏离紧凑形态转化为向紧凑型形态发展，说明苏州市在经历了离散、复杂化形态发展的过程后，近年来城市逐步调整为内部填充式发展，城市外部形态不规则程度下降，城区扩展相对集约。[②]

苏州城市的演化，则以上海浦东为龙头加快长三角及沿江地区开发开放的重大发展战略为标志，分为前期和近期两个阶段。20 世纪 90 年代初，中央作出长三角地区以及整个长江流域开发开放的战略决策，给苏州发展带来了重大影响，城市空间结构实现了历史性的突破。从城市的性质来看，开发区的崛起使苏州成为现代制造业和外向型经济的重要基地，是仅次于上海的中国大陆第二大制造业城市，被公认为制造业的天堂。这带动整个市域的发展，成为长三角地区重要的中心城市之一，同时以开发区为载体的产业空间拓展和人居环境改善所带来的区域性扩张和重构是城市形态演变的主要特征。[③]

四、苏州城市文化的诗性内涵与特质

苏州城的最初呈现，并不是单纯的“城”或“市”，而是兼有“城”与“市”的结合体，这使得苏州城市性质在兼顾政治因素和经济因素方面一直表现出较为中庸的姿态。苏州一直是江南地区的重要城市，但一直没有作为政治中心城市（这一点与南京不同，苏州没有南京那样显赫的政治

---

① 陈泳：《当代苏州城市形态演化研究》，《城市规划学刊》2006 年第 3 期。

② 洪饶云、钟丽蓉等：《基于地理国情监测的苏州市城市空间扩展变化监测研究》，《测绘与空间地理信息》2018 年第12 期。

③ 陈泳：《当代苏州城市形态演化研究》，《城市规划学刊》2006 年第 3 期。

地位，但也没有像南京城那样多灾多难、盛衰无常）。依托江南农业和工商业，苏州经济持久不衰，也使得日常生活的审美化成为可能，其独特的城市文化内涵正是在此基础上逐步形成的。

1. 殷实的城市经济与日常生活审美

唐宋时期，苏州就被赋予“人间天堂”的美称，至今仍被国人视为最适宜的居住地之一。这里的山水风光，这里的柔风细雨，这里的春花秋月，这里的富庶市井，这里的精巧工艺，都让苏州人的生活充满优雅闲适的气息。贵族富商自不用说，即便是市井平民，都会在劳作之余，喝着绿茶，听着评弹，陶醉在怡然自乐的情调中。苏州自吴越争霸以后就很少出现战乱，所以历代文官富商辈出，却少有改朝换代之壮士。

明清时期苏州不仅是江南地区最大的工商贸易城市，也成为“天下四聚”之一，是全国丝绸、粮食、布匹、工艺品的主要集散地。明清时期苏州城市经济与文化持续地共同繁荣，形成了不同于其他地区城市的鲜明特点。所谓“文物萃东南之佳丽，诗书衍邹鲁之源流”[①] 的赞誉，殆非虚言。苏州不是全国的政治中心，也不是具有重大军事价值的战略要地，但是苏州处在南北大运河与太湖以及长江出海口的交叉口上，这种独特的地理位置，就使得苏州在以南北大运河水运货物为主的明清时期，长期有发展商贸经济的有利地位。

苏州会馆的出现是商业贸易发展的必然结果。苏州手工业繁荣的同时，商贸业也迅速发展，各地的货物云集于苏州，经过贸易交换，再转输、分流到周边地区。明末清初，苏州是当时工商业最发达、商品经济最繁荣的地区。苏州商业的繁荣，吸引了全国各地商人前来贸易。各种会馆的蓬勃兴起，正是苏州在当时全国经济地位显赫最真实的反映。

> 各地商人在苏州兴建会馆的具体目的是多种多样的，如提供聚会场所以团结同乡，其目的是要以聚合同乡的集体力量来保护自身的利益；如兴建祠庙，祀奉神，也意在“以事神而洽人”，借助共同崇拜的偶像来维系和增进同乡之间的感情，并祈望获得神佑，取得生意上

① 民国《吴县志》卷18《疆域》。

的成功。设立会馆，也是为同乡商人提供了一个讲公理的裁判场所，一旦发生纠纷，可以在此相究以道，化解矛盾，规避风险，相尚以谊。从城市文化的角度看，正是苏州城市中的亲商、重商风气，使得来自全国各地的工商业主有着宾至如归的良好感觉，在异乡的土地上放手创业致富，由此也培养出一代又一代的新苏州人，不断积淀苏州城市文化中亲商的因素，张扬苏州城市文化中开放的风气和务实的风格。[①]

苏州人普遍重商重利的价值观在风俗中有着鲜明的表现，比如流传至今的年末“接路头”习俗，就是苏州的拜财神爷活动。中国各地年俗中大都有拜财神爷的活动，但是苏州所拜的不像北方那样祭赵公元帅，也不像南方那样拜关公，而是独拜“路头神”。路头神来源于远古五祀中的行神，其缘由和含义可以参考顾颉刚先生在《苏州史志笔记》中的论述：

按《月令》五祀，春祀户，夏祀灶，季夏祀中霤，秋祀门，冬祀行，皆民生所必需，故祀之以为报。户、门、中霤皆在居屋，后世或因得屋不难，故淡然忘之。灶则赖以食者，行则赖以活动者，不能忘也，而封建社会最需要者为财，财不自来，必奔走四方而得之，行与财之结合殆以此乎？[②]

从苏州民风节俗中的重财重利倾向中，也可以看出民间经商获取财利实在来之不易。但也因为有了这样殷实的家底，苏州城市的日常生活处处显出异于其他地方的审美品味。

清代文人袁景澜的《吴中四时行乐歌》对苏州城市生活的丰富乐趣进行了细致的描述：

江南人住繁华地，雪月风花分四季。新年旗队看迎春，元夕鳌山明火树。弦管千家咽暖风，六门灯彩射云红。踏歌游女衣妆靓，步月

① 严明：《苏州城市文化发展启示录》，《河南大学学报（社会科学版）》2007 年第 5 期。
② 顾颉刚：《苏州史志笔记》，江苏古籍出版社，1987 年版。

王孙剑珮雄。落灯风起银蟾没，鞦韆戏近中和节。蛤蜊上市载芳樽，共来铜井寻香雪。清明烟柳遍横塘，士女嬉春乐水乡。六柱红船沸箫管，灵岩虎阜去烧香。昨过踏青榆荚雨，山塘喧聚龙舟鼓。酒幔齐悬珠串灯，水辔争摇琵琶橹。榴花开后放荷花，水榭凉亭障碧沙。冰山影里人如玉，浴罢金刀破翠瓜。赫煜火云犹未已，梧桐井上商飚起。鹊桥银汉渡双星，乞巧穿针明月底。桂轮飞影耀中秋，十番乐奏剑池头。一声玉笛穿云阙，七里珠帘卷画楼。风雨重阳治平寺，登高把菊藏钩戏。橘枝早染洞庭霜，香粳又熟湖田穟。园林瑞雪白银铺，暖阁安排煮酒炉。销金帐掩梅梢月，浅酌羊羔唱稚奴。四时乐事更番换，年去年来争赏玩。黄金难铸镜中颜，人世抟沙容易散。君不见上天堂下苏杭，人生到此真仙乡，好向南朝四百八十寺，醉过百年三万六千场。

雄厚的物质基础和丰富的市民生活，几近于今日的大都会，吸引了全国各地的财力和人力，不仅推动了苏州手工业和商业的进一步发展，还促进了私家园林等地域文化的繁荣。

园林也是苏州城市的文化名片，遍布城内外的私家园林构建起独具特色的江南城市风情。明清时期，整个江南地区私人住宅园林化的建筑风气普遍流行，苏州城是缩影和代表。据清人记载，苏州城内私家园林最多时达到 271 处，有“城里半园亭”的说法[①]。这些私家园林都与住宅前后相连，大部分小巧玲珑，适可而止；少数富豪则竞相攀比，炫耀斗富，园林面积广至数顷，精心构建亭台楼阁，耗费白银何止千万两。明代何良俊曾批评当时的私家建园风气：“凡家累千金，垣屋稍治，必欲营治一园。若士大夫之家，其力稍赢，尤以此相胜。大略三吴城中，园苑棋置，侵市肆民居过半。然不过近聚土壤、远延木石，聊以矜眩于一时耳。”[②] 其实，明清两朝对于居民私家住宅园林的修建都有规格方面的具体限制，并以国家法令的形式公布。但是官府在实际操作过程中又往往自由放任，甚至不少官员自己对于豪宅园林也是情有独钟。抑或是来自民间扩展住宅园林的压

① 顾禄：《清嘉录》卷 2，中华书局，2008 年版。
② 见何良俊《何翰林集》卷 12。

力实在太大，官府无法弹压。明代唐锦记载：“江南富翁，一命未沾，辄大为营建，五间七间，九架十架，犹为常耳，曾不以越分为愧。”[①] 这也解释了明清时期，苏州城内大多数园林都是处在曲折幽深的小巷之中，且高墙隔断、园门隐蔽、不事张扬的内在原因。这正是民间力量与朝廷规矩对抗妥协、南北文化冲突和相容的结果，悖论与矛盾本身也创造出一种新的和谐。动态的和谐关系，不仅生长出精巧的民居园林，也孕育出凡事不喜张扬、追求内敛、宁静而致远的苏州城市文化性格。

此外，流传自春秋战国时期的苏绣制品，缂丝、宋锦、扇子、文房四宝、民族乐器、剧装戏具、玉雕、漆雕、工艺画、苏裱等工艺制作均有上千年的历史。而近代以来，尤其是近三十年以来，苏州工艺美术产业一方面继承和恢复优良传统，另一方面又与时俱进，不断推动工艺品的改革创新，在苏绣、缂丝、苏灯、苏扇、竹刻、木雕、根雕、砖雕、象牙雕、核雕、铜雕、水晶雕、玉雕、骨雕、船模、蟋蟀盆、编钟、风筝、剪纸、石壶、彩塑、澄泥砚、智慧巧环等传统种类方面皆有进步，可谓百花齐放，群星闪烁，将苏州城市生活的日常审美化推向了极高的水准，为世人所瞩目。

2. 享乐型人生哲学与社会生活

从魏晋南北朝以来，尤其是南宋之后，吴地民风习俗逐渐变得崇尚经文、温文尔雅。重礼乐、好读书，成为苏州人传统风气。

宋代范成大在《吴郡志·风俗卷》中就提到苏州人的重礼风气：“惟所谓尚礼、淳庞、澄清、隆洽之说则自若。”《马可·波罗游记》中则记载：“苏州城漂亮得惊人，方圆有三十二里。居民生产大量的生丝制成的绸缎，不仅供自己消费，使人人都穿上绸缎，而且还行销其他市场。他们之中，有些人已成为富商大贾。这里人口众多，稠密得令人吃惊，然而民性善良怯懦，他们只从事工商业，在这方面的确显得相当能干。”可见元代苏州市民已经显示出了性格善良怯懦，经商却精明能干的特点。到了明清时期，苏州市民已经习惯于将儒雅的姿态和精致的审美观运用在日常生活当中，形成了苏州都市中重视雅洁生活环境、讲究精致生活品位的普遍风气。民国《吴县志·风俗》中记载苏州人生活状况的一段

① 唐锦：《龙江梦余录》卷4。

话甚为生动：“吴人滑稽，谈言微中，善谐谑，又多闲情韵事，如饮酒则严觞政，试茶则斗茶具，手谈则谈弈谱，炉必求宣款，砚必贵端溪，图章必求冻石，装潢卷轴必仿宣和，旁及种菊艺兰，能谙物性燥湿寒暖之宜。”①

至于明人赏月的盛会，则有张岱以其生花妙笔，为后人做了下面这段极其风雅的记述。《陶庵梦忆》卷5“虎邱中秋夜”记载：

> 虎邱八月半，土著流寓、士夫眷属、女乐声伎、曲中名妓戏婆、民间少妇好女、崽子娈童及游冶恶少、清客、帮闲、傒僮走空之辈，无不麟集。自生公台、千人石、鹤涧、剑池、申文定祠下，至试剑石、一二山门，皆铺毡席地坐。登高望之，如雁落平沙，霞铺江上。天暝月上，鼓吹百十处，大吹大擂，十番铙钹，渔阳掺挝，动地翻天，雷轰鼎沸，呼叫不闻。更定，鼓铙渐歇，丝管繁兴，杂以歌唱，皆“锦帆开，澄湖万顷”，同场大曲，蹲踏和锣，丝竹肉声，不辨拍煞。更深，人渐散去，士夫眷属皆下船水嬉，席席徵歌，人人献技，南北杂之，管弦迭奏，听者方辨字句，藻鉴随之。二鼓人静，悉屏管弦，洞萧一缕，哀涩清绵，与肉相引，尚存三四，迭更为之。三鼓，月孤气肃，人皆寂阒，不杂蚊虻。一夫登场，高坐石上，不箫不拍，声出如丝，裂石穿云，串度抑扬，一字一刻；听者寻入针芥，心血为枯，不敢击节，惟有点头。然此时雁比而坐者，犹存百十人焉。使非苏州，焉讨识焉。

短短一则“虎邱中秋夜”，后人也能从中窥见晚明苏州市民优雅的生活情趣。如此气势，除了苏州虎丘的中秋歌会，在其他城市和其他场所是难以寻觅的，令见多识广、“自命不凡”的张岱都深受感动。

明清时期苏州城市丰富多彩的节庆习俗中呈现出两方面的特征。其一是宴游享乐的风气盛行。吴地山水景观很美，都市规模壮观，加之历史悠久，文物古迹多，给苏州民间重视生活享乐的风气提供了条件。明代苏州才子文徵明曾经说过：

---

① 民国《吴县志》卷52《风俗》。

吾吴为东南望郡，而山川之美，亦惟东南之望，其浑沦磅礴之声，钟而为人，形而为文章，为事业，而发之为物产，盖举天下莫之于京。故天下之言人伦、物产、文章、政业者，必首吾吴，而言山川之秀，亦必以吴为盛。①

苏州城市经济和文化的发展，到了明代中叶之后达到极为兴盛的程度，不仅万商云集，物质财富极为丰厚，而且市民阶层扩大，文化娱乐活动也达到高峰。于是出现追求生活享乐的风气就是顺理成章的事情了。比如苏州的达官富商、文人雅士纷纷在好日佳节乘着画舫宴游，从城内的河道水巷，到阊门外的虎丘山塘、葑门外的黄天荡，再扩展到石湖、太湖等地。

明清时期的苏州大户巨商每年都要乘船出游几次，或春游赏花，或清明上坟，或夏日舟游，或秋季观枫，或冬日返乡，都是乘坐画舫大船。其间美酒佳肴，男女杂坐，箫管并奏，歌舞弹唱，加之远山近水，春花秋月，真可谓是享尽人间声色之乐。苏州城内的百姓女子，也有放舟游览的风气，据生活在清代嘉庆、道光年间的顾禄记载：

虎丘游船，有市有会。清明、七月半、十月朝为三节会，春为牡丹市，秋为木樨市，夏为乘凉市。一岁之中，惟龙船市妇女出游最盛，船价亦增数倍。小户妇女，多雇小快船，自备肴馔，载以俱往。②

这种全民出游的享乐活动中，已经融入了苏州市民文化中追求时尚的风气和讲究生活享受的观念，这是明清时期苏州城市经济高度发达之后的产物，反映出了苏州民风中追求享受、讲究生活的一面。

宴游享乐的风气长期盛行，深刻影响了吴地的民间习俗，也造就了苏州繁荣的饮食文化。大凡中等人家，正餐无不力求精美，形成了无时不吃、无事不吃的流风。在明清时期苏州城市文化的人生意识中，最重要的是享受美景、美食、美物、美人，保持闲淡通达的人生观，仕宦和经商都

① 文徵明：《记震泽钟灵寿崦西徐公》，载《文徵明集》。
② 顾禄：《桐桥倚棹录》卷10，上海古籍出版社，1980年版。

只是实现美好生活的途径，而不是最终的人生目的。这种享受人生的生命哲学和人生意识，出现在明清时期的苏州城，是值得注意的一种城市文化现象。

3. 城市艺术平民化的传统

人常说："上有天堂，下有苏杭。"若把西湖比作"销金锅"，那么姑苏城无疑就是"温柔乡"了。李渔就曾在虎丘听过"婉丽妩媚，一唱三叹"的昆曲之后不禁感叹："一赞一回好，一字一声血，几令善歌人，唱杀虎丘月。"

昆曲发源于苏州昆山一带，流传至今已有600多年的历史，到明清时期，被奉为"中国戏曲之母"，代表了中国戏曲的最高水平。昆腔原来是南宋时期南戏的一种，经过数次改革，在明代中期逐渐形成了"水磨调"的声腔特色："声则平上去入婉约，字则头腹尾音毕匀，功深熔琢，气无烟火，出口轻圆，收音纯细。"（明代沈宠绥《度曲须知》）为与音乐相适应，在鼓、板之外增添了多种管弦乐器，凸显出江南丝竹的缠绵韵味。明后期剧作家徐渭《南词叙录》中称赞道："今昆山以笛、管、笙、琶，按节而唱南曲者，字虽不应，颇相谐和，殊为可观，亦吴俗敏妙之事。"从明嘉靖后期至清乾隆年间，昆曲一直是剧坛的盟主，风靡全国，被尊为"雅音""正声"和"官腔"。用吴侬软语唱出的昆曲，出现了许多杰出的剧作，如长洲张凤翼作《红拂记》，昆山郑若庸作《玉玦记》，昆山梁辰鱼作《浣纱记》等，对明清文学和苏州城市文化生活产生了巨大的影响。

它那曲折婉转的唱腔，笛琴和鸣的伴奏，严丝合缝的表演，忠实地体现了江南人的审美观。也只有昆曲，曾在中国历史上掀动了民族集体审美的一个波澜。每年中秋月下，成千上万的痴迷者在苏州名胜虎丘，彻夜高唱昆曲。万历年间昆曲的影响已通过水路从吴中扩展到江浙各地。再以后，这一原先只是"止于吴中"的地方曲种，很快沿运河传至北京，沿长江传向全国其他地方，成为当时影响最大的剧种，并形成了地域性的风格，如川昆、浙昆、苏昆、北昆和沪昆等。当时的昆曲清唱是一种全民运动，上至王卿贵族，下至市井小民，对昆曲的热爱，由南到北，举国若狂。

另一种流传至今的苏州戏曲艺术是苏州评弹，这是用苏州方言进行说唱表演的地方曲种，是评话和弹词的合称，至今已有400年的历史。[①] 评弹在江南地区有着广泛影响，特别在20世纪60年代前，名家辈出，除传统长篇书目外，新的优秀中篇评弹也不断涌现，评弹以细腻传神的说表、委婉动听的唱腔深受江南听众的喜爱，大小书场遍布江南城市乡镇，仅上海一地就有近百家之多。依靠一两人说、噱、弹、唱的评弹，同曲高和寡的昆曲相比，呈现出雅俗共赏的鲜活生命力。由于贴近吴语区百姓的生活，说唱旋律优美，在江南城乡的各种演出市场上有着很旺的人气。

苏州百姓对于戏曲的热爱，还体现在民俗活动的戏剧化上。

苏州的民间宗教与江南的大部分地区一样，是以儒道两家为主，境内佛寺道观遍布，百姓的精神寄托及宗教习俗也大都集中在此。从明代以后，朝廷大力推广城隍庙，苏州的民间宗教活动大受其影响。“城隍”按照字面的解释就是城墙和护城的河，修建城隍（城池）而让居住在里面的民众安居乐业，免受外来的侵犯。将城隍神立祠祭祀，可以追溯到汉魏时代。唐代以后各郡府州县均立祠奉祀城隍，祈保地方平安。到了明代，城隍崇拜之风达到极致。明太祖朱元璋于洪武三年（1370）诏封天下城隍，并规定各地城隍庙主殿的高广铺设，均参照阳间同级官衙设置，现存的苏州城隍庙便是那时建造的。

城隍的职责不仅要在冥冥之中守卫城池保佑百姓，还要监察阳间的官吏是否清正廉明，赏善惩恶，即“鉴察司民”。作为苏州地方的保护神，城隍一般都是由生前有功于地方民众福祉的行政长官死后加封的。城隍老爷也和阳世的官吏一样，会随着时代新旧交替。苏州的城隍神，宋代之前为春申君黄歇。明清以后城隍神的易替趋于频繁，但信仰供奉之风日盛。清代袁景澜在《吴郡岁华纪丽》里对当时苏州府城隍庙香火之盛作了十二字的描述：“牲醴酬献，笙歌演剧，庙无虚日。”可见当时来城隍庙祈佑保福者，告痊拔状者，许愿还愿者，络绎不绝。

当城隍信仰与当地的戏曲文化结合起来，就演绎出了一场场戏剧化的民俗活动。吴中民俗每年清明、中元、十月朔三节最热闹。家家户户都要

---

① 据史料记载，苏州评弹形成于明末，刘敬亭、苏昆生等民间艺人活跃于苏州城乡间。评弹在清代得到较快发展，王周士于乾隆四十一年（1776）主持创立了评弹艺人的行业公所——光裕社。乾隆、嘉庆年间出现的陈遇乾，嘉庆、道光年间出现的俞秀山，咸丰、同治年间出现的马如飞，被称为是苏州弹词唱腔流派的创始人。20世纪20年代到50年代，评弹书目繁多，唱腔丰富，流派叠出，达到了艺术鼎盛期。

到城隍庙酬香祈愿，祝祷风调雨顺健康平安。届时抬出本城城隍、土地神像游行祭拜，城里的男女老少纷纷参与，有人为消除自己及家族的罪愆而装作囚犯，身负枷锁，执香跟随，时称犯人香。一些闾里少年也粉墨登场装扮成僧尼、乞丐、遢妓、无赖汉的模样混迹其中，嬉闹取乐。一路上人流如织，吹弹杂奏，鼓乐震天。清人沈朝初《忆江南》词云："苏州好，节序届清明。郡庙旌旗坛里盛，十乡台阁半塘迎，看会遍苏城。"这就好比是一场全民参与的大戏，观众同时也成了演员，每个人在戏剧化的节日活动中宣泄自己的情感与诉求。

住在苏州四郊的农民，其祭神的方式与苏州城内略有不同。比如当时流行的"解钱粮"习俗。明初，国家祭祀体系中确立了城隍的地位，城隍制度作为定制，只有县级以上行政单位才有资格设立城隍庙。城隍神的性质，相当于"冥界的专门官僚"，其定制和现世的府、州、县相对应。但是明末清初以后，苏州地区各主要市镇都相继出现了镇城隍庙，而周边村落原有的土地庙，相对于新修的镇城隍庙则处于从属地位。每当镇城隍庙举行庙会之际，各土地庙负责将村中各家所征收来的钱粮上纳至镇城隍庙中，形成了独特的吴地"解钱粮"习俗。"解"在吴方言中就是"交纳"的意思。"解钱粮"习俗的过程是这样的：市镇四乡的农民，在市镇城隍庙或东岳庙的诞辰节庆时，向镇庙交纳铜钱或纸币，并抬着村庙神像到市镇参拜、朝集。这一活动，是世俗官僚等级制度在宗教信仰中的演绎，是苏州将严格遵守传统儒家思想中君臣父子三纲五常礼仪制度内化为思维习惯的一种体现。而这种具有强烈表演性质的戏剧化的民俗活动，借娱神的名义而乐人，将苏州的艺术精神扩大、普及，进而得到了前所未有的发展。

五、苏州城市文化对长三角一体化的作用和意义

在江南城市中，最具有江南气质的是苏州。由于人口规模与空间资源适度、自然与文明和睦相处，个体的欲望与环境的供给达成平衡，苏州暗合了霍华德"花园城市"的理想，体现了芒福德所说"文化是城市的灵魂"的城市精髓。苏州是新兴城市文明与文化传统、城市与乡村生活方式的兼容与平衡之范，不仅可以为当代甚嚣尘上的城市化进程提供重要的本土参照系，还是江南诗性文化的精神象征，有利于推动以江南文化为精神

内核的长三角一体化发展。

1.“水乡格局”式城市空间

苏州古城特质离不开江南水乡的独特自然环境，苏州城市渗透着水文化的秉性。“君到姑苏见，人家尽枕河。古宫闲地少，水巷小桥多。”“绿浪东西南北水，红栏三百九十桥。”“处处楼前飘管吹，家家门外泊舟航。”这些名篇绝句是唐代诗人们对水城苏州的形象描绘。作为中国著名的水城，苏州“水乡格局”不仅具有物质形态的基本意义，还凝结着苏州历史文化的精神底蕴，显示出深远的生态意境。

苏州古称“吴”，而“吴”字古释为“鱼”，苏州话中这两个字的发音也是一样的。苏州古城以吴王名号称“阖闾大城”，而“阖闾”古时含“船首”之意，即为最尊贵之船；至于苏州的“苏”字，则“鱼禾所自出，苏字兼之”。可见苏州的鱼稻文化以及相应相生的桥文化、舟文化、食文化等，无一不与“水”息息相关，命脉相连。

长期以来，苏州城市的繁荣与周边农村市镇协调发展密切相关，城乡经济一体化源于水网密布的格局，使得经济、文化能够共荣共通。当下，中国的城乡差异过大已是影响经济社会发展的重要因素之一，但苏州的城乡居民收入差距远小于全国平均水平。这里面有诸多值得我们学习的地方：苏州郊县的农民有田地，口粮和蔬菜都可以自己解决；随着工业化、城市化进程加快，近郊农民有了资产性收入，如房子、土地出租带来的收益；苏州原本乡镇企业发达，进行股份制改造后，苏州有四分之一农民成为股民，能够分红；苏州的年轻农民都在工业或商贸领域就业，有了工资性收入；苏州为农民提供了社会保障，农民退休后也能领取养老金。城乡和谐既是苏州的传统，更是当代苏州经济文化繁荣的现实景象。另外，苏州城市发展中也做到了经济繁荣与环境美化、经济实力提升与生态保护相对和谐。现在，苏州市区周边农村纷纷打出招牌，用生态环境吸引城里人。到了周末，市民开车四处转转，到处可以看到青山绿水。小镇古朴、山水相间、城乡一体，原汁原味的江南水乡风貌正在成为苏州旅游的新景观。

水乡特色是长三角城市群共有的先天自然优势，水是江南城市的资源命脉，更是江南文化鲜活的灵魂，从这一角度来看，长三角城市群要学习苏州，把“水乡格局”利用好，才能走出一条城乡融合、区域一体化的路子来。

2. 开放包容与可持续发展

明清时期，苏州人既尊重自己的城市文化，又吸收和包容一切优秀的文明成果。从社会思想的层面看，儒家文化是主流，但也有千年玄妙观道教文化，有西园寺、寒山寺等佛教文化，有孙武创立的兵法文化，有伊斯兰文化，还有来自异域他国的天主教文化等，在苏州都能和平相处，共享繁荣。从民族人口的层面看，苏州的汉族人口占绝大多数，但中国的55个少数民族中已有51个民族在苏州安家落户，其中回、蒙、维吾尔、满、苗族人数成千上万。历朝历代，有过许多优秀人才从全国各地来到苏州生活和定居，苏州沧浪亭“五百名贤祠”的石碑上铭刻着从春秋起至清代的594位苏州名贤的头像和简介，其中80%以上是外来者，他们都曾为苏州城市文化做出了贡献和增添了光彩。

事实上，这一特点还直接影响到近代上海的崛起。上海文化是吴越文化和西方文化的结晶，但其最本质的文化根源还是来自江南吴文化地区。明清时期，苏州成为全国经济文化中心之一，周边地区从物质生活到精神生活的各个方面，都争相模仿吴风吴俗，上海曾经长期受苏州城市文化的影响。如苏州有浓厚的尚文氛围和悠久的诗词书画传统，上海也紧随其后，并在书画方面渐显其长，时人记载道“学书学诗学画，三者称苏州为盛，近来此风沿入松江（今上海市）”。苏州的梨园乐部时称最盛，上海人便经常前往购求戏子戏班，争尚苏州戏。苏式细木家具更为上海人所喜欢，松江一代的有钱人往往亲往苏州城选购。苏州城内流行的服饰、头饰，上海人常觉“雅俏”而仿之，就是苏州酒在上海地区亦颇为缙绅所尚。明清苏州城市文化的特点与近代以来海派文化的特点基本相似，古朴而不失精美，温柔而不失刚劲。在熊月之主编的《上海通史》中，认为海派文化有创新、开放、灵活、多样的特点，也深受苏州文化的影响。如重商观念深入民心，缙绅以货殖为急，这一特点对上海的影响非常明显。清中叶之后，上海因其商业逐渐繁荣，曾有“小苏州”之称。清末太平天国军攻占苏州后，苏州的地主富商纷纷迁入上海租界，促使江南最大的商业中心由苏州转移到上海。苏州城市文化精神也随着苏州人流迁移到了上海，并在这块长江口的宝地上生根结果，迎来新一轮的繁荣。

从昔日的明清会馆繁荣，到今日的新区园区产业鼎盛，充分体现出苏州城市文化中包容开放精神的代代相传。而这一精神早就流布到长三角各个地区，成为江南文化在当代城市群发展中最有粘合力的一个支撑。

3. 闲适心态——精神切入点

苏州园林的建造起由，是历代富商巨贾、退休官僚为回避官场倾轧和尘世喧嚣在江南水乡之都苏州定居，将其高雅和丰厚的文化修养注入住宅设计，实现其“咫尺之内再造乾坤”的居住理想。宋元以后，特别是明清时期，这些经商或养老的达官贵族给苏州城市带来了以重视生活享乐的消费观念，使得整个社会都弥漫着游戏、娱乐的氛围，同时也决定了苏州城“闲适”的城市心态。经过近千年的发展提升，苏州园林已经成为文人写意式山水园林，其间充满着寻求返璞归真、悠闲养性的氛围，渗透着道家文化的哲学意境，在今天的苏州城市建设发展中仍然发挥着重要的作用。

关于文化对人的塑造，人类学家本尼迪克特曾指出：“个体生活历史首先是适应由他的社区代代相传下来的生活模式和标准。从他出生之时起，他生于其中的风俗就在塑造着他的经验和行为，到他能说话时，他就成了自己文化的小小的创造物，而当他长大成人并能参与这种文化的活动时，其文化的习惯就是他的习惯，其文化的信仰就是他的信仰，其文化的不可能性亦就是他的不可能性。”①

这一点尤其体现在苏州城市规划上。如何用现代建筑来打造城市的文化品牌，是每个城市在经济建设的同时特别关注的重要课题。苏州的做法是在古城区内修旧如旧，古建筑周边控制新建筑高度，为后人留下一块传统城市建筑文化畅想的天地；同时保护古城镇格局肌理，维持街道小桥流水的景观，为历史保留下一笔殷实的回忆。这种心态在当下急速扩张的城市化模式下，显得尤为珍贵，也正在成为一种被社会普遍认可的价值取向，对于长三角一体化建设而言，要从文化的角度学习苏州的追求闲适、不过分功利的态度，更要摈弃原来那些“谁也不服谁”“同质竞争”的恶性内耗，以追求生活的闲适、心灵的满足来抵御消费社会无孔不入的“逐利本能”。

---

① 本尼迪克特：《文化模式》，何锡章、黄欢译，华夏出版社，1987年版，第2页。

第四章

南京篇：从“金陵王气”到“六朝烟水气”的变奏

对于古代江南城市文化来说，南京城市文化是其精神结构中的关键环节；对于当代长三角城市群来说，南京城市文化的更新与升级是其高质量一体化发展的重要组成部分。

一、南京城市文化的起源

南京城市文化的源头，可追溯至距今约五六千年前的新石器时代，北阴阳营文化是目前所知南京地区最早的文明。在四千多年前，南京地区进入湖熟文化时期，湖熟文化在文明的发展程度上要高于北阴阳营文化，不仅体现在水稻的种植技术上，还体现在冶铜技术的掌握上。此时，南京地区的文明已经处在一个走向新阶段的十字路口。据考古成果显示，南京地区在当时已经有了约两百处居民点。

在春秋时代吴楚争霸期间，南京的江北和江南岸曾相继出现过楚国的棠邑和吴国的濑渚邑，这两座城堡被认为是南京区域内政区建置的开始，其分别位于今南京的六合区和高淳区。越国所筑的越城被认为是南京城市的开端，它虽然很小，城周只有942米，占地面积只有6万多平方米，但它可以算是真正意义上的城池，并且有确切的历史资料可考。[①] 其旧址在今天南京中华门外的长干里一带。越城一般被看作南京建城史的起点。但

① 有关越城的记载参见《越绝书》《太平御览》《建康实录》等文献。

是，这时南京地区的具体发展情况，仍有许多细节有待考证，尚无法定论。[①] 楚国征服越国之后在此地修建了金陵邑，这仍然是一座军事堡垒。秦代在今南京地区设置五县，这一设置一直延续到汉代初期。根据学者考证，这段时期的南京城与后来的六朝都城南京之间，并没有承继关系，所谓的秦始皇看到“金陵王气”不过是一个故事而已。这段历史对于南京城市文化的意义，在于这片地区因为政治和军事因素有了一定程度上的开发。[②] 而其发展程度并不算高，因此不能夸大其在南京城市文化历史上的地位。如果从城市文化史的角度看，从先秦到两汉，越城、金陵、秣陵、溧阳、丹阳、句容、胡孰这些名字一直流传了下来，成为南京城市及周边的地理名称，也是我们了解南京地区历史的缘起。

二、南京城市文化的历史流变

南京城市文化的形成是一个漫长而复杂的过程，要而言之，到目前为止共分为四个阶段，其中在古代有三个发展高峰：一是先秦到六朝，在经历了建城与定都之后，初步形成了南京的城市文化与精神框架，六朝是第一个高峰；二是隋唐至宋元，作为江南地区城市文化的代表之一，南京出现了诗人政治家，这标志着南京城市文化进入发展期，其中南唐文化是第二个高峰；三是明清时期，南京的市民文化蓬勃发展，城市文艺兴盛，这是南京文化的成熟期，南京文化迎来了第三个高峰。南京至此已经完成了从政治中心向文化城市的转变。经历了这三个阶段，古代南京的城市文化体系最终形成。第四个阶段是晚清到如今，南京城市文化完成了现代化进程。有一点必须指出，古代南京的城市文化是江南文化的一部分。由此，现代南京城市文化也必然是长三角城市群文化的有机组成部分。

南京古代城市文化的第一个高峰出现在六朝时期。西晋末年以来，北方的动乱使得中原城市几乎都遭到了严重破坏。在这样的历史条件下，地处东南的南京终于获得了发展机会，其直接原因一是人口的大规模迁移以

---

① 参见薛冰：《南京城市史》，东南大学出版社，2015 年版。
② 薛冰：《南京城市史》，东南大学出版社，2015 年版，第 19 页。

及由此带来的南北文化整合，二是南京第一次成为汉民族正统王朝的政治中心，政治地位的上升为城市发展带来了许多机会，南京城市文化在精神结构方面发生了蜕变。在这一过程中，南京的城市文化机制是以自上而下的方式、通过高度发达的审美化生活和丰富的精神生产建构起来的。也可以这样说，六朝南京城市文化的核心是聚合与交融，人们在政治、经济、军事等功利目的之外，寻求以精神生产和思想交流为主的生活方式。相似的文化趣味将市民聚集起来，一座政治首都逐渐变成了综合性的文化都会。

首先，在城市地位和形象方面，当时的南京由地区中心一跃上升为国家中心，政治中心地位也为它带来了更多资源的积聚，从而为以后江南地区城市群的成熟奠定了基础。南京也正是以此为基础建构起了城市文化体系。六朝南京在形象上与北方大城市相区别的是，它不再只是一个大一统王朝的权力象征，也不是新兴政权的战略起点，而是一个政治上趋于稳定、文化上异常繁荣的中心城市。真正令南京在历史上占有一席之地的正是它在六朝时期作为文化重镇的形象。到了东晋以后，建康城进而变成了江南大都会，并孕育出丰富的文化成果，具有代表性的就是六朝科技、文学、书法及绘画艺术。

其次，六朝南京的一个重要特征是其凭借独特的地位和资源优势，把文化独有的弹性和集散功能发挥到一个新的高度，这正是文化大都会所必不可少的条件。这里所体现的文化聚合能力不仅仅指对汉民族文化传统的继承和延续，而是思想的解放和创新，这一点也和同时代的罗马帝国文化不同，罗马文化继承希腊文化，虽然也有所发展，但未在思想精神方面有进一步提升。芒福德形容罗马人是“四肢发达头脑简单、讲求满足物欲、靠自己的权势过寄生生活”。[①] 和古罗马文化对身体机能的极度损耗完全不同，六朝时代人性的觉醒反映在文艺方面就是艺术精神的大解放及其所带来的个人主义和唯美主义，既破了旧，也立了新，使人的情感和生命获得真正的自由，同时也是对伦理异化的一种反动。而且，这种思潮一旦与城市文化结合，也在无形中提升了城市精神的自由度，使城市成为文化载

① 芒福德：《城市发展史——起源、演变和前景》，宋俊岭、倪文彦译，中国建筑工业出版社，2005年版，第251页。

体，而不只是被人的欲望所支配的都会。

再次，六朝时代的南京城市文化由“尚武”转向“崇文”，政治伦理淡化而审美诗意凸显，逐渐确立了这座江南城市未来的精神基调。永嘉之乱以后，中原政权瓦解，进而造成江南审美文化精神苏醒并获得发言权，使中国城市文化发展进入“江南轴心期”：“江南轴心期的开端应该这样去寻找，即江南民族在某个历史时期一定发生过什么‘质变’，它使得这些本来‘好勇’‘轻死’的民族发现祖先的一套已经行不通了，并迫使他们必须改变自己获得生活资料的方式，以及十分痛苦地在思想、情感与意志三方面压抑自己的天性与本能。或者重新做人，或者走向灭绝，这正是人类在它的轴心期曾面临过的生死抉择。而可以想象，也只有这样一种刻骨铭心的经验，才可能使江南民族启动从野蛮到文明、从本能到审美的升级程序，进入到一个全新的版本中。”① 在这一时期内，江南审美精神的重要载体便是城市，其中心区域便是以建康为中心的城市群落。南京文化中看似淡漠而又略带感伤的情调，正是六朝诗性审美精神的残留，它部分解决了中国诗性智慧和伦理传统在城市化及文明进程中的矛盾，因而使南京城市文化能够在复杂和残酷的政治环境中生存下来并得到发展。

由此可见，六朝南京开启了属于江南城市的文化发展模式，其核心是以艺术创作和精神自由为中心的城市审美精神。这种发展模式同北方城市最大的区别就在于其可以较少地受制于政治和伦理力量的强制干预，从而有效地避免或减轻了文明发展造成的异化。这个审美化江南都市的存在不仅使永嘉之乱后的中华文明有了栖息之所，还令南北文化重新汇合交融。而在此基础上，原本粗简、不成规模和体系的南京城市文化也终于开始凝聚起来，为日后形成南京诗意审美的城市文化特征创造了条件。

隋代南京城市内的宫室遭到废弃和毁掉，但是城市整体仍然得以保留，这使得南京不再具有都城的地位和规模。在行政上，隋朝当局在灭陈统一后压制南京的政治地位，一是改江北的吴州为扬州，置所设江都，二是撤销丹阳和建兴两郡，取消了侨置郡县，三是把建康、秣陵、江乘、湖

① 刘士林：《江南轴心期与中国古典美学精神的生成》，《浙江学刊》2004年第6期。

熟、丹阳、同夏以及曾经的侨置郡县合并成江宁。这样一来，不仅六朝时建康的地位下降，行政管辖区域被分割，甚至连人口也逐渐减少，至隋大业年间（605—617），蒋州（今南京）只有24 125户。从人口规模上看和六朝最鼎盛时的28万余户根本无法相比。这种政治上的打击不可谓不沉重，但是却没有动摇南京的文化命脉。随着安史之乱的爆发，北方中原和关中地区陷入动荡，城市遭到破坏，而江南地区几乎未受到波及。唐末的农民战争对江南地区的城市影响也很有限，到了五代十国时期，南唐治下的金陵城又迎来了发展的高潮：

> 作为南唐都城的金陵，较之六朝首都建康，有了进一步的发展，囊括了六朝都城之外的秦淮河两岸。其东，至今天的大中桥西侧；其南，到今天的中华门；其西，在今天的水西门、汉西门一带；其北，至今天的珠江路南侧、五台山麓，以乌龙潭为护城河。[①]

自此以后，南京城的形制和规模基本固定下来。由隋唐至宋元的南京城市文化，上承六朝，下启明清，独特的诗人政治家群体成为城市精神自觉的标志。在这段历史时期，最具诗性文化气质的当属南唐的两位君主——李璟和李煜。南唐二主在错综复杂的政治关系中游刃有余，把诗意带进了政治生活。诗人政治家是南京城市的政治文化中最为重要的精英阶层。正是他们对政治的独特理解，使得南京这座城市成为一座淡化政治伦理气氛的都城。

作为诗人和艺术家，南唐后主李煜是六朝士人的直系继承者，同时也是士族精神在这个时代的最后传人。隋代到盛唐的很长一段时期，以儒家为代表的政治伦理思想重又占据了意识形态的主导地位，直接后果就是士族阶层被瓦解。自科举取士之后，特别是唐太宗、武则天两朝对传统士族不遗余力地分化打击，这一阶层到晚唐基本退出了权力舞台和话语中心，但这却不意味着士族精神也同时消亡了。士族精神中自觉的审美意识在李煜身上表现最为明显。李煜曾有词写道："晚妆初了明肌雪，春殿嫔娥鱼贯列。笙箫吹断水云间，重按霓裳歌遍彻。临春谁更飘香屑，醉拍阑干情

① 冯保善：《南京城市历史品格刍议》，《中国名城》2012年第5期。

未切。归时休照烛花红，待放马蹄清夜月。”（《玉楼春》）李煜能够从日常生活中找到诗意，用诗人的语言表达出来，这是当时的北方政治家所不具备的审美情怀。

南唐文化对南京城市精神的最大影响，就是解决了江南城市文化发展的一个问题：政治权力中心和经济文化中心二者能否分离？答案是可以。南唐享国39年，一直都是偏安一隅的地方政权，从隋唐到北宋，政治重心始终在北方，无论是南唐君主的出身还是国家的政治军事实力，都无法令其走到政治舞台中央。但是，南唐治下的南京形成了一个独特的艺术审美环境，并且带动了江南文化的进步提升。正如薛冰所言：“隋唐时期南京远离政治中心，经济尤其是商业反得以在和平环境中迅速发展，使南京居民意识到，经济繁荣不是非得依赖政治中心的地位不可。这种历史记忆使南京人对于建城、建都，都没有太大的兴趣，尽管被包容进了都城，对于统治者仍然保持着观望以至疏离的态度。”[①] 南唐金陵城虽然没有留下多少遗迹，但是从南唐词人留下的作品中，我们却能窥见具有江南气质的“诗人政治家”。

此后的江南诗人都是有意识或无意识地在将这一气质化入他们的创作活动之中。南京城市精神的成熟，实际上应当是指这种以审美主义为核心、以对人的情感为开掘对象的气质。从文艺活动来看，则不仅有一大批诗人，更重要的是有像李后主这样的诗人帝王的存在，他们令南京城市文化从政治伦理框架中摆脱出来，关心人的精神与情感的丰富性，并且从中生发出一种审美的生活态度。这些自然是宗法伦理体制所排斥的，可却是中国艺术传统与思想文化之中不可或缺的另一面。作为江南城市的南京，此时的政治地位已经大大下降，但是它同杭州一起，演变为文化之都，将审美精神化入艺术乃至化入生活，正是南京的城市文化区别于其它城市文化形态的核心特征。

宋元时代的南京依然是东南地区的重镇，北宋江宁府的政治地位仍然不算低，是中央政权节制东南地区的重要核心城市，因此朝廷对南京是比较重视的，往往会派遣要员来此任职，如包拯、王安石等均曾任江宁知府。同时，中国的文化中心也渐渐移至江南，南京作为江南文化核心的地

---

① 薛冰：《南京城市史》，东南大学出版社，2015年版，第105页。

位更加稳固。即使面临靖康之变（金兵南侵）、宋元易代（蒙古军队占领南京）这样的政治事件，南京的整体城市格局、地位和文化精神结构并没有出现大的变动。

明清时期的南京，经历了从都城到留都再到故都的变迁。在几度沉浮后，最终由政治中心彻底转变为文化商业都会。按照《洪武京城图志》中所记："明祖定鼎金陵，虽上承六朝、南唐之绪，然规恢宏伟，远非前代所可同日而语。"[①] 明清两朝，国家的政治中心始终在东部地区，南京地处江南，是传统文化发展最为成熟、经济最发达的地区，其城市文化发展也达到又一高峰。同时，京杭大运河作为中国东部的重要交通航线，它虽然不直接流经南京，但距离南京不遥远，南京也是大运河沿线上重要的中转站。据学者考证：

> 元朝的南京作为建康路（后改名集庆路）和江南诸道行御史台的治所所在地，由于政治、经济和军事地位的重要，又处于长江中下游的交通要冲，扮演着重要的漕运物资发运地和中转地的作用……如果说，明朝迁都北京后，大运河是中国经济主动脉的话，那么，南京的一条条运河，就像一根根血管，一方面通过大运河沟通南北方，通过长江连接东西部，为南京这座城市获取滋养；另一方面，南京作为长江中下游的重要物质集散地和转运地，通过大运河这条主动脉将南方的资源源源不断地输送到北方，为封建王朝的稳定统一和中华文明的发展起到了积极的推动作用，同时，也成就了南京自身的繁荣。[②]

大运河进一步促进了明清时期南京的发展。在漕运显得十分重要的历史阶段，为漕运提供支持。

明初的南京曾为京城，而到了永乐年间，为了营建和加强都城北京，南京的地位遂下降为留都。这种政权变化带来的动荡，虽然在一时对南京有影响，但并未动摇南京的整体社会结构和精神传承。中国大一统王朝的

---

① 《洪武京城图志》，南京出版社，2006 年版，第 59 页。

② 卢海鸣：《试论南京与大运河的关系》，凤凰网江苏综合，http://js.ifeng.com/a/20181227/7126730_0.shtml。

政治中心基本上已经稳定在北方，这对南京市民精神的成熟反倒有利，由于摆脱了政治中心所带来的沉重负担，这就为南京的市民文化发展提供了条件。

明清时期的南京城市文化有以下特征：首先，文化消费成为推动城市发展的重要因素。对文化产品的需求空前高涨，导致南京的书籍从创作到出版和销售都十分繁荣。明清小说其实就已经象征了这一时期市民文化的兴盛，而南京又是一个小说传播的中心，书籍出版业非常发达。这不能不说是一个重要的现象。作为江南出版业的中心之一，南京在图书出版和传播方面具有很大的影响力，包括针对读者趣味而印制的各种插图本，争奇斗艳，形成了版刻插图的“金陵派”。南京的图书出版兴盛一时，甚至出现了外地出版物难以进入南京市场的状况。[①] 南京极大推动了通俗文学的发展。《红楼梦》《儒林外史》《醉醒石》等小说中均出现了不少南京城市文化的元素或痕迹。文人笔下的南京城，主要表现了一座政治上“不得意”的都会是如何转化为商业之都的过程，而这里的所谓政治上“不得意”，更多的不是城市本身，而是众多在伦理体系下的文人由于被排斥出政治权力中心以后的一种无奈和叹息。正如在《红楼梦》中时隐时现的南京方言一样，总给人一种欲说还休的感觉。

其次，明清时期的南京文化在政治伦理与审美消费中取得了一种微妙的平衡。所谓“学成文武艺，货与帝王家”，中国古代的科举制度是一种行之有效的人才选拔方式，它在特定的历史时期发挥了不可替代的作用，尤其是在等级社会中，科举的存在是保证社会各阶层流动的最有效方式。南京的科举文化代表就是夫子庙和江南贡院。值得注意的是，江南贡院附近就是秦淮河繁华的商业区，一边是皓首穷经，对政治权力的向往，另一边是灯红酒绿，充分释放消费娱乐欲望。南京科举文化体现的是政治权力秩序的架构，处在其中的读书人只有借助商业和娱乐文化，才能消解政治文明中过于沉重的伦理负担。南京作为科举中心，聚集了大量的文化精英，同时这座远离首都的江南城市又是经济中心，于是形成了两种文化并存的独特人文景观。

再次，南京的市民文化和商业文化是近代江南城市文化的重要发端

---

① 参见薛冰：《插图本》，江苏古籍出版社，2002年版。

之一，这一时期的商业和市民社会发展奠定了南京的近代化基础。有学者指出："南京地处长江中下游之交，是沟通长江中上游地区与苏杭江浙、长江流域与华北平原经济联系的水运枢纽。清政府在南京设有龙江、西新一关，分别隶属工部和户部。清代前期，随着长江流域商品流通的发展，该关税额大幅度增长，从清初的5万余两，到乾隆年间增至20万余两，最高达24万余两，嘉庆初年虽有下降，仍保持在18万—19万两。税收额的增长是商品流通扩大的反映。经由龙江、西新关流通的商品种类繁多，其中以竹木、粮食、绸等项为大宗。大宗商品的转运贸易构成南京商业的重要组成部分，围绕这些商品的运销，大量客商云集，他们在南京建立了30多座会馆。物流与人流的大规模聚集，带动了相关行业的兴盛。南京本地商人多从事牙行经纪业，为商品流通服务；城市的饮食服务等业也随之得到发展。从明代至清代，南京的政治地位虽然下降，但经济地位则呈上升趋势。乾隆年间，南京已成为长江沿线一个重要的流通枢纽城市。"① 这说明，在古代社会后期，中国长三角地区的对外对内贸易都比较活跃，南京的商业文化由此发展起来。在这个过程中，江南的很多地区已经开始发生变化，"货币的介入在江南创造了一个流动和易变的社会、一个浮世，在这一浮世中，身份定义、社会关系和社团，都不再是预设的了，而是因情境关系而确定的，并在个人的一生中发生变化。时人都清楚地意识到了这一浮世的现实与理想的儒家秩序间的差距，支撑儒家秩序的二元理念，如高/低、长/幼、男/女，也日见松动"②。古代传统的松动和商业文化的渗透，在江南城市中体现得较为明显。由此，古代的南京城市文化就到达了成熟期，南京的近代化也渐露端倪。

三、南京城市文化的近代化进程

南京在19世纪真正开始了它的近代化进程。作为一座东部地区的沿江城市，南京的对外交流十分频繁，在促进中外文化交流的同时，异质文化

---

① 许檀、高福美：《清代前期的龙江、西新关与南京商业》，《历史研究》2009年第2期。

② 高彦颐：《闺塾师——明末清初江南的才女文化》，李志生译，江苏人民出版社，2005年版，第35页。

加速了南京的近代化。它是在商业、洋务和革命等多种历史要素的共同交织下进入现代文明的。其中，由于中国社会不断地出现动荡，导致南京的城市发展时时被打断。尤其需要指出的是，进入热兵器时代的战争更为残酷，一座城市在这个背景下如果陷入兵燹，损失就会更加严重。南京自 1840 年以后，历经太平天国运动、北洋军阀统治、日军侵华等历史事件，古城已经几乎面目全非，南京在国人的心目中，渐渐由一座繁华故都变成了“悲情城市”。尽管古代南京历史上也曾多次遭受政治事件的影响，如改朝换代，但总体上城市的规制和形态是有所保留的，只是到了近代以后，南京才真正“伤筋动骨”，城市文化的悲剧性一面也由此格外凸显出来了。

太平天国运动延缓了南京近代化的进程，对南京城市文化造成了割裂与破坏，从某种程度上说，这是近代南京历史上最为惨痛的物质性破坏。太平军在和清军的战争中，对南京城市的设施，包括建筑、古迹等都进行了大肆损毁，使得这座历史文化都会自明清以来遭到了前所未有的摧残。城中的屋舍建筑大多被毁，“六朝建都以来一千六百年文化遗存，明初建都以来五百年和平发展的成就，毁于一旦”[①]。这就是为什么如今的南京号称“六朝古都”和“十朝都会”，但是在城市地面上却看不到多少清代以前的建筑。

1912 年以后，随着南京成为民国首都，这座城市进入了一个新的历史时期。中华民国临时政府之所以选择南京作为首都，其思路是非常周密而深远的。孙中山作为中华民国临时大总统，在《建国方略》中就表达了对南京的评价：“其位置乃在一美善之地区。其地有高山、有深水、有平原，此三种天工，钟毓一处，在世界之大都市中，诚难觅此佳境也。而又恰居长江下游两岸之最丰富区域之中心，南京将来之发达，未可限量也。”这里寄托了一位革命家、政治家对于首都的理想。遗憾的是，不仅孙中山先生的理想终未成为现实，南京所处的长江中下游地区也随即进入动荡时期，首先是迁都，南北和议后民国首都迁往北京，南京的首都建设受到一定的影响；其次，北洋政府时期，革命军和北洋军的战争中，南京又成为战场，国民革命军于 1927 年攻克南京。因此直到 20 世

---

① 薛冰：《南京城市史》，东南大学出版社，2015 年版，第 149 页。

纪20年代，南京的现代城市规划才真正出现。而民国头十年的政治，对于南京来说最大的影响就是树立了南京作为革命政治中心的新的城市形象。

《首都计划》主要体现了对南京现代化城市设计的完整性。在此之前，南京城市的设计还从未做过现代意义上的规划，明代初年的设计虽然比较全面，但那已经是古代社会背景下的设计了。而今，南京城市的功能和结构已经发生了重大改变，最突出的就是现代社会对城市的要求，不仅仅是政治功能的完备，社区和住宅、道路系统、对外交通和联系、各种公用设施均需统一设计，这不但需要设计者通晓城市规划原理和建筑学，更需要对城市文化和历史有充分的了解。

民国文化对南京城市的影响，显著地体现在城市建筑和城区布局设计方面。民国的城市规划虽然并不完美，但基本确定了现代南京的城市格局，而且其建筑风格和质量也被人们认可。民国的很多政治和文化精英曾汇聚南京，使得南京保留了文化中心的地位与资源。因为众所周知的原因，国内很多城市在新中国成立以后都经历了大规模的城市改造甚至重新设计和定位，对传统的继承变成了一个很严峻的问题。在这方面，或许有人认为，国民政府定都南京的时间不长，给南京留下的遗产很有限。实际上，国民政府之与南京，最大的财富不是把南京变成了什么，而是没有把南京变成什么。对于这样一座有悠久传统的文化都会，民国文化更像一座桥梁，它使得南京的现代化进程得以顺利完成。1937年，南京遭到日寇蹂躏，发生了人类历史上惨绝人寰的大屠杀，同时，日寇也对南京古城进行了多方面破坏与劫掠，损失难以统计，从此加重了南京这座“悲情城市”的形象。

1949年以后的南京不再是首都，它作为东南地区的副省级城市，完全融入中国城市化的滚滚洪流之中。当代南京作为江苏省的省会，也是滨江城市，长三角的地区中心之一，承担了引领长三角西部发展的新使命。酝酿多年的《长江三角洲地区区域规划》已经正式由国务院批准实施。规划提出，完善区域性中心城市功能，进一步提升南京、苏州、无锡、杭州、宁波等区域性中心城市的综合承载能力和服务功能，错位发展，扩大辐射半径，带动区域整体发展。同时，无论是核心区城市还是辐射区城市，均被赋予明确定位，“这些定位充分发挥了各个城市自身优势，各具特色、功能互补，有效避免了城市间的恶性竞争”。[①] 由于近代上海的崛起，南京作为地区古代经济中心和特大城市的地位已经不复存在，南京的未来文化定位是什么？这个问题必须回答。实际上，刘士林已经指出，中国诗性文化、江南诗性文化、江南城市诗性文化有着自身的空间叙事分层。而这三者已经有机地融汇于南京这座江南城市之中。因此，把南京形容为长三角的“金翼”丝毫不过分。在长三角城市群的体系中，上海无疑已经是龙头。对于南京而言，融入长三角，成为古代江南文化的继承者和现代江南城市文化的发动机，则是它的当代责任和定位。

四、南京城市文化的诗性内涵与特质

中国城市文化的发展过程中，南北差异是一个十分重要的特点，当然这一差异是相对而不是绝对的。体现在南京的城市文化方面，就是自六朝以后逐渐形成的江南诗性文化特质，这是和北方城市不同的。关注中国城市的南北差异，这是解读南京城市文化特质的重要背景与起点。

首先，对于中国而言，城市文化构成的重要物质基础是相对稳定的农业生产环境。总的来看，南北城市化的共性是它们都建立在农业文明基础之上，这就决定了它的发展过程是十分缓慢的。当时古代城市还并不是构建文明的主体，它的出现主要是人口因素而非农业生产直接导致。在农业文化的背景下，城市最大的作用是产品的交换和生产资料的再分配。

其次，实际农业生产条件的优劣直接导致南北城乡之间存在着不同的关系。如果把城市看作调节农业生产的一种手段和途径，那么，城市化程度越高也就意味着相应的农业生产技术的发展程度越快。因此我们看到，在中国北方，城市出现得较早。北方城市先于南方尤其是长江中下游城市的重要原因是自然环境的日趋恶化，农业生产只有在技术和效率上不断更新，加之生产关系的迅速调整，才有可能应付各种挑战，历史学家汤因比曾把文明的发展用“挑战”和“应战”来解释，这一观点在中国北方城市

① 徐益平：《长三角区域规划公布避免恶性竞争 25 城分工确定》，中国经济网，2010 年 6 月 23 日。

发展过程中有一定价值。而南方长江下游的平原地带则缺乏这种激烈的竞争机制，因而城市文化成熟稍晚。

再次，城市起源的不同还导致南北方城市艺术精神内涵的差别。北方城市从一开始，就和权力分配紧密联系，城市核心以礼制建筑和体现最高权力的宫殿为主，这甚至成为今后中国古代城市的基本形制，当然也影响到了南方。我们现在所言之北方黄河文明对长江文明的影响和渗透大多与此有关。但是，长江文明审美文化的发达，却使得这种政治伦理文化和审美文化形成了微妙的平衡。良渚遗址中的文物已经充分说明了这一点。这个开端意义深远，它其实已经暗暗决定了江南城市包括南京的精神命运。

南京的城市精神文化体系主要由三个方面的特质构成：首先是诗意审美文化的内核，这是由江南文化的本质决定的，是在南京的历史文化中生成的。这一特质的体现就是生活在南京的文人和政治家的精神气质，他们和中原文人重要的区别就在于内心始终没有被政治伦理话语所完全征服，身在官场而心为诗人。他们的心灵深处仍然传承着自六朝以来就绵延不绝的诗性文化精神。诗性文人群体的出现标志着江南城市文化再一次获得发展并趋向成熟，因此他们的审美诗意生活也可看作是近古江南市民格调的一种发端。这种诗人气质不仅是远古黄金时代诗性智慧的一种遗存，同时在某种程度上也是中国南方审美话语体系的代表。南京文化不能说是江南文化的唯一继承者，但却是在政治伦理生态的大环境中，保持两种文化相对平衡。中国的城市文化不可能完全脱离政治生态，但如何面对政治话语，不同的城市文化处理方式却有很大的区别。对于南京而言，之所以屡遭政治和军事打击而能保持城市精神的延续，靠的其实就是这种与政治若即若离的态度。这种心境可以解释为一种超越现实政治的文化气质。它是一种诗性精神的现实化，是在六朝士人精神消逝后残存的“烟水气”，在这一点上，南京的文化是独一无二的。

其次是恬淡悠闲的日常市井文化。南京人的口头禅中，有两句话流传最广：“多大事啊”和“不存在”。其实很多人不知不觉间说出这两句话的时候，就表明了自己的市民文化心态：对已经发生的事情处之淡然，对生活以外的事件保持一种关切而非急切参与的心理。南京的本地媒体多关注市民趣味，市井气息较浓。尽管南京在古代曾多次成为政治中心，但是在南京的城市文化中，却少有浓重的政治味道。明朝的宫殿早已荡然无存；清朝的总督府即民国的总统府，静静地矗立在市中心，是今存不多的大型政治景观之一，在其一侧，是灯红酒绿的 1912 娱乐餐饮街区；江南贡院的旁边，是繁华热闹的秦淮风光带；而庄严的中山陵，处在东郊风景区之中，也成为了市民登山散步、看钟山风景的绝佳场所。南京的市井文化，是市民和文人共同创造的、雅与俗水乳交融的一种精神文化气质。明清市民阶层的发展，使原本处在最底层的青楼女子有机会来到文化中心，同时令城市文化中雅和俗的成分相互杂糅。这些青楼女子兼具江南女子的婉约和文士的高雅，已超越了自身所属的阶层，是江南文化中最为独特的一支。歌女、青楼、举子与河房一道，形成了明清秦淮文化。南京的饮食也成为市民恬淡悠闲生活方式的鲜明代表，通常是五味杂陈而偏重于家常口味，不南不北没有自身的菜系。在《随园食单》中，袁枚着眼于日常生活，其所列有很多都是家常菜，原料也不复杂，普通人在家中依法便可制作。正如余秋雨所言：“别的故都，把历史浓缩到宫殿；而南京，把历史溶解于自然……南京既不铺张也不拥挤，大大方方畅开一派山水，让人去读解中国历史的大课题。”[①] 在某种程度上，南京往往在政治动荡过后能够迅速恢复市民生活的日常状态，和这种日常市井文化的底蕴有关。

再次是海纳百川、开放性的兼容文化。古代的南京城一直是四方杂处之地，甚至连方言口音都因为移民而发生过较大的变化。各种文化在南京汇聚，南京也从不拒绝任何一种异质文化和新的文化。甚至在海洋文化方面，南京都对中外文化交流产生一定的作用。南京这座滨江城市是明代大航海计划中的重要一环，它为远洋船队提供了大量设备，是航海文化不可或缺的基地。南京的龙江宝船遗址处至今还能依稀看到当年造船的痕迹，这里有可能就是郑和远洋航海的船只建造地。可以说，南京的船厂遗址展现了中国近古昙花一现的航海科技与海洋文化。外来的宗教也在南京扎下了根。南京的大报恩寺见证了佛教在南京的落地和融汇发展。从建初寺到大报恩寺，历史为江南带来了各种因缘巧合，这座寺院见证着江南古城如诗如歌一般的过往。大报恩寺在三国时为建初寺，晋代为长干寺，南陈时

① 余秋雨：《文化苦旅》，东方出版中心，1992 年版，第 164 页。

为报恩寺，宋代改为天禧寺，元代又改为慈恩旌忠教寺，至明代永乐年间，在此地终于建起了闻名世界的大报恩寺和五彩琉璃塔。自佛教传入中国后，南京曾为佛都，更有闻名于世的“南朝四百八十寺”之说，南京的佛教文化为中华文化的博大成熟做出了积极的贡献。在南京城内还有一定数量的基督教堂和伊斯兰教清真寺，说明这座城市对于各种宗教都是能够接纳的。

在现代化的洪流中，南京文化这些内涵特质使它能在某种程度上缓解城市病。城市病是当代大都市发展过程出现的一系列问题的概括，在文化上，表现为城市面孔的千篇一律和文化的平面化。南京已身处长三角的城市群当中，它不可能独善其身，与其他各种城市文化进行有机交流也是不能逃避的事实。这座“吴头楚尾”之地的城市，融汇了厚重的北方文化和细腻的江南文化，保持着对政治的敏感与关切，但并不过度向权力中心靠拢；接受了充满锐意进取精神的海洋文化，保持着对现代工业文明的好奇，但又没有抛弃自身的传统。南京就像一个性格温和的人，默默地低头过着自己的生活。

总的来说，南京城市文化中的精神主体包含六朝以来的诗意审美文化、日常市井文化和开放兼容文化。受制于当代中国的城市化进程，南京既不可能置身事外，也不会随波逐流，它的文化内涵决定了还要发挥更大的作用。由于上海的独特地位，决定了南京是长三角城市群的次级中心，它不可能与直辖市去争政治地位。从南京城市文化特征来看，它悠久的文化底蕴和内涵才是城市的支柱。和杭州一样，唯有文化让它变得丰富、久远，与众不同。

五、南京城市文化对于长三角一体化的作用和意义

2018 年 4 月 26 日，习近平总书记就推动长三角更高质量一体化作出重要指示。他强调要从全局和战略高度深刻认识推动长三角地区一体化发展的重大意义。如今的长三角一体化，强调的是高质量，这种一体化就注定不能停留于表面和物质层面，而是需要更进一步，在精神文化的层面进行一体化，实现深层次的融合。

现代南京城市文化，不仅具有南京自身的特点，更重要的是，它已经

是长三角城市文化的一个有机组成部分，因此它的发展必须站在长三角一体化的高度来审视。

目前，南京城市文化的建设还有不少难题需要破解：南京历史文化资源丰富，但时间上绵延较长，空间上分布广泛，不利于集中凝聚成品牌。时间上从六朝至今，跨越千年，空间上遍布全城，非常零散，且明清以前的地面遗存较少，像六朝博物馆这样的文化载体有限，难以给人留下完整而系统的印象。南京城市文化资源的系统化整理、研究和开发尚显不足，关于南京城市文化的重要资源还有不少被忽视，缺少有创意的开发。尤其是和上海、杭州相比，还缺少上海世博会、杭州G20峰会这样大型的、有全球影响力的活动，以及有影响力的文创产品和品牌来推广南京文化，人们知道南京的多而了解南京的少，导致心中的南京城市形象较为模糊。南京历史文化中，个别“悲情”元素往往容易被突出和强化，导致南京文化中其他的丰富内涵——包容、恬淡、乐观、诗意等被遮蔽了。像六朝文化、南唐文化等，目前人们知之甚少，这就影响了人们对南京文化的整体认知。长三角地区有不少历史文化名城，其中国际化大都市一座（上海），古都两座（南京和杭州），城市文化资源不可谓不丰富。南京的文化资源多而杂，优质文化资源还未被科学整合，尚未发挥出其潜在的文化功能，这对于提升南京的城市影响力和文化软实力，是一个有待破解的命题。和上海相比，南京的城市管理远不够精细，导致城市规划和建设在细节上往往失之于粗。加之南京的城市文化过于散淡和悠闲，慢节奏的城市生活很难适应高速发展的城市化进程。因此在新时代，南京的城市文化必须从自身特色出发，同时注重创新，解决好这些困扰南京的问题，才能使南京更好地融入长三角，实现高质量发展的目标。

具体来说，以南京申报“文学之都”为例。在南京的古代城市文化历史中，文学元素一直未曾缺席，各历史时期均有文学活动以及与城市相关的作品、作家或文学现象。南京城市文化的历史也是南京和文学的历史，这是申报竞争“文学之都”的必备条件。从创作和传播两方面来说，南京和文学的关系都很密切，这些足以构成“文学之都”的要素。可以说，南京作为“文学之都”的丰厚资源，足以令这座城市在中国文学历史上占据举足轻重的地位。就创作来说，南京历史上有众多文学家在此完成作品，相当数量的经典作品以南京作为主题，或直接与南京有关，这是“文学南京”的土壤。比较早的是左思的《吴都赋》，尽管这篇作品中的南京只是割据政权的都城，但是作者洋洋洒洒写出了南京初为都城的盛况，也是南京作为当时中国东南地区第一都市的最佳写照。自此以后，文学史上的多部作品陆续开始以南京为坐标，如《世说新语》中的许多故事就发生在南京；《文心雕龙》创作于南京的定林寺；《文选》也诞生于南京。由于南京是六朝都会，从东吴到南陈均建都于此，六朝文学的核心地带无疑就在南京，所谓“六朝古都烟水气”正是由此形成的。唐代的金陵虽不是都城，但是依旧文风鼎盛，不少诗人思古抒怀时，金陵时常出现在他们的作品中，据戴伟华统计，唐代和五代加在一起，咏金陵诗有 354 首[①]。这些作品多以六朝南京文化为核心，建构起一个“沧桑金陵”的文学意象。像李白的“金陵子弟来相送，欲行不行各尽觞”更是千古传诵的佳句。南唐的都城也在南京，南唐词的创作与南京的关系自然十分密切，以李煜为代表的南唐诗人的创作，更是形成了五代时期一种独特的江南城市审美文化精神，为日后两宋城市文化的成熟奠定了基础。

明清时期，特别是明朝初年，南京成为全国统一政权的都城，政治地位的提高，南京更是成为江南通俗文学的创作和传播中心之一。明清时期江南城市文化的成熟与繁荣，更是促进南京成为明清时期实质上的“文学都会”。南京和明清文学的关系，体现在几个方面：城市意象在作品中的频繁出现，如小说《儒林外史》对当时南京的城市生活进行了详尽的描述。明清时期，南京不仅是江南地区的文教中心，还是小说等通俗文学的重要创作基地。据学者考证，不仅神魔小说流派开创于此，经过南京书坊的刊刻，世德堂本《西游记》广为流传；还诞生了《英烈传》《儒林外史》等一大批小说，《三言》《二拍》等著名的小说也是在南京选稿和编辑的。南京为明清文学传播提供了至关重要的条件。这些作品有的虽不是诞生于南京，但却在南京大量刊刻，方为人熟知。加之金陵周氏醉耕堂、李渔芥子园等大量刊刻印行，以及众多读者的购买、传阅和点评，通俗小说的地位得到了提升[②]。可以说，在明清小说的发展史上，南京这座城市是不可或缺的，它成为了当时的“小说之城”。而《儒林外史》中提到的“六朝烟

---

① 戴伟华：《地域文化与唐代诗歌》，中华书局，2006 年版，第 130—143 页。

② 参见韩春平：《明清时期南京通俗小说创作与刊刻研究》，暨南大学出版社，2012 年版。

水气”更是从此成为南京城市文化的象征。

在当代南京城市文化中，文学也是其核心部分之一。文学资源并非仅仅指过去积累的那些历史上的文学成就，也包括当下社会中的文学创造力、文学影响力以及文学对城市文化的贡献。南京的文学活动一直很活跃，这不仅是因为南京有一定数量的作家，比较著名的如苏童、叶兆言、毕飞宇、范小青、赵本夫、朱苏进、薛冰、韩东、鲁羊、黄蓓佳、储福金、葛亮等。他们的作品不仅在南京和江苏省内有相当高的知名度，在全国范围内也引起了一定的反响。从年龄层次看，有出生于20世纪五六十年代以及七十年代以后的；从原籍看，既有南京本地出生的（如叶兆言和韩东），更多是原籍外地、在南京生根发展的，按照叶兆言的说法：“南京最让人津津乐道的，是它展开双臂欢迎来自别的地方的作家。和留不住出生在南京的作家相比，客居南京的作家要多得多。民国时期出版的《首都志》上，大诗人李白便赫然列在客居作家的名单上。在这个名单上，还可以算上古文八大家中的王安石，算上写《随园诗话》的袁枚，算上同治光绪年间诗坛的盟主陈三立。历史上的南京从来都是一个适合文化人住的地方……这些不是正宗南京人的作家，目前能活跃在南京的地盘上，在这成家立业养儿育女，真应该好好地感谢南京。一方水土养一方人，是南京的空气净化了他们，是南京的风水为他们带来了好运气，话反过来说，南京也应该很好地感谢他们，没有他们，人们所说的南京文学欣欣向荣也不存在，外地的组稿编辑也不会如此频繁地到南京来狩猎。”① 这说明，进入现代以后的南京，它的文学气质依旧是自上而下融于整个城市精神之中的，因此，它才催生出众多的作家和作品，从而在现代文学的发展中占据显著的位置。

如今，南京城市的文化建设规划设计中，文学和阅读是不可分割的重要组成部分。南京对于文学以及与文学相关的阅读活动，是十分重视的。这是南京申报“文学之都”的重要优势因素。南京作家、作品、出版社、书店、阅读场所、文学专业等可以量化的指标在全国位列前茅。据不完全统计，南京有各类读书团体和组织不下300个，同时，南京还拥有大量各级各类图书馆和书店，“全民阅读”已经初步形成了良好的氛围。南京已

① 叶兆言：《南京的作家》，载《南京人》，南京大学出版社，2007年版，第156—158页。

经具备了相对来说良性的文学消费环境，从学校到企业，从政府到媒体，鼓励和引导文学阅读已经蔚然成风，无论是读书节，还是讲座和交流论坛等，常年不断，同时在大学中有相当数量的中文专业，不少学者致力于文学批评和研究。这些不仅有利于文学文化活动的开展，并且已经初步建构起了南京文学的可持续发展环境。

在具体建构“文学之都”过程中，南京可以从文学活动、实体景观、文创开发这三个方面着手，使得“文学之都”既能落到实处，又能永续发展。2018年，“一带一路”文学论坛永久落户于南京。这一具有象征意义的事件表明，南京申报“文学之都”，不仅已经完全具备了条件，而且对于国内城市的文化建设提供了一种崭新的思路。

从整体来看，建设南京城市文化还有许多工作可以深入开展。

第一，在城市管理、规划和建设方面变粗为精，从细节入手，把江南文化中细腻、精致的一面充分发掘出来，改变过去南京“大萝卜”的思维惰性，提高城市管理水平，真正适应现代城市化的节奏。换句话说，如今长三角的领头羊是上海，在城市建设方面也确实是上海最为领先，南京要跟得上领头羊的步伐，不能因循守旧，不能因为文化中的保守错失发展良机，要把古代南京城市文化中诗意精致、开拓进取的成分充分发扬出来，成为江南文化名副其实的继承者。

第二，有效整合南京江南文化、佛教文化等丰富资源，将精神文化资源转化成文化品牌，下一阶段，可以重点围绕上述文化做文章，举行大型文化活动和节庆，科学地将部分文化资源适度集中，把原本模糊的文化实体化和形象化，引导人们认识南京城市文化中诗意、包容等富有情趣的内涵，激活这些文化资源，承接文化传统，塑造新的文化品牌。

第三，积极有效利用新的传播形态，打造多维立体的南京城市文化品牌形象。如电影、电视剧、纪录片、动画、漫画、文学作品等，把乐观、积极、正面的南京形象在新媒体语境中树立起来，让富有朝气和活力、厚重又有深度的现代化南京变得形象和具体，如大报恩寺景区设计的情景表演，还可以在其他地方做更大规模的展示。把南京美好、诗意、温情的一面展示出去，就可以逐步取代人们心中相对单一的悲情形象，塑造出新的南京文化品牌。南京历史上名人不少，很多人们还不够熟悉和了解，可以利用这些资源打造“宁人伟业”的品牌。依托名人形象，打造文化群体，培养文化名人。南京高校众多，这是很多城市所不能比的，要发挥高校文化资源，扩大“文化南京”的影响力。

作为长三角城市群的“金翼”，南京城市文化也是江南和长三角城市文化资源的有机组成部分。对于长三角高质量一体化而言，在共享的基础上，未来的南京在参与江南文化的重建与升级上，将会发挥更大的作用。

第五章

扬州篇：以“灯火连星汉，帆樯近斗牛”作对联

历史上的扬州是江南美丽肌体的一部分，辉煌时期的扬州一度跻身世界城市，被誉为唤起江南乃至“唤起中华民族自豪感的地方”。[①] 今天，融入长三角城市群的扬州，为长三角高质量一体化发展提供着丰厚的文化资源和宝贵经验。

一、扬州城市文化的起源

扬州筑城的历史源流可以追溯到春秋末年的邗城，“吴将伐齐，北霸中原，自广陵城东南筑邗城”。[②] 这个坚固的城防设施是扬州“城”的起点，“古代扬州经济、文化的发展也就从这里发轫”。[③]

古邗城的遗址在今扬州市西北约 2 千米的蜀冈南沿，1978 年南京博物院进行调查和发掘。古城周长 7 千米左右，平面呈不规则方形，城址西起蜀冈东峰的观音山，东达小茅山，北到古雷陂之南，南临蜀冈南沿的长江古岸，即今观音山下东西一线。古城遗址的地面上仍残留不少版筑城垣、壕堑和古河道的遗迹。

城的南沿临蜀冈南麓断崖，断崖下即是长江。城系方形，为版筑

① 宋振庭：《扬州文化和建设社会主义精神文明》，《新华日报》，1983 年 10 月 12 日。
② 李久海：《论扬州宋三城的布局和防御设施》，《东南文化》2000 年第 11 期。
③ 李廷先：《唐代扬州史考》，江苏古籍出版社，2002 年版，第 2 页。

城垣，周长约十华里。城南有两道垣，外城垣和内城垣之间有濠，外城之外，也有濠环绕。传说城没有南门，北面为水门，只有东西两面有城门，这种形制，与江南的越城、奄城遗址很相合。[1]

20世纪的50年代至70年代，考古学界多次对蜀冈上的古城遗址进行挖掘考察，发现古城城墙有内、外两重，内城周长大约5 000米，外城周长大约6 000米，在内城和外城之间筑有城壕，外城之外还有城壕环绕，并出土了大量印纹硬陶罐、青铜兵器和工具等文物，经鉴定为春秋时期吴国文化遗存。[2]

邗城是扬州在漫长的城市文明史中第一次登场，此后，古扬州城屡次改建、扩建的地址，大都在邗城旧址基础上向外延伸扩张。在这个意义上，扬州城市一切原始形态的生产都是以邗城为起点的。邗沟开凿的军事目的，决定了扬州城市原始形态的起点是军事堡垒。这是扬州城市原始形态的“元结构”。扬州具备城市的政治、经济、文化更全面的功能，则是汉代广陵城时期。

汉代扬州被称为广陵。楚怀王改“邗”为“广陵”，是因为当时扬州蜀岗上多为广大的丘陵，取该地“广被丘陵”之意。就城市规模而言，楚广陵城是在古邗城的基础上建立的，其规模比邗城要大。西汉广陵城的规模，《汉书·地理志》《后汉书·郡国志》均记载为“城周十四里半”。

依西汉时1里合今约417.53米计，14里半合今约6 054.18米，与考古勘探所测蜀岗子城周长6 850米相差约800米，似不能谓略合，蜀岗子城西垣长1 400米、南垣长1 900米、东垣自东南城角至北向曲折处长700米；而自此折曲处沿城垣走向向西北延伸至李庄村北与北垣西段相接，再至西北城角，恰长约2 000米。此四者相加，正得6 000余米。或刘濞所筑广陵城即在此域，乃合吴所筑邗城与楚所筑广陵城为一重加修整而成。经此次扩建，将南北向道路包括在内，与东西向道路交会于城之中央。其很可能是修筑于刘濞受封之初，而

---

① 朱福烓、许凤仪：《扬州史话》，江苏古籍出版社，1985年版，第7—8页。

② 曲英杰：《长江古城遗址》，湖北教育出版社，2004年版，第324页。

用为水陆运输中转之所。[①]

广陵城历时战国、秦、两汉、魏晋、六朝，存在时间跨度达八九百年之久。两汉时期，广陵城是扬州城市文化最重要的载体。在隋唐以后扬州城市文明发展到繁荣和顶峰时期，广陵也一直是扬州城市文化的重要符号。

早期扬州城市建筑规划文化初具形态：一是重视“天命”，师法自然，在建筑规划时总是注入浓厚的“宇宙意识”。广陵城在整体布局上，体现出明显的对称原则。楚广陵时期，城垣平面略呈平行四边形，“街道多做东西、南北向延伸。受中国都城格局的影响，其主干街道多与城门相通。今遗址上有村曰‘测字街’（应为‘十字街’转音），正好是东西、南北两条中轴线交点。”[②] 广陵城的街道设置“端直设置仍为主流。这是因为中国城市的形状多为方形或矩形，街道设置与城墙平行最为方便”。[③] 这种城市建筑规划布局，表明重视城市的中轴线、强调建筑物对称的“宇宙意识”；二是尊卑有序的伦理道德属性。扬州城建筑在蜀冈上，官府军衙也无不设置于此。到了唐代，尽管在蜀冈下已建成了商业罗城，但是官衙仍然设在蜀冈之上。以蜀冈作为整个城市规划布局的中心，把官衙行政机构规划在城市的最中心地位，尽可能地利用并不十分规则的城市布局，突出王权的中心地位。三是因地制宜，利用自然条件优势。广陵城“把城址选择在一个较小的地理单元之中，使城市处于有利地位，既使城市有足以回旋的余地，又能高低错落，宏伟壮观，同时引水也很方便”。[④]

二、扬州城市文化的历史流变

隋朝大运河对扬州城市文化起到了至关重要的作用：一是开发运河的军事战争目的，提升了扬州高于一般地方城市的政治地位；二是隋炀帝巡游扬州，进一步刺激了扬州城市文化的繁荣。

---

① 曲英杰：《长江古城遗址》，湖北教育出版社，2004 年版，第 335 页。
② 赖琼：《历代扬州城市平面布局考》，《湛江师范学院学报》2002 年第 4 期。
③ 马正林：《中国城市历史地理》，山东教育出版社，1999 年版，第 465 页。
④ 马正林：《中国城市历史地理》，山东教育出版社，1999 年版，第 25 页。

隋朝扬州城市文化繁荣大大超过此前历代，城市影响力不再局限于东南地区，成为国内著名的大都市，号称“江淮之间，广陵大镇，富甲天下”。隋炀帝在扬州大肆修建宫室建筑，促进了扬州城市建筑文化的发展。隋炀帝在扬州期间，积极倡导文学活动，并亲自作诗歌咏扬州都市繁华，为扬州城市文化的发展创造了良好的氛围，积淀了浓郁的文化艺术底蕴。他在三下江都时，“从长安带来了大量的图书典籍，倡导学术、文学活动。博学多才之士潘徽、诸葛颖、虞世基等齐聚江都”。[①]

> 于城西北七里大仪乡境筑江都宫，中有成象殿，规模宏丽，为举行大典之地；于城北五里长阜苑内筑归雁、回流、松林、枫林、大雷、小雷、春草、九华、光汾、九里等十宫；于城南十五里扬子津（又名扬子渡、扬子桥）筑临江宫（又名扬子宫），中有凝晖殿，为眺望大江、大宴百官之所；于城东五里亦筑新宫（在禅智寺附近）；而最豪华的是城西北的新宫，即所谓“迷楼”，因其千门万户，复道连绵，洞房亘互，回望若一，入其中意夺神迷，不知所往，故以“迷楼”呼之，非正式名称。楼上设有四座宝帐：一曰“散春愁”，二曰“醉忘归”，三曰“夜含光”，四曰“延秋月”，皆集宝而成（据《南部烟花录》）。宫室之外有上林苑、萤苑，上林苑为驰猎之场，萤苑为放萤之所。秋夜出游，不燃灯火，聚萤放之，灿若星光。江都四面皆在琼楼珠殿、奇花珍木簇拥之中。[②]

唐初设立扬州大都督府，扬州成为州一级地区。其政治地位的变化，促进了城市文化的繁荣。唐代扬州城址范围始由蜀冈之上扩至蜀冈之下，出现了蜀冈上下两重城的格局，创下扬州历代城址范围之最。扬州在唐时最为富盛，旧城“南北十五里一百一十步”，东西“七里十三步”。扬州城市的规模在当时仅次于都城长安和洛阳，属于名副其实的东南繁华大都市。

唐代扬州蜀冈下新发展起来的工商业区，为市民集居以及工商业活动

---

① 李廷先：《唐代扬州史考》，江苏古籍出版社，2002年版，第20页。
② 李廷先：《唐代扬州史考》，江苏古籍出版社，2002年版，第20页。

区，城内布局整齐，坊里有街道，布局如棋盘格子，店铺林立，称为“罗城”，亦名“大城”。夜市的空前繁荣，标志着唐代扬州城市娱乐文化的发达。王建诗云：“夜市千灯照碧云，高楼红袖客纷纷。如今不似平常日，犹自笙歌彻晓闻。”李绅在《宿扬州》中赞叹：“夜桥灯火连星汉，水郭帆樯近斗牛。”扬州更接近当时西方式自由开放的商业都市，政治中心化的烙印在扬州城市身上黯然褪色。唐朝扬州地方官员冲破中央政府政令的约束，出现的“官倒”现象，从侧面反映了政治对扬州城市空间的宽松，证明了扬州城市经济空间因为游离于政治主流意识形态之外而相当自由和成熟。

较之此前，唐代扬州城市在市民价值观念上更加开放，在生活习俗上更加丰富，非主流的生活观念在政治伦理话语体系中的地位增加，形成了独特的“商埠型城市”文化。

一方面，唐代扬州城市一反政治文明主流话语中的宏伟理想与政治抱负，以扬州为背景的叙事，更多以商贾富户和放浪形骸的儒生士子为主角，即使主人公是达官贵人，故事的内容则从国家大事、理想抱负转移到都市繁华、人生富贵，暗含着江南都市生活观念对政治官场得意的漠视。如《玄怪录》卷三的《开元明皇幸广陵》：“开元十八年正月望夕，帝谓叶仙师曰：‘四方之盛，陈于此夕。师知何处极丽？’对曰：‘灯烛华丽，百戏陈设，士女争妍，粉黛相染，天下无逾于广陵矣。’”[①] “十年一觉扬州梦，赢得青楼薄幸名”，杜牧的风流韵事，就是这种话语形态的典型体现：

> 时淮南称繁盛，不减京华，且多名妓绝色，牧恣心赏，牛相收街吏报“杜书记平安帖子”，至盈箧。后以御史分司洛阳，时李司徒闲居，家妓为当时第一。宴朝士，以牧风宪，不敢邀，牧因遣讽李，使召己。既至，曰：“闻有紫云者，妙歌舞，孰是？”即赠诗曰：“华堂今日绮筵开，谁唤分司御史来？忽发狂言惊四座，两行红袖一时回。”意气闲逸，傍若无人，座客莫不称异。大和末，往湖州，目成一女子，方十余岁，约以“十年后吾来典郡，当纳之”，结以金币。洎周墀入相，上笺乞守湖州，比至，已十四年，前女子从人，两抱雏矣。

① 转引自葛永海：《古代小说与城市文化研究》，复旦大学出版社，2005年版，第71页。

> 赋诗曰：“自恨寻芳去较迟，不须惆怅怨芳时。如今风摆花狼藉，绿叶成荫子满枝。”此其大概一二。凡所牵系，情见于辞。[1]

另一方面，唐代扬州人喜爱生活中的歌楼，仰羡的是富商大贾，它告诉我们，城市文明的发展和繁荣常常以打破旧的道德观念和社会秩序为前提，人们的广泛追求和需要被不断地满足才能刺激城市文明的迅速发展和繁荣。[2]

> 以政治中心为首的“都城型城市”，如唐代长安、洛阳等，文人会聚，中外使节商贾云集，酒肆林立，其“都城型民俗”表现为重礼仪和门第，食不厌精，建筑和服饰上“竞相侈丽之风”。以交通、商业发达的“商埠型城市”，如扬州、泉州等，市民“性轻扬”“尚鬼好祀”……形成了喜艺文儒术和吟咏之事，耽于逸乐，善于消费的“商埠民俗”。[3]

宋元时期，扬州城市文化的衰落，清晰地折射在宋词中的都市意象中。断壁颓垣、枯树古寺、野草荒冢、旧城古堡等悲凉的意象，是宋代文人心目中理想都市失落的象征，被赋予了特殊的感伤情感内涵。徜徉在描写扬州的宋词中，扬州都市意象触目惊心：废池乔木、野草空城、黄昏孤鸿、离人空城……词人塑造的这些伤感意象，在历史上曾是无比繁华豪奢之地，然而时过境迁、人亡物在，曾经的歌舞楼台只剩下了寂寥、凄冷和落寞。它们形成一组组无人问津、荒凉凄冷的“特定的意象群”，蕴含着特定的意义，折射出这一时期扬州城市文化的没落。

明清时期，以盐商为主体的扬州富商集团的兴起，是扬州城市文化重现辉煌的重要因素。盐商不仅以自身的物质生活消费，促进了以富商世俗性消费为特征的都市物质文化的繁荣，还在文化教育上面大量消费和投资，这也成为以扬州八怪为代表的新兴士人文化兴起的主要原因。扬州画派的艺术旨趣体现了扬州都市文化生产和消费的价值取向，代表了当时新

---

① 辛文房：《唐才子传校注》，孙映逵校注，中国社会科学出版社，1991年版，第617页。
② 高有鹏：《唐代扬州民俗文化初论》，《民俗研究》2000年第4期。
③ 陶思炎：《中国都市民俗学》，东南大学出版社，2004年版，第151页。

兴的士人文化的特征。一是艺术生产的商业化、市场化。二是艺术生产和消费体现了商品的交换价值，具有浓厚的世俗性特征。三是艺术消费的炫耀性。

扬州盐商直接推动了扬州世俗性物质消费文化与高雅艺术的繁荣。一方面，随着明清时期的扬州盐商财富积累的膨胀，以盐商为消费主体的世俗性文化获得了直接的推动力量，以人的世俗性欲望满足为主体的日常生活成为扬州都市文化的一大景观。盐商对饮食的刻意关注，是扬州城市文化发展的最直接原因。相对于北方而言，扬州超越了北方固守的节俭之风，相对于南方来说，则是对江南城市追求奢华物质生活享受的延续。江南人一向注重日常饮食，而富裕的商人更将此发展到极致。另一方面，扬州盐商为代表的商人普遍具有较高的艺术修养，尤其是外来的徽州盐商，把扬州盐商文化形象提升到了空前的地步。盐商自身具有的较高的学术修养和成就，对于学术等各种文化活动的积极参与，造就了扬州都市文化中人才辈出的儒雅风流品质。盐商对于绘画书法、诗文等艺术活动的热爱和追捧，也促进了扬州都市文化的高雅审美取向。

明清时期，扬州园林的数量和规模都达到了历代以来的最高，城市园林文化艺术达到顶峰。在明代，扬州著名的园林如皆春堂、竹西草堂、康山草堂、休园、荣园、影园、偕乐园、学廨苜蓿园、小车园、行台西圃等，遍布城垣内外。清代更是扬州园林艺术的全盛时代。李斗在《扬州画舫录》中引用刘大观的话云："杭州以湖山胜，苏州以市肆胜，扬州以园亭胜，三者鼎峙，不可轩轾。"[①] 清初，扬州以卞园、贺园、员园、王洗马园、郑御史园等八大名园享誉国内。比之以往，扬州的园林更注重整体的规划和设计。园林的知名度上升成为扬州城市的形象和符号。

三、扬州城市文化的近代化进程

其来也突兀，其去也杳忽。扬州城市文化的近代化进程，大约最适合这样的概括。与一般都市从繁华落入困顿不同的是，扬州过于漫长的繁华辉煌历史，让其衰落显得过于仓促，几乎在一夜之间，就从一个世界闻名

① 李斗：《扬州画舫录》，中华书局，1960年版，第151页。

的大都市沦落为一个冷清寂寞的小城，而这又并不是因为地震、洪水、战争等凶猛迅疾的外力所致。它却如同海市蜃楼般地从国内繁华都市，从东南大都，甚至从江淮名镇的图谱上消失了，迅疾得让人来不及看清它的繁华背影。

扬州作为江南工商业城市的杰出代表，在现代时期像“楼兰美女”一样“突然死亡”，是研究江南城市时一个重要的“标本”。如果说古代扬州兴盛的主要原因是隋炀帝开凿江南运河，那么，导致它衰败的直接原因是铁路这种现代交通系统的出现。

一是运河交通的没落与新交通方式的兴起。

扬州兴盛的主要原因是大运河的开凿和贯通，它衰败的原因也与运河相关。大运河如同扬州城市发展的血脉，为其交通运输带来了巨大的经济效益。如果细细研究扬州在历史上繁盛的几个时代，我们不难看出，其时都是运河畅通、运输繁忙的时候。从这个意义上说，运河兴则扬州兴。例如，盐业和漕运一直是扬州商业经济的支柱产业，二者对大运河都有着极强的依赖性。清朝中后期，运河淤积严重，缺少必要的疏浚，京杭大运河几乎处于荒废的状态，大大影响了扬州都市经济的发展。乾隆后期，特别嘉庆、道光之后，因为朝廷的腐败黑暗，大运河疏于治理十分严重，咸丰三年（1853），部分漕粮开始改由海运到达天津，光绪二十七年（1901），大运河的漕运终于被迫停止，民国期间，大运河运输仅仅限于江淮之间部分河段，黄河以北从张秋到临清之间的河段已经完全淤积为陆地，只剩下运河古迹。

在清政府对运河疏浚管理严重疏忽的同时，以铁路、海运为代表的新兴交通方式迅速兴起。同治年间国内漕粮已经以海运为主，不久，轮船、铁路兴起，此消彼长，扬州运河的运输地位受到致命的打击，乃至不久大运河的漕运终于被迫停止。

二是盐业制度的变革与盐商处境的窘迫。

“扬州繁华以盐盛。”自扬州城市繁盛之始，盐业经济就成为扬州商业发展的第一支柱产业。如果说大运河是扬州都市发展的血脉，为其供应新鲜血液的话，那么，盐业经济则无疑是扬州城市赖以在中国城市文明中昂起骄傲头颅的脊骨，没有了盐业经济的支持，扬州城市的庞大身躯必将轰然倒塌。因此，扬州的兴衰成败总是与国家盐业制度休戚相关。

清代后期，政府对盐业制度进行的改革，对扬州盐业经济发展是一次沉重的打击。道光十二年（1840）被诸多历史学家和城市学者认为是扬州经济发展的一个转折点，因为在这一年中清政府在两淮改纲盐制为票盐制，自此以后，扬州赖以发展的盐业开始衰落。

> 道光中叶，陶澍出任两江总督，筹议厘革淮盐积弊，裁撤根窝，使得原先据为世业的窝本变为废纸，而且因盐商历年积欠课税数目庞大，政府抄没家资以抵亏欠，此前盛极一时的两淮盐商纷纷破产。①

富商大贾顿时变为穷人，而倚盐务为衣食者亦皆失业无归。到了道光晚期，淮南盐商几乎无不竭蹶困窘。如两淮盐商张氏，先辈曾世为淮南总商，道光中叶盐务改章后家境中落，以开银匠店为业。

清政府还采取各种巧取豪夺的方式，对扬州盐商进行无休止的剥削，严重削弱了当时扬州盐商发展经济的资本和积极性。清朝末年，国内地方农民起义不断，尤其是东南地区，太平军和清政府之间大规模、长时间的连年战争，清政府已经国库空虚，为了镇压农民起义就以各种名义向地方富商摊派敲诈，盐商被迫拿出大笔的银子“捐款”给清政府。如乾隆五十一年（1786），为平定台湾林爽之起义，扬州盐商江广达就捐款白银200万两。虽然扬州富商甲天下，但是在清政府无休止的敲诈勒索之下，最终还是不堪重负，甚至濒临破产。依靠财大气粗的盐商们为城市装门面的扬州，在盐商们困顿不堪之后，迅速露出一副破败相就不可避免了。

《广陵潮》第十六回关于扬州古迹都天庙的描写，道出了这个时期扬州城市衰落的趋势。

> 那都天庙已露在眼前。红墙斑驳，庙额上金字都黯淡得辨不出来。一角斜阳，倒映在门里，神龛之下，还蹲着几个乞丐，在那里围着土灶烧火。一缕一缕的黑烟，将龛子里一位金甲神像，熏得像个黑鬼模样。②

---

① 王振忠：《明清徽商与淮扬社会变迁》，三联书店，1996年版，第160页。
② 李涵秋：《广陵潮》，百花文艺出版社，1986年版，第263页。

这段描写，多少有点象征的意味，堪称近代化进程中的扬州城市缩影，“扬州城在历史烟云中沉浮了数百年，最终逐渐淡出历史舞台，而与之相伴的千古流传的扬州风月故事也拖着长长的尾音，余韵徐歇了。”[①] 这正如郁达夫《扬州旧梦寄语堂》中流露的失望情绪：“但我在到扬州的一路上，所见的风景，都平坦萧杀，没有一点令人可以留恋的地方，因而想起了晁无咎的《赴广陵道中》的诗句。”[②] 作家对扬州的失望之情随着进入扬州城内而更加强烈：

> 进了城去，果然只见到了些狭窄的街道，和低矮的市廛，在一家新开的绿杨大旅社里住定之后，我的扬州好梦，已经醒了一半了。入睡之前，我原也去逛了一下街市，但是灯烛辉煌，歌喉宛转的太平景象，竟一点儿也没有。[③]

四、扬州城市文化的诗性内涵与特质

历史上的扬州是江南的一部分，其城市文化与江南文化的诗性内涵具有惊人的相似性，从而表现出江南城市文化的审美特质。根据扬州城市文化发展的过程，唐代是扬州城市文化繁荣时期，明清两代则是扬州城市文化顶峰时期，这两个阶段中的城市文化诗性内涵及特质表征最为明显、成熟和稳定，而唐诗、传奇与明清小说，则是体现扬州城市文化诗性内涵的典范形态。

1. 诗意的审美空间

首先，扬州城市不仅是具体可感的地理空间，还是以地理向度的“第一空间”和情感向度的“第二空间”为基础，通过融合汇通感官视觉、情感体味，以艺术化的方式构建起来的富有诗意的审美空间。“十里长街市井连，月明桥上看神仙。人生只合扬州死，禅智山光好墓田。”十里长街、月明桥、禅智寺、山光寺是扬州具体真实的地理空间，“人生只合扬州死”，超出了都市繁华、感官享受的层面，是对扬州城市美好生活的无限

---

① 葛永海：《古代小说与城市文化研究》，复旦大学出版社，2005 年版，第 311 页。

② 郁达夫：《扬州旧梦寄语堂》，载马家鼎选注《扬州文选》，苏州大学出版社，2001 年版，第 35 页。

③ 郁达夫：《扬州旧梦寄语堂》，载马家鼎选注《扬州文选》，苏州大学出版社，2001 年版，第 35 页。

延展、想象，使人对扬州获得了切入肌肤、深入骨髓的审美力量。这是一个典型的超越具体感性视觉和私人情感的审美空间的创造。

其次，扬州城市“审美空间”的构建，积淀了“扬州梦”的深层意蕴。“十年一觉扬州梦，赢得青楼薄幸名。”扬州既是特定的、历史上真实的扬州都市，同时，扬州又不仅限于单纯的地理概念和诗人主观情感，已经从地理学的向度上伸展到历时性和社会性的维度。就历史性而言，扬州的繁花似锦承载了太多的历史，今天的繁华是建立在历史上无数变故的基础上的，历史兴亡、伤感别离的情绪已完全浸透在这个城市中，对这个城市的描写也体现了作家内心复杂的情绪。当春风得意之时，城市可以成为施展个人抱负、抒发理想壮志的地方，当理想受挫之际，城市又成为纵情声色、颓废忘忧的地方。就社会性而言，扬州是著名的风月城市，经济繁荣、政治自由、狎妓盛行，这是唐代扬州都市社会重要的特征，诗中的扬州又超越了“这个”而具有“这一类”的普遍情感意义，具有了唐代文人“种族的记忆”特征。这既是唐诗中的“扬州梦”能够穿越千年的时空，让无数文人为之感慨唏嘘的重要原因，也是“扬州梦”的深层审美韵味所在。

最后，唐代扬州审美空间和历史性的时间感勾连在一起，从而形成一个融时间向度的历史性和空间向度的质感于一体的“审美时空”。

从美学层面而言，时间和空间属于审美境界构建的重要形式，当二者融合为一体，历史性的向度向空间性的向度展开，以及空间性的向度向历史性的向度延伸，这就形成了“审美时空”。如果说现实时空是客观存在的时空形态，心理时空是主体对时空的心理感受形态，那么，“审美时空”则是艺术创造主体在艺术作品中所创造的时空形态。“汴河东流无限春，隋家宫阙已成尘。行人莫上长堤望，风起杨花愁杀人。”“隋家宫阙已成尘”凸显历史兴亡的时间感，与当下长堤上的杨花结合起来，历史性的时间性的向度向着当下扬州空间性的向度急转而下，借助历史沿革兴废更替这个线性的时间，在隋朝的荒冢和长堤上的杨花这个具体的审美意象中，一个萦绕在读者头脑中的扬州城市“审美空间”，如同一匹绚烂至极的锦缎，婉转地平铺开来。

2. 风月场与诗性智慧

首先，富贵与风月是扬州作为商埠型城市文化的典型文化符号。

唐传奇中有扬州富商的大量描写，以及对追求富贵的价值观的充分认同。如，对扬州富裕的波斯人的描写。而以波斯和大食为代表的胡人在扬州的商业活动，在当时扬州都市社会生活中有着巨大的影响力。“扬州在唐代以盐政及漕运之关系，加以运河开通，扼南北交通之咽喉，为其时之一大商业都会，俗好商贾，不事农业，以是大食、波斯、胡人之流寓此间者极众。扬州，胡店甚多，以珠宝为业，亦可谓为中西珠宝互市之荟萃地，置有市舶使。”①

一方面，小说家们带着巨大的羡慕心理去描写富商，这是唐代扬州商业成就影响巨大、城市居民普遍重视现实功利的必然结果。“写和尚道士劝化世人的时候，总是喜欢幻化出各种商人才有的荣华富贵，甚至也要请妓女到场，或弹曲陪酒，或同床共眠。”② 在封建社会，佛道教义对于民间大众具有无可抗拒的神圣力量，其宣扬清心寡欲、消除欲望的理念与世俗生活更是水火不容。但是，在小说中的扬州，却表现了与这种崇高神圣针锋相对的价值观念，把世俗功利的商业文化融入渗透到宗教活动中，使得所谓的“仙家之妙其实是充满商业气息的”，“迎合了世俗商业文化的价值取向和小市民以及商人低俗的生活趣味”，“在这些作品中，其主题思想虽然是讥讽仕途或经商的，而实际上作者笔下的神仙也就是现实生活中巨商豪富的化身，只不过是蒙上了一层宗教的面纱而已”。③

另一方面，外域商人在扬州从事的珠宝等经济活动，牟取暴利的商业行为，对金钱赤裸裸的渴望，小说家们对此并不加以任何的批判和指责，这说明唐代扬州对商业世俗文化价值观念的包容和接受。《宣室志》和《杜阳杂编》中均有相关故事记载，这些描写在呈现胡人生活习俗、价值观念之外，还隐约表现了人们对这种价值观念的认同。《太平广记·肃宗朝八宝》就描写了扬州地区安宜县（今宝应县）女尼姑真如献宝的故事，这反映了唐代扬州对于世俗的安逸享受价值理念的盛行。

唐代扬州以风月青楼著名。《霍小玉传》《冥音录》等都对扬州风月、妓女生活进行了文学叙事。最著名的是于邺依据杜牧事迹写的小说《扬州梦记》，叙述扬州风月繁华的“珠翠填咽，邈若仙境”。《太平广记》中有

---

① 王孝通：《中国商业史》，团结出版社，2006年版，第107页。
② 苏保华：《扬州文学镜像研究》，社会科学文献出版社，2009年版，第183页。
③ 苏保华：《扬州文学镜像研究》，社会科学文献出版社，2009年版，第184页。

一段记述杜牧在扬州的风流生活，当然，这并不是说只有扬州才存在风月艳情，唐长安的平康坊的青楼妓女在小说中也很著名，但与描写扬州风流才子、青楼歌妓的故事相比，两地对男主人公的态度截然相反。在北方城市里，故事中的男主人公大多属于被批判的角色，而在扬州，他们的“不检点”行为往往被赋予了才子配佳人的爱情模式，其风流倜傥的轻浮放纵更多地让位于才华横溢的个性张扬，青楼女子对男主人公的情感往往因为仰慕和依恋而超越了一般的金钱交易的庸俗，甚至成为封建文人羡慕的对象。江南城市商人似乎是“情感问题”多于赤裸裸的“经济纠纷”，总覆盖着浪漫的温馨的审美气息。在这个意义上，唐人文学作品中的扬州城市风月艳情，更多地弥漫着江南城市生活中典型的文化形态。

其次，扬州城市文化寓含着诗性智慧下的永生信仰的诡异题旨。

唐人小说中的扬州是一个助人长生不老、羽化升仙之地，大量故事直接描写超脱世俗生活之外的仙人以及修道成仙的经历，为扬州城市文化涂抹上神奇迷幻、荒诞不经的色彩。

《太平广记》卷十七《裴谌》、卢氏《逸史》中的《卢李二生》分别记载了裴谌和卢生在扬州得道成仙的故事。“张老者，扬州六合县园叟也。其邻有韦恕者，梁天监中自扬州曹掾秩满而来，有长女既笄，召里中媒媪，令访良婿。张老闻之喜，而候媒于韦门。”[①] 小说讲述了仙人张老居于扬州迎娶邻居之女的故事，小说中的扬州被作为仙俗联通的中介，成为修行、证仙、卖药的象征，与得道成仙的故事血脉相连。《南柯太守传》塑造了追求富贵美梦而破灭的南柯太守形象，南柯太守一梦而醒，标志着他从汲汲于世俗富贵的羁绊中解脱出来，在深层上暗寓了扬州城市文化中的富贵和长生的主题。

《太平广记》的记载，表现了扬州城市文化中的灵魂不朽的观念。无论追求成仙得道还是死后轮回，都建立在一个基本的文化背景下，这就是诗性智慧。在客体角度上，往往表现为以审美的方式建造世界，意在圆融人与自然在历史实践中必然出现的对立关系，让世界成为人的诗意活动的家园。这是一种无主无客、无虚无实的混沌为一的境界，即“天地与我并生，万物与我为一”的天人氤氲境界，以及“大乐与天地同和，

---

① 汪辟疆校录：《唐人小说》，上海古籍出版社，1978年版，第235页。

大礼与天地同节”的生命活动节奏。[①] 唐人小说中的扬州乃成仙得道之处所，完全是消除了主客激烈对抗的一种平静祥和。灵芝、仙草的可寻，消解了对死亡的恐惧与焦躁，成仙、重生的存在，这是扬州城市文化的浪漫底蕴。

3. 世俗享乐与雅致艺术

世俗享乐在扬州小说中表现得特别明显。扬州小说指的是唐宋以来小说作者（包括创作、编纂、刊刻）出于对扬州文化的认同，成为“为扬州文化所化之人”，以扬州地理空间作为小说故事发生的重要场景，以扬州社会生活、文化风情、价值观念等社会空间和审美文化空间为主要内容，典型地体现当时扬州人的心态，表达对扬州生活独特反思，风格旨趣相近的话本、小说和笔记。[②]

明清扬州小说中的主人公，除了延续唐传奇中的贵族官员、商人等人物形象外，地位低微的士人、妓女、小商人、无赖、游民等更多的普通人，纷纷涌向扬州城市舞台的中央，小说中的扬州人物数量更多、角色更全，故事场景的城市意味更浓厚。这些人物身上的高贵色调逐渐褪色，生活化、世俗化的平民意识明显增强。明清出现了大量对下层妓女正面描写的扬州小说，如《风月梦》《扬州梦》《广陵潮》《金兰筏》《雅观楼》《野草闲花臭姻缘》等。清代无名氏的《扬州梦》，书中以士人陈晚桥为线索，对落魄的下层文人、低贱的青楼妓女逐一描述，《金兰筏》中的杭州书生田中桂和下层妓女郑羞花，《雅观楼》中的吴某从高利贷主沦落为街头乞丐，邗上蒙人的《风月梦》“所描写的几乎全部是扬州以及活跃其中的文人”。[③] 这些人物和行为，一扫唐代扬州小说下层文人、妓女、小商人的配角地位，跻身故事主角。

扬州小说对商人、妓女等社会下层人物的描写，普遍侧重对商人的成长经历，以及妓女被迫沦落风尘的社会经历的动态叙事。如《雨花香》第二种《铁菱角》中的汪姓商人发迹变泰的经过很具有代表性。

曾有一后生姓汪，号于门，才十五岁，于万历年间，自徽州携祖

① 刘士林：《中国诗性文化》，江苏人民出版社，1999年版，第23页。
② 张兴龙：《“扬州小说”概念界定的理论阐释》，《明清小说研究》2016年第3期。
③ 张宏生：《哈佛大学东亚语言与文明系韩南教授访问记》，《文学遗产》1998年第3期。

遗的本银百余两，来扬投亲，为盐行伙计。这人颇有心机，性极鄙啬，真个是一钱不使、二钱不用，数米而食、秤柴而炊，未过十多年，另自赚有盐船三只，往来江西、湖广贩卖。又过十多年，挣有粮食豆船五只，往来苏、杭贩卖。这汪人，每夜只睡个三更，便想盘算。[①]

清代周伯义的《扬州梦》把妓女作为小说描写的中心对象。小说第一卷分别为22位青楼女子作传，妓女月仙甚至被誉为“花史上第一个人物”。这些女子大多出身卑贱，被迫沦落风尘后遭受非人的蹂躏，忍受着痛苦生活的煎熬。这与唐传奇中的扬州妓女的风流香艳有着很大的差异，反映了明清扬州城市市民阶层结构的变化，以及城市文化内涵上的演变。

扬州小说中人物角色数量的增加，以及社会阶层人物的更接地气，标志着扬州小说空间叙事内容从乡村到城市的转移，城市人物角色从贵族、富商向下层市民的转变，商人形象从符号化向发迹变泰动态化的深化，表明自唐宋到明清的小说创作，受到城市文化发展因素的影响日渐深刻，这是明清时期扬州城市文化的重要内涵。

与社会底层小人物的文化娱乐世俗化相比，以盐商为代表的富有上层社会，极端注重与文人雅士的诗文之交，在扬州积极发起文学集会，不仅自己出资举办，而且盐商们自己也参与其中，与当时的江南诗文大家互相唱和，由此形成了明清扬州城市文化中的艺术优雅的特征。

清代扬州著名的富商马氏兄弟，就凭借自己的文化修养以及对待艺术家的真诚之心，与扬州八怪结交深厚。他们是清代著名的藏书家，拥有当时国内著名的四大藏书楼之一“丛书楼”，同时积极出版诗文集册，而且自己喜好作诗歌咏。这种文化素养使得他们往往去掉了一般富商身上赤裸裸的金钱铜臭之气，不会引起文人的厌恶或仇富心理，反而以温文尔雅的文人一面深得文人的好感。当时的著名诗文大家王士祯、孔尚任、陈维崧、厉鹗、方士庶、王藻、陈章、全望祖、张四科、杭士骏等都和盐商们有过亲密的诗文唱和往来。一时间，扬州诗文盛会享誉天下。据清人李斗

① 侯忠义等主编：《中国古代珍稀本小说》第9辑，春风文艺出版社，1997年版，第511页。

《扬州画舫录》卷八记载：

> 扬州诗文之会，以马氏小玲珑山馆、程氏篠园及郑氏休园为最盛。至会期，于园中各设一案，上置笔二，墨一，端研一，水注一，笺纸四，诗韵一，茶壶一，碗一，果盒茶食盒各一。诗成即发刻，三日内尚可改易重刻，出日遍送城中矣。每会酒肴俱极珍美，一日其诗成矣。请听曲，邀至一厅甚旧，有绿琉璃四，又选老乐工四人至，均没齿秃发，约八九十岁矣，各奏一曲而退。倏忽间命启屏门，门启则后二进皆楼，红灯千盏，男女乐各一部，俱十五六岁妙年也。吾闻诸员周南云，诗牌以象牙为之，方半寸，每人分得数十字或百余字，凑集成诗，最难工妙。休园、篠园最盛。[①]

“虹桥修禊”则是清代扬州最著名的另一种诗文聚会。这种活动一般不是由富商组织举办的，而是由官方主持，参加的人员一般都是比较富有的阶层。《扬州画舫录》记载：“虹桥即红桥，在保障湖中。府志云：在北门外，一名虹桥。朱栏跨岸，绿杨盈堤，酒帘掩映，为郡城胜游地。”[②] 修禊本来是古代人用来祛除不祥的祭祀活动，又称为祓禊活动。到了清代，这种活动已经从祛除不祥的祭祀活动发展演变为纯粹的文人和官商之间的文化活动。

清代扬州的“虹桥修禊”诗文会，是由有一定名望的官僚文人出面主办的一种诗酒活动，而这种诗酒活动在时间上越出了传统的阴历三月上旬巳日这一天，在内容上超出诗文的范围，而是成了扬州城市文化交流和发展的一种形式了。[③]

五、扬州城市文化对于长三角一体化的作用和意义

1993年，上海正式提出推动“长三角大都市圈”发展的战略构想，扬州第一次融入长三角城市群。2008年，国务院《关于进一步推进长江

---

① 李斗：《扬州画舫录》，中华书局，1960年版，第180—181页。
② 李斗：《扬州画舫录》，中华书局，1960年版，第240页。
③ 傅崇兰：《中国运河城市发展史》，四川人民出版社，1985年版，第403页。

三角洲地区改革开放与经济社会发展的指导意见》发布，扬州完全融入了长三角城市群。这给扬州城市经济带来重大机遇。作为一个拥有2 500年历史的文化古城，扬州拥有极其丰厚的城市文化资源，这既是扬州自身城市文化发展的宝贵财富，也是长三角高质量一体化发展的重要助力。

首先，扬州重视文化资源保护较好的做法，为长三角城市文化资源保护提供直接的经验和借鉴。

文化，是扬州古城最引以为傲的底蕴。1982年2月8日，国务院公布首批24个中国历史文化名城，扬州名列其中。其成功既得益于扬州特别丰厚的文化资源，还得益于扬州地方政府对文化资源保护与建设的高度重视。而且，这种重视并不是为了申报历史文化名城才开始的，而是自1949年扬州解放开始，就一直保持着高度关注的态度。1949年1月25日扬州解放，2月10日，当时的军事管制委员会就发出保护名胜古迹的“一号通令”。1956年以来，扬州先后编制过3次城市总体规划，每次的总体规划都包含了古城保护专项规划，历届党委和政府对古城保护和建设，规划提得早、保护工作做得早、考古挖掘抓得早。[①] 2001年，扬州市编制了老城控制性详规，将5.09平方公里的明清古城分成12个街坊，逐一编制规划。[②] 这一举措为今天扬州古城保护的完整性奠定了基础。2011年，《“文化扬州”十二五规划》对扬州文化资源保护进行了系统规划，明确了扬州要用五年时间打造扬州运河文化博物馆、扬州海外交通史博物馆、扬州近现代史博物馆、两淮盐政史料陈列馆、扬州戏剧曲艺博物馆等文博场所。事实证明，扬州在如此文化规划下，文化资源保护开发取得了重要成绩，如扬州牵头的中国大运河项目成功列入《世界遗产名录》，扬州瘦西湖及盐商园林文化景观、海上丝绸之路列入《中国在世界文化遗产预备名单》。2012年3月1日，《扬州市文化遗产保护管理办法》正式施行，这标志着扬州文化资源保护的系统工作正式上升为政府立法的层面。特别是2014年6月，扬州作为牵头城市引领的大运河申报世界文化遗产终获成功，证明了扬州在文化资源保护与开发方面取得了重大突破。2015年，

① 王鹏、孔茜：《扬州何以成首批“历史文化名城”》，《扬州日报》，2015年4月16日。
② 吕林荫：《发现扬州的发现》，《解放日报》，2006年6月9日。

《扬州历史文化名城保护规划（2015—2030 年）》获得省政府通过，扬州历史文化名城保护有了规划。

其次，“文化立市”的城市发展目标。经济发展让位古城保护，跳出老城建新城的文化发展理念，以及多元化、多角度、多层次保护与开发，重视城市核心文化元素，塑造典型文化品牌等具体举措，为长三角高质量一体化发展中的“文化长三角”提供了实践路径。

扬州是较早提出“文化扬州”的城市，扬州在这方面的成功经验是清醒地认识到历史文化是扬州的根与魂。1992 年，当地政府作出重大决策，通过实施“西进南下”的发展战略，跳出老城建新城，为古城区保护和扬州的发展提供了足够的空间，也为城址保护创造了条件。早在 1958 年，扬州就有了关于铁路的规划。但是，在当时的规划中，铁路要穿过堡城、蜀冈，势必会破坏扬州的古城风貌，最终，建设向保护妥协，铁路规划被“一票否决”。虽然这一否决将扬州人的“火车梦”拖延至 2004 年，却为扬州收获了中国历史文化名城这块“金字招牌”。经过多年实践，当地政府在文化保护与开发矛盾中，明确了“护其貌、美其颜、扬其韵、铸其魂”的名城保护总体思路，确定了老城区保护总体框架。5.09 平方公里的明清古城逐渐恢复风貌，成为中国东南沿海地区规模最大、保存最为完好、最有“中国味、文化味、市井味”的历史城区。①

扬州文化资源保护开发建设是一个系统的复杂工程，多年来，扬州文化资源开发形成了多元化、多角度、多层次保护开发的格局。如，既有政府牵头积极申报的世界文化遗产、人类非物质文化遗产、国家非遗保护项目等，也有对民间地方文化民俗的保护；既有以运河、古城、园林等为核心的旅游景点开发，也有对戏曲、饮食等非遗文脉传承人的人才培养；如《十三五文化发展规划》推进了非物质文化遗产的传承和普及，试点开展了“一学校一非遗项目”活动，在中小学校开办了扬剧、曲艺、木偶兴趣班，建立了 61 个非遗传习所。设置历史文化传承人才保护项目，按照扬州文化学术、艺术、技术分类，积极为代表性人物及代表作品留下音频、文字资料，传诸后世。文化资源的保护开发涉及扬州历史文化的物质遗存、社会遗存和审美遗存等众多方面。这些都为长三角一体化高质量发展提供

① 王鹏、孔茜：《扬州何以成首批“历史文化名城”》，《扬州日报》，2015 年 4 月 16 日。

了具体的可操作的路径。

再次，跨区域文化板块联合发展，争取城市文化生存空间的探索理念，为长三角高质量一体化发展灌注了创新发展的理念。

扬州城市文化要继续发展，就需要探索新的发展理念，这种探索也为长三角一体化高质量发展提供了方向。

一方面，走出狭隘的扬州区域城市文化发展理念，把扬州城市文化建设纳入长三角城市群、运河城市、沿江城市等系统中，要有气魄建立跨区域城市文化的长三角大文化城市群、运河文化城市带、沿江文化城市带，要敢于和周边文化结构同质性、相似性的区域，建立一体化的文化城市群（带），以此作为未来城市建设新理念，为扬州文化城市建设开拓新的生存空间。

扬州历史上一直被作为江南的一部分，在文化范畴内，一直属于典型的江南。早期扬州还紧邻长江，属于典型的沿江城市，因此将它列入沿江城市带也不存在任何问题，再加上扬州已经被纳入了长三角城市群，所以，今天的扬州文化建设建立跨区域的文化群（带），是有着充分的历史文化基础的。在这个意义上，江南、长江、长三角都与扬州有着不可分割的历史渊源，把扬州文化资源开发纳入更广阔的地缘文化板块中，进一步建立同质性、相似性文化板块内部的联系，共同发展运河文化带、长江文化带、江南文化群落、长三角文化群落的文化事业。这是未来文化城市竞争中实现自身突破的一个新的文化增长点。

另一方面，在扬州城市文化资源的内部空间开拓上，要以扬州独特的城市景观设计理念、城市文化氛围、城市居民生活形态为核心的非物质文化遗产资源，作为扬州文化城市建设的新空间，实现扬州从单一的运河文化形象向多元化、多层次、多结构的文化城市转型。扬州文化既具有江南文化的整体风格特征，同时又具有运河文化相对独立的文化特征，因此，在实现扬州文化城市设计的理念上，应该充分考虑到以江南文化的大背景展示自身独特性的思维，如果对于江南文化深厚背景不加以吸收融合，则注定这样的文化城市是孤立的文化模式；如果不彰显运河文化特色，又会因为没有个性而最终淹没于江南文化城市群落中。扬州只有依托雄厚的江南文化历史资源，再进行个性化的运河文化加工，才可能保持扬州文化之城的永久魅力。这是扬州发展文化城市中需要特别注意的问题，也是长三角高质量一体化发展中需要关注的问题。

历史上的扬州是江南核心区向北延展的“辐射区”，却在漫长的江南城市文化发展史上创造了辉煌成就。今天，融入长三角城市群的扬州，也有足够的文化资本为长三角高质量一体化发展，创造新的辉煌。

第六章

杭州篇：日常生活审美化最佳实践地

杭州，是古代江南文化精神实践的主要场域，是江南文化精神内涵的主要创建者。当代杭州城市文化的发展和更新，一方面离不开当代长三角城市群的高质量一体化发展，另一方面长三角城市群的更进一步的发展也离不开杭州城市文化的不断更新，在文化资源上不断创新供给，才能获得更好的发展。

一、杭州城市文化的历史源流

早在新石器时代，杭州就形成了跨湖桥文化、马家浜文化、崧泽文化和良渚文化等成熟的早期人类文明形态。距今七八千年的跨湖桥文化遗址是目前杭州城市文化可以追溯的最早文化形态。而距今四五千年的良渚文化则是杭州城市文化原始发展的巅峰时期。因此可以说，在人类早期文明时期，杭州有着璀璨的文化风景，而之后的杭州城市文化则由此而源生发展。而到良渚文化阶段，杭州已经处于了早期原始城市文明的繁荣阶段。

开端之初，杭州的城市文化颇有都市气质。相传大禹以治水有功而承登帝位，然后巡狩天下，要在绍兴会稽山大会诸侯，于是在杭州这里舍航登陆，因而杭州便有了“禹杭”（后人误读为余杭）这一最早的名称。而据《吴越春秋》记载，大禹在继承帝位后，还归大越，“乃纳言听谏，安民治室，居靡山，伐木为邑，书画作印，横木为门。调权衡，平斗斛，造井示民，以为法度”①。也就是说，传说大禹将都城建在了越地，这对蒙荒阶段的杭州城市内涵必然会产生有力影响。如果说这种城市传说故事还只是激发人的美好文化想象的话，那么考古发掘的良渚文化古都则是杭州城市文化在文明起源阶段的可靠证据。据考古研究表明，“杭州是良渚文化遗址发现最多的地区，其中包括祭坛、墓葬、作坊、土垣、村落等各种遗址 150 多处，这些遗址成片分布，许多突兀于地表，集合为规模庞大的遗址群，全国罕见。其中位于杭州余杭区境内的良渚和瓶窑两镇（包括旧安溪）行政区域的‘良渚遗址群’，是良渚文化遗址分布最密集的地方（一个相对独立的核心区域），在良渚文化的演进历程和文化面貌上，都具有鲜明的地域特色”②。而以反山、莫角山遗址为核心的良渚文化遗址群则展现了新石器时期良渚文化都城的繁荣形态、器物的精美和制度文化的高度发达。考古发掘显示，“良渚中期前后的遗存，不仅数量多，而且类型齐全，有礼制性建筑、显贵墓地、祭坛、居址等，已形成相当规模的中心聚落”③。这表明杭州不仅是良渚文化的中心区域，也是这一文明的文化精神创造和传播中心，代表其文化的典型特征。

关于良渚文化对杭州城市文化的影响，研究良渚文化颇有建树的学者周膺指出：“杭州城市的最早构架，无论是物质面还是精神面，都形成于良渚文化时期。”④ 也就是说，自文明起源阶段后，杭州城市文化的形态形成是良渚文化的文明基因显性遗传的结果。

良渚文化古城对其城市选址定位影响了此后杭州城市的选址和城市形态。良渚文化先民将其都城选址在丘陵环绕的苕溪冲击平原的水网密布地带，迥异于北方大河台地文明的聚落选址。一方面丰富的自然水网系统为城市生产、运输和资源交换提供了极大便利，也有利于供给城市的稻作耕种和资源与外界交换，保证城市供给。另一方面环绕的低矮丘陵与丰富水网又为城市提供了相对安全的环境，但也限制了城市规模和形态构成。这种地势、地形特点，直接决定了杭州在农业生产方式与商业流通上的相对发达，这对于此后杭州城市的城市经济、文化结构都有着一定的影响。学

---

① 赵晔：《吴越春秋》卷 6 “越王无余外传”，徐天祜音注，苗麓校点，江苏古籍出版社，1999 年版，第 100—101 页。

② 王心喜：《杭州史前文化研究》，人民出版社，2007 年版，第 34 页。

③ 赵晔：《余杭良渚遗址群聚落形态的初步考察》，《东南文化》2002 年第 3 期。

④ 周膺：《良渚文化与杭州城市精神》，《中共杭州市委党校学报》2008 年第 2 期。

者周膺指出："杭州的地域扩展因袭了良渚文化先民设计的模式，杭州的城市发展格局也是良渚遗址的某种延伸和发展。后来杭州城市文化良渚文化具有十分相似的品格，杭州的历史兴衰与对良渚文化的不继承和取舍有内在的相关性。"[①] 显然，杭州最大限度地继承了良渚文化的这种环境地理选择和发展模式。

良渚文化古城注重空间格局与自然环境的理性化规划设计，是杭州发展成为山水城市的文化精神源头。良渚文化古城虽然选择在丘陵环绕的水网平原中间主要以人工堆土筑台的方式建城，但其对自然环境没有过度改造，而是巧妙利用自然地势进行合理安排城市空间和建筑，所有建筑物均因势而定，而不对周边山系、水系和生态环境进行破坏性利用，从而保持着与自然环境的良性循环。"即便如莫角山、瑶山、汇观山、反山等重要建筑群或建筑物基址，也只利用自然山势或土墩适当加高或修整，凸显崇高神秘意象不露痕迹……从历史学、美学、人类学等角度看，良渚遗址是具有突出的普遍价值的自然与人工相结合的考古学文化遗址。"[②] 总之，良渚文化古城在城市空间利用上非常注重与自然环境的理性和谐。受其影响，杭州充分利用西湖与河网系统布局城市空间，形成山水与城市空间的环境互补、自然水网系统在城市生活与环境美化上的积极参与。"对城市水利的改造，也创造了杭州的城市审美文化。白居易和苏轼为疏浚西湖而筑'白堤'与'苏堤'，尤其'苏堤'在保障杭州市民的生产、生活用水和郊区农田灌溉的同时，也沟通了西湖的交通，便利人们游湖赏览。堤上的亭台楼阁、孔桥与夹道桃柳、芙蓉交相辉映，为西湖新添了'苏堤春晓'这样诗情画意的景观。游赏西湖成为杭人区别于乡村社会实用功利的一种城市审美生活方式，提高和丰富了杭州城市文化的层次与内涵。"[③] 良渚文化在文明起源阶段的这种理性化空间利用的思想，成为后期杭州城市在相似地理条件下选择控制规模、侧重精细化设计城市内部空间发展的远古源头。

良渚文化所形成的生产生活方式和文化精神是杭州城市文化的源头。

---

① 周膺：《良渚文化与杭州城市精神》，《中共杭州市委党校学报》2008 年第 2 期。

② 周膺：《良渚文化与杭州城市精神》，《中共杭州市委党校学报》2008 年第 2 期。

③ 李正爱：《从城市史看杭州城市文化的发展》，《南通大学学报（社会科学版）》2011 年第 4 期。

良渚文化以制作精良的穿孔石器工具为主进行稻作农耕和渔猎生产，创造了一种发达的史前技术文明和多元的生产生活方式。“良渚文化发达稻作农业，为人们的生活提供了丰裕的物质基础；先进的石器制造、制陶业、木作等专业技术，促进了综合生产力水平的极大提高。”[①] 后世杭州人水田稻作和桑基塘渔的复合农业模式，以及先进的丝织印染工艺，都在很大程度上是对良渚文化先民生产生活方式传承和创新的结果。比如西溪湿地自宋代开始经过人工开拓变成次生湿地，在此基础上建立起的生产性农业自然生态，也与良渚文化先民的理性环境意识相承接。良渚文化的丰富水网系统所建立的开放性城市资源交换系统和贸易意识，则是杭州人依赖运河和水网系统运转城市，发展内外贸易，形成行商传统皆为史前城市文化精神的深化体现。

良渚文化所创造的文化精神，也是杭州城市文化精神中潜隐着的文化基因。以玉器为核心的发达的神巫宗教体系，不仅是良渚文化的社会组织和政治权力结构的现实基础，也体现了人们崇高坚定的精神观念，对于早期吴越文化的影响特别深重。一方面，以巫通人神的观念和以神秘宗教建立起的尚武强权，使人们在精神上果敢勇武而不畏死亡。这对杭州城市发展的早期精神影响尤其深刻。史载吴越之民素有果敢勇决和好信巫鬼的文化风尚，恰恰是对良渚先民发达神巫宗教观念的直接沿袭，这也是杭州早期城市文化的精神本质。另一方面，良渚文化崇拜神巫，投入大量人力、财力堆筑神秘祭坛和以大量玉器厚葬，塑造了早期杭州城市文化的深层心理意识。正如考古学家在反山遗址研究中指出的，“选择地理位置上的‘风水宝地’营建祭坛和墓地，不可能是随意的行为，在盛行‘神’‘巫’观念和活动的良渚社会，选择营建祭坛和墓地的地点，也许会有非常复杂、隆重、神秘的礼仪过程。这种过程的情景我们无法复原，但可以肯定，确定反山的位置，是掌握着社会统治权的最高贵族阶层的遗址，具有增强社会凝聚作用和巩固统治地位的重大意义”[②]。大力筑造雄伟神秘的祭坛，除了凝聚社会和巩固政治权力外，还有塑造社会文化心理的作用。这

① 浙江省文物考古研究所编：《良渚遗址群考古报告之二：反山》上册，文物出版社，2005年版，第369页。

② 浙江省文物考古研究所编：《良渚遗址群考古报告之二：反山》上册，文物出版社，2005年版，第369页。

些祭坛及其蕴含的浓厚神秘宗教色彩，不仅说明了良渚文化的社会形态与精神文化的发展程度，也奠定了后来杭州城市文化精神的基质。自古以来“信巫鬼，重淫祀”[①] 是江南社会的基本文化特征。而后世杭州人崇信佛教、广建寺庙，恰恰是因为有崇信神巫的精神渊源。

基于神秘神巫宗教建立起来的发达玉礼器文化，以其浪漫、精细、生动的工艺美学，开启了后世杭州城市文化的诗性审美品格。杭州出土的大量精美玉器，被考古学界公认为是良渚文化中制作最精美和最贵重的文化遗物，其工艺水平更是达到巅峰。良渚文化先民将玉礼器作为一种天地的象征，它们是原始信仰中先民对灵物或某种自然崇拜的物化写照：“玉器制作从采掘玉料、搬运、开料、制坯、雕琢、打磨抛光等一系列生产过程，需要消耗大量劳动力，又是体力和脑力劳动结合的复杂生产，而且必须在研究的组织管理机制和‘神’‘巫’观念统筹支配的控制下完成。”[②]不仅如此，良渚文化的玉器生产不仅蕴含着丰富的政治、宗教、道德内涵，还昭示着一种独特的思维方式和美学精神。考古学家指出：“反山墓地随葬品中的玉、漆、丝、象牙等器，都属于稀少、珍贵的物品，制作成器又是复杂的劳动与日常的生产、生活需要无关，可以说不是一种物质需求，而是精神上、观念上的追求。”[③] 而“在制作工艺上的高度艺术化以及心理意识上的玉器崇拜心理，后来弥漫于整个江南社会的巫风以及浪漫神奇的诗性审美精神，都在很大程度上与良渚文化时期的玉石文化的繁荣相关”[④]。后世的杭州城市文化尤其注重在日常生活中实现审美自由，追求细腻精美的审美化、艺术化，与良渚文化玉器文化的精致追求相契合，与玉礼文化精神相契合。例如，杭人对于饮食的不懈追求，不仅品名雅致，其制作工艺也极为精巧细腻，尽显艺术美化之情趣，体现了玉石文化精神的千年传承。

良渚文化既是人类文明兴起时期城市文化的成熟典范，更是杭州文化的早期源头，对杭州城市文化精神的发展有着深远影响：“良渚文化恰恰

---

① 班固：《汉书·地理志》，中华书局编辑部点校，中华书局，1962 年版，第 1666 页。

② 浙江省文物考古研究所编：《良渚遗址群考古报告之二：反山》上册，文物出版社，2005 年版，第 369 页。

③ 浙江省文物考古研究所编：《良渚遗址群考古报告之二：反山》上册，文物出版社，2005 年版，第 374 页。

④ 张之恒：《长江下游新石器时代文化》，湖北教育出版社，2004 年版，第 131 页。

是杭州最为珍贵的原生地域文化，也是中国文明起源阶段最重要的文明形态之一，它对整个长江下游环太湖流域地域文明乃至夏、商、周三代文明具有深远的影响。良渚文化所表现出来的精神特质，是隐含于杭州固有城市精神中最有价值的部分。”[①] 可以说，良渚文化是研究杭州城市文化，乃至整个江南城市文化的重要起点。

二、杭州城市文化的历史流变

从秦设余杭县开始，杭州有着两千多年的悠久城市发展史。而在漫长的历史过程中，杭州城市文化一直随着历史环境和时代精神的变化而不断塑形和演变，形成了五个文化发展阶段：一是从先秦至秦汉时期，是杭州城市文化形成阶段，其文化由勇武而文雅；二是魏晋南北朝时期，杭州城市文化逐渐实现文化转型阶段，其文化精神由尚武好勇转变为尚文好礼。三是隋唐至于北宋时期，东南名郡，商业文化兴起，开启了中国湖山游赏的城市文化审美风气。四是吴越国至两宋时期，杭州上升为“东南第一州”，经济—文化型的城市功能定型，形成了高度发达的都市文化娱乐消费体系，建立起自觉的文化审美意识，进入城市文化发展高峰。五是明清时期，杭州城市文化的全面成熟期。杭州以吴越文化为城市文化精神表征融入江南文化体系，杭州始终成为江南文化血液的重要供给者和文化精神的核心，至今是当代长三角城市群城市文化的重要组成方面。

从先秦到南北朝时期，是杭州城市文化的早期形成阶段。杭州是春秋时期吴越文化交汇地，呈现为典型的吴越文化形态。一是以“饭稻羹鱼”为主要生产生活方式，以“鱼”为文化图腾，富有水一样的文化柔韧性，具有典型的鱼稻文化特征。二是滨海靠江，人们与海洋、江湖不断打交道，获取资源，具有刚毅坚韧、冒险进取的精神气质。越王勾践曾言：“越性脆而愚，水行山处，以船为车，以楫为马，往若飘然，去则难从，悦取敢死，越之常也。”[②] 这一民风在汉代体现为严子陵的不合世俗的独立

① 周膺：《良渚文化与杭州城市精神》，《中共杭州市委党校学报》2008 年第 2 期。

② 赵晔：《吴越春秋》卷十“勾践伐吴外传”，徐天祜音注，苗麓校点，江苏古籍出版社，1999 年版，第 176 页。

精神，和枚乘在《七发》赋中所表达出来的大胆讽喻精神。三是以断发纹身为美学趣味，以刚勇尚武为主要文化精神。这时期杭人仍然秉承了夷越旧俗，“断发纹身，倮以为饰”为美，崇尚勇武观念。《史记》记载：“元年，吴王阖庐闻允常死，乃兴师伐越。越王勾践使死士挑战，三行，至吴陈，呼而自到。吴师观之，越因袭击吴师，吴师败于檇李，射伤吴王阖庐。”[①]《汉书》也写道：“吴、粤（越）之君皆好勇，故其民至今好用剑，轻死易发。”[②] 这种激越果敢、死不旋踵的文化性格恰恰是杭州早期城市文化的品格。

魏晋南北朝时期，由于“永嘉南渡”带来的巨大政治、经济和文化的冲击，杭州城市文化迎来了转型发展。魏晋时期北方的频繁战乱，导致大量人口南迁，尤其晋室的政治垮台导致“永嘉南渡”这样中国历史上第一次大规模人口南迁的出现。正如历史学家指出的，“永嘉之乱”以后，江南在政治、经济、文化、军事、艺术等各方面都受到了北方移民的冲击影响，江南也因此开始盛产人才。[③] 杭州在这一时期也被卷入这场声势浩大而影响持久的移民运动当中。此时杭州的城市经济也获得很多发展，尤其港口商贸逐渐繁荣起来使商旅云集，店铺林立，市场密集，许多日用品开始形成专门交易市场。而商业的发展促使杭州由秦汉时期的军事交通城市向商业贸易型城市转换。这些进一步影响了杭州城市人文结构的变迁与文化品格的塑造。

“永嘉南渡”的最大后果是造成“江南轴心期”的形成，即江南人的文化精神和思维意识的彻底转变。在强烈文化心理和自我意识巨大冲击下，江南人不得不重新审视自我，以塑造新型的文化品格应对现实的严峻挑战。此时越人“饭稻羹鱼”“火耕而水耨”的生产与文化传统转变为更先进的农耕文化方式。而在异质文化、经济的强烈刺激和广泛融合下，江南文化逐渐形成了一种新的品格，其文化精神结构逐渐由尚武好斗向知书崇礼转型。这种转变可以在史志文献中得到印证。如《图书集成·杭州府风俗考》就描述说：“仁邑士子循循有礼，粥粥无能，人矜名节，家饬廉隅，键户下帷。惟知读书稽古，此皆昔人诗书之泽，贤父兄教诲不倦之力

---

① 司马迁：《史记》，中华书局编辑部点校，中华书局，1982年第2版，第1739页。
② 班固：《汉书》，中华书局编辑部点校，中华书局，1962年版，第1667页。
③ 葛剑雄主编：《中国移民史》第2卷，福建人民出版社，1997年版，第413页。

也。若夫抗粮武断，则亦此邑之所绝无，而仅有焉”[①]。这时期杭州社会在文化观念上已经发生了很大的转变，人们将诗书礼仪等文化知识视作文化精神的必然追求，整体上呈现出由尚武好勇转而为尚礼崇文，甚至有点看似柔弱的民风。

一方面，人们日益重视感官享受，将音乐、饮食、车马、田猎、游宴、观涛等作为日常享乐的愉悦对象。另一方面，人们还将越人原本的果敢坚毅的冒险精神转变为自觉自由的审美探索精神，开启了中国以东晋散文家吴均和诗人谢灵运为代表的从自然山水审美中追求精神自由的美学先河。正如有学者指出：“越地是我国山水文化的策源地。中国山水诗形成于六朝，山水诗的创始人谢灵运，其诗的兴感多得力于会稽、永嘉的山水；现存最早的山水赋是玄言诗人孙绰的《天台山赋》，也刻画了越地山水的灵气；山水散文小品创立人吴均和‘吴均体’均以越地山水为表现对象，风格清新秀丽；东晋画家顾恺之在描述会稽山川之美时，以‘千岩竞秀，万壑争流，草木蒙笼其上，若云兴霞蔚’来作形容，可见越地山川在艺术家眼中的审美。山水与越地艺术结下不解之缘，这个趋势一直保持到当今，充分显示了越文化的个性。这种个性很大程度上是山水相依的自然特性，一种水的灵性。”[②] 在山水中实现审美自由的精神恰恰是杭州人吴均等率先开创和建立起来的，彰显出越文化艺术中的超拔脱俗和空灵自然。宗教文化方面，这时期杭州改变了原始的神巫信仰，由图腾崇拜转向道教、佛教的信仰。下层民众普遍接受佛教、道教思想，上层名门世族则积极推动其传播，佛教的天台、唯识、华严、禅宗和净土等早期思想在杭州都广为流行[③]。

“江南轴心期”的文化转型和自身特色的形成，重塑了杭州城市文化品格和精神气质。杭州由此逐渐摆脱了粗犷之气，转而以温雅儒婉为精神追求，逐渐积淀为杭州城市文化的审美诗意基因。

隋唐时期，杭州经过前期的积累和此时期的迅速发展，一跃为东南名郡。随着隋开皇九年（589）将郡治从灵隐山麓迁移到钱塘江边，杭州城

---

① 龚嘉儁、李榕等:《（光绪）杭州府志》卷七十四“风俗一”，陆懋勋，董鎏等续纂修，吴庆坻，唐詠裳等重纂修，成文出版社，1974 年影印版，第 1499 页。

② 高利华:《越文化孕育的自然环境及其文化特色》,《绍兴文理学院学报》2007 年第 5 期。

③ 滕复等编著:《浙江文化史》，浙江人民出版社，1992 年版，第 114 页。

的政治地位和城市功能也相应改变，由单一的军事变为集政治、商业和交通于一体的综合性城市，为后来的杭州奠定了经济发展的基础。而隋代大运河的开通，尤其江南运河的连通，让杭州成为江南地区经济重镇，海外贸易的首要港口。到中唐时期，城中出现商船云集、店铺林立，杭州迅速发展成“骈樯二十里，开肆三万家”[①]的巨大规模，成为“咽喉吴越，势雄江海”[②]的东南名郡。杜牧曾赞誉“钱塘于江南繁大，雅亚吴郡”[③]。随着商业贸易繁荣，和商人、手工业者、仕宦、僧尼道姑等小市民阶层初步形成，杭州形成浓厚的商业文化气息。这时文化观念上人们开始突破重农抑商的思想，城市空间布局、市场启闭时间等出现打破唐代严格坊市分隔、禁锢的迹象。城市空间和时间的管理的初步松弛，特别是夜市的兴起和繁荣，让杭州市民的文化心态更具有开放性和进取性。

这一时期，杭州社会文化观念也更趋向于敦厚儒雅，艺术与审美文化逐渐兴盛。《隋书·地理志》说：“……川泽沃衍，有海陆之饶，珍异所聚，故商贾并辏。其人君子尚礼，庸庶敦厖，风俗澄清，而道教隆洽，亦奇风气所尚也。”[④]社会文化性格彻底摆脱了轻悍好勇的特点，呈现为尚礼文雅的气质。文化艺术有了很大发展，在诗歌、音乐、书法和绘画等领域都出现了一批有创造性的大家。白君易被贬杭州后，经他悉心调教下，杭州乐妓的娱乐歌舞也开始闻名全国，出现了樊素、小蛮、玲珑等著名歌舞乐妓。白居易携妓游赏西湖、诗咏西湖的秀丽多姿风光，则开启了杭州以西湖为游赏对象的湖山审美文化的兴起。尤其白居易为疏浚西湖而筑白堤，再加上北宋苏轼修筑的苏堤，既便利了人们游湖赏览，又创造了新的诗画景观。“游赏西湖成为杭人区别于乡村社会实用功利的一种城市审美生活方式，提高和丰富了杭州城市文化的层次与内涵。”[⑤]

从吴越国到两宋时期，杭州城市发展进入了快速提升阶段，社会经济

---

① 李华：《杭州刺史厅壁记》，载董诰等辑《全唐文》卷316，中华书局，1983年影印版，第3206页。

② 李华：《杭州刺史厅壁记》，载董诰等辑《全唐文》卷316，中华书局，1983年影印版，第3206页。

③ 杜牧：《杭州新造南亭记》，载董诰等辑《全唐文》卷753，中华书局，1983年影印版，第7810页。

④ 龚嘉儁、李榕等纂：《（光绪）杭州府志》卷74“风俗一”，陆懋勋、董蓥等续纂修，吴庆坻、唐詠裳等重纂修，成文出版社，1974年影印版，第1499页。

⑤ 李正爱：《从城市史看杭州城市文化的演变》，《南通大学学报（人文社会科学版）》2011年第4期。

高度繁荣，成为“东南第一州”，其城市文化发展也达到高峰。在这个时期，杭州城市文化的文化形态、文化品格和精神内涵也基本确定下来。从文化形态和文化品格来看，这时期杭州城市文化呈现出如下的特征。

第一，社会崇文重教与商业文化观念浓厚。早在六朝时期，杭州的文化教育就相当发达，至两宋，尤其南宋时成为全国文化教育中心，官学、私学的数量众多。私学教育广泛分布于坊巷之中，往往“每里巷须一二所，弦诵之声，往往相闻”，出现“冠带诗书，翕然大肆”[①] 的文化景观[②]。整个社会崇儒重教的文化氛围，使许多富商受浸染熏陶，热衷兴建书院、投资教育事业。而这一风气对当时江南其他地区产生着强大的文化辐射作用，对明清时期江南地区形成崇儒尊学、儒商结合的人文传统具有深远影响。因此，杭州物质经济和精神文化都走向了繁荣，彻底转型为经济—文化型的典型江南城市。

第二，社会重商思想日渐流行。这时期随着城市工商业、海外贸易的繁荣和城市管理制度的自由宽松，社会重商思想日渐流行。正如有学者指出的：“越来越多的人参与商业活动，尤其是南宋时，几乎波及社会各阶级和各阶层。”[③] 人们在观念上日益突破重农抑商的思想，对商人和经商的态度有较大的包容性。繁荣的工商业和开放的文化观念又刺激了杭州都市文化的消费化和娱乐化发展和繁荣，成为宋代杭州都市文化最突出的特征。

第三，佛教文化盛行。在人称“江南佛国”的吴越国时期，杭州市民广泛信仰佛教，广建几百座的佛寺佛塔，并开凿多处佛像石窟。两宋时期，杭州的佛教文化愈加兴盛，《都城纪胜》曾说：“凡佛寺自诸大禅刹，如灵隐光孝等寺，律寺如明庆灵芝等寺，教院如大传法慧林慧因等，各不下百所。之外又有僧尼廨院、庵舍、白衣社会、道场奉佛处所，不可纪胜。若大寺院有所营修，则于此地招集前去助缘，其间有精修能事者。”[④]

---

① 洪迈：《容斋随笔四笔》卷5“饶州风俗”条，载进步书局辑《笔记小说大观》第6册，广陵古籍刻印社，1983年影印版，第329页。

② 灌园耐得翁：《都城纪胜》“三教外地”，载孟元老《东京梦华录》，中国商业出版社，1982年版，第16页。

③ 陈国灿、奚建华：《浙江古代城镇史》，安徽大学出版社，2003年版，第94页。

④ 灌园耐得翁：《都城纪胜》“三教外地”，载孟元老《东京梦华录》，中国商业出版社，1982年版，第16页。

以灵隐寺、“三天竺”禅寺、径山禅寺等为代表的佛寺盛极一时，地方官员、文人与禅僧建立起广泛的诗文互动。被贬到杭州做太守的苏东坡就经常到各寺庙。“地方官员与佛门结交，是当时杭州地方上一个重要的文化传统”[①]，禅茶文化逐渐兴盛，源于径山寺的茶宴传播到日本，发展成为日本茶道文化。佛教文化的发达，又推动了雕刻印刷业的发达，使杭州成为全国最重要的印刷业中心。这又为临安藏书楼的发展提供了重要基础，刺激了官私藏书的风行，先后涌现了如钱惟治、钱昭序、钱勰、关景仁、周密、文莹、陈起、陈思、钱昱等一大批著名的藏书家。

第四，城市娱乐文化活动发展日趋成熟与娱乐市场形成专业化发展。这时期，杭州城市娱乐活动突破了为特权服务的限制，新兴市民阶层成为城市文化娱乐消费的主要主体，城市文化消费呈现出娱乐化、商业化、大众化的特征。在市集中听说书、说话，在瓦肆看戏，街头看杂耍百戏，成为杭州市民的日常主要娱乐。如杭州的一些民间俚语小调，经过文人加工创作后，发展成当时的城市流行音乐。尤其在南宋时，临安城市娱乐文化发展到了成熟阶段，出现瓦舍勾栏等成熟的专业娱乐市场和专业化队伍，形成了由货郎式流动市场、娱乐集市、娱乐常市到专业市场完整市场体系。[②] 除此之外，杭州还形成了以节日庙会为主体的丰富的习俗性文化消费。如元旦《梦粱录》记载：“不论贫富，游玩琳宫梵宇，竟日不绝。家家饮宴，笑语喧哗。此杭城风俗，畴昔侈靡之习，至今不改也。”[③] 南宋杭州重大节日从一月到十二月从不间断，如元旦、立春、元宵、清明、七夕、中秋、立冬、除夕等，以及许多皇家重要庆典，都成为临安城内上至王室贵族、文人雅士，下至商贩走卒狂欢的消费节日。钱塘观潮和西湖览胜则成为杭州城市文化消费的独特地方景观，尤其西湖览胜发展成为明清时期杭州城市诗性游赏文化的主要内涵。

这时期杭州城市的文化娱乐消费可以说充分展现了文化生产和消费的自律性，对于培养杭州城市人文精神的审美诗性自觉打下了坚实的文化基础。其在杭州城市文化精神结构的影响体现在以下几点。

---

① 王旭烽：《杭州史话》，杭州出版社，2000年版，第187页。

② 龙登高：《江南市场史——十一至十九世纪的变迁》，清华大学出版社，2003年版，第113—114页。

③ 吴自牧：《梦粱录》卷一“正月”，载孟元老《东京梦华录》，中国商业出版社，1982年版，第1页。

第一，社会整体上崇文重教和重商思想并重，人们的思想观念变得开放包容，促使杭州城市文化精神结构形态发生转型。正如学者比较唐宋时期的长安与杭州时所言："虽然长安和杭州都是人口众多的巨型都市，但它们所拥有的城市生活方式却正好相反：前者拘谨，保持着皇家气度；后者散漫，追求着时尚新潮。"[①] 杭州的城市文化呈现出淡化政治伦理、高度重视个体生命和精神自由的特征。这时期杭州虽然两度成为国家的政治中心，但人们却对政治自觉采取远离的态度，转向物质的享受和感性满足。许多文人与政治家热衷于参佛和与禅师交往，以逃避过于沉重的政治感和困顿的现实生活给精神造成的负担。

第二，发展出以实现生命的精神自由为目的的自觉文化审美意识。在繁荣的文化消费强烈刺激下，人们将文化消费视作为日常生活的必需内容。《东京梦华录》记载："虽陋巷贫窭之人，解衣市酒，勉强迎欢，不肯虚度；或贵家结饰台榭，民间争占酒楼玩月，丝篁鼎沸，近内廷居民，夜深遥闻笙竽之声，宛若云外，闾里儿童连宵嬉戏，夜市骈阗至于通宵。"[②] 正是在这种将文化消费当作生活必需品的审美体验中，来自城市生活的紧张压力得到消解，形成了高度发达的都市文化娱乐精神。人们热衷于从湖山游赏和文化艺术的审美体验当中获取积极的生命体验，这也使西湖成为日费千金的"销金锅"。许多政治人物和文士往往将艺术创作和山水游赏作为自身收放心灵的自由场所，从而使得以描写自然山水为内容、以展现恬淡自由的精神价值的宫廷画派走向成熟。如吴越国王钱镠虽然出身粗贱但却高度重视艺术创作，将大批书画家招揽到杭州发展，他本人也成为一个画竹高手。以李唐之、马远、夏珪等为代表的南宋画院画家以山水为主题，创造出一种淡雅宁静的审美趣味和风格，将艺术作品变成了寄托生命自由的场所。

第三，形成了以精致和细腻为主要内涵和特征的审美趣味与文化精神。这既体现在日常生活的物质消费层面，也体现在文化艺术的精神创造层面。据《武林旧事》记载，南宋初名将张俊宴请宋高宗赵构的菜单极为精致与奢侈，菜肴、果品、糕点、饮料等多达200多种，筵席从早到晚分

---

① 段义孚：《恋地情结》，志丞、刘苏译，商务印书馆，2018年版，第263—264页。
② 孟元老：《东京梦华录注》，邓之诚注，中华书局，1982年版，第165页。

成六个回合进行，其间穿插送小菜、点心和水果、酸咸等，还有繁复的劝盏进酒的程式。[①] 不仅帝王将相如此奢华，就连杭州的中产阶层家庭也十分讲究生活的精致细腻。据南宋洪巽《旸谷漫录》记载，杭州中下户厨娘"其治葱齑也，取葱微彻过沸汤，悉去须叶，视碟之大小分寸而截之。又除其外数重，取条心之似韭黄者，以淡酒醯浸渍。凡所供备，芳甘脆美，济楚细腻，难以尽其形容"[②]。这种审美趣味和文化精神也充分体现在杭州城市的文化艺术生产上。例如吴越国在西湖边将台山和慈云岭上开凿的摩崖佛龛石像雕刻极为精细，造型丰满，表情谦和慈蔼，线条流畅，浸染着晚唐时期雕刻艺术的审美风格，艺术水准登峰造极，形成了具有江南独特气质的典型艺术风格。[③]

这时期，杭州城市文化呈现出自由开放的特征，社会思想彻底转向崇文尚美，都市文化消费观念，在物质文化消费上都倾向于"求美、求丽和求乐"。在文化审美上的高度审美自觉性、对精致细腻的审美趣味和文化精神的追求奠定了明清时期江南文化的基本美学精神内涵和特征。杭州是江南文化的主要建构者，也引领了这一时期整个江南城市文化发展的精神方向。

明清时期，杭州的政治地位显著下降，但随着资本主义商品经济萌芽的兴起和发展，杭州经济和文化却全面繁荣起来。正如成化《杭州府志》所云："吾杭为东南江海重藩会区，土地之广，人民之众，物产之富，贡赋之重，山川清淑，人民英明，宫室城池之壮，商贾货财之聚，为列郡雄。"[④] 著名学者傅崇兰指出："由于杭州是明清时期大运河南端的货物集散中心，商业更加发展，商贾人口日益增多，致使商贾人口较其他人口居多。"[⑤] 这时期，杭州的新兴市民阶层形成，大量城市手工业者、小生产者、文化生产与服务者和新兴商人等成为城市中坚，在同苏州、南京等江南都市日益紧密的联系中，江南都市群逐渐融汇繁荣起来。在江南都市群的市场机制和分工下，杭州建立起以桑蚕业为基础的商品经济专业化市

---

① 周密：《武林旧事》卷 9，钱之江校注，浙江古籍出版社，2011 年版，第 186—201 页。

② 潘永因辑：《宋稗类钞》卷 7"饮食"，刘卓英点校，书目文献出版社，1985 年版，第 686 页。

③ 参阅滕复等编著：《浙江文化史》，浙江人民出版社，1992 年版，第 161—162 页。

④ 夏时正纂修：《杭州府志》，齐鲁书社，1996 年版，第 175 页。

⑤ 傅崇兰：《中国运河城市发展史》，四川人民出版社，1985 年版，第 231 页。

场，成为全国著名的丝织业中心。从人文气质与文化精神结构来看，明清时期的杭州基本延续了吴越至两宋时期城市文化的一切特征且有所强化。但需要指出的是，随着融入江南都市群，杭州也受到其他江南都市的经济与文化的深刻影响，在碰撞和交融的过程中既加速了吴越文化的融合，也进一步推动了杭州城市文化发展繁荣。因而，在新时代因素的作用下，明清时期的杭州城市文化也呈现出一些新的特征。

第一，社会普遍注重奢侈享乐，但力求实现日常生活的精致化和诗意化，以平衡物质与精神矛盾冲突。明清时代的杭州延续了两宋时期的繁华与奢侈，奢侈消费观念深入社会意识中。如万历《钱塘县志》说，“风俗自古浮薄而钱塘为甚，虽然室宇华好、被服粲然，而家无宿舂之储者十而九……其人厚于滋味”①，嘉靖《仁和县志》则说，“其俗工巧，羞质朴而尚靡丽”②。显然，人们早已将追求物质享受给感官带来的刺激性满足视作必然的生活方式，与古代中国注重节俭的传统观念存在明显差异。在追求奢侈享乐的同时，人们还极力将日常生活过得精致化和诗意化。如清初杭州著名文人李渔在《闲情偶记》中说：“富贵之家，如得丽人，则当遍访名花，植于阃内，使之旦夕相亲，珠围翠绕之荣不足道也。晨起簪花，听其自择，喜红则红，爱紫则紫，随心插戴，自然合宜，所谓两相欢也。寒素之家，如得美妇，屋旁稍有隙地，亦当种树栽花，以备点缀云鬟之用。他事可俭，此事独不可俭。”③ 李渔提出过日子不仅要满足于物质的占有，更要注重生活的品味，在细节追求中实现生活的诗意，是审美自觉意识的充分体现。李渔的这种诗意生活理念，正是杭州城市文化精神的最佳体现，也是明清时期江南文化内涵的精神本质。

第二，重农轻商观念被彻底颠覆，士商合流成为显著社会趋势，更加注重功利性的价值观念，儒商成为新兴社会文化力量。明清时期，社会思潮变革和大量士人的公开言利和经商活动，推动了杭州城市中士人与商人亲密交往，而大量富商喜好读书诗文活动，使商儒合流成为这时期杭州的一道亮丽风景。受重商观念的影响，杭州市民的价值观念更鲜明地呈现出

---

① 《钱塘县志·纪事·风谷》，成文出版社，1975年版，第557页。

② 沈朝宣纂辑：《（嘉靖）仁和县志》卷3“风土”，齐鲁书社，1996年版，第52页。

③ 李渔：《闲情偶寄》卷3“声容部·治服第三·首饰”，单景珩等点校，载浙江古籍出版社编《李渔全集》第3卷，浙江古籍出版社，1991年版，第130页。

个性化、开放化、物欲化和功利化。随着商人阶层社会地位的上升和注重读书，以及大量士人弃儒从商，“大江以南，新都以文物著，其俗不儒则贾，相代若践更。要之良贾何负宏儒，则其躬行彰彰矣”[①]。在商儒结合、主动文化认同中，“儒与商关系的嬗变，也促使儒与商逐渐融合，衍生出义与利双修兼备，翩翩有儒家风范的儒商”[②]。而杭州儒商发展成为新兴的特殊阶层，乃至成为全国领袖，其中最著名的便是清代红顶商人胡雪岩。而儒商在杭州城市文化建设与商业发展上扮演着积极的双重角色。商人数量和规模的凸显，又导致商人和手工业者作为新兴市民阶层的解体，商人和手工业者之间在经济上形成了具有资本主义萌芽性质的剥削与被剥削的关系。另外，由于市民阶层的自我意识萌发，开始提出一定的政治诉求和较明确的自由解放思想，以反抗过于残酷的政治和经济的压迫。

第三，市民阶层文化娱乐生活更为丰富多彩，人们不仅有了更为自觉的文化消费观念，还形成了为市民阶级趣味服务的文化生产和服务。明清时期，杭州市民阶层娱乐生活极为丰富，各种酒楼、茶馆、文化娱乐场所繁多，夜市也热闹非凡。清人范祖述在《杭州遗风》中曾记录杭州当时的声色娱乐各类繁多，除有各种戏曲外，还有南词、滩黄、花调、大书、道情、戏法、戈壁戏、木人戏、花鼓调、莲花乐声等。[③] 明清时期江南都市刻书业极为发达，市场上除了有大量官私刻印的经史典籍和名家诗文外，还有更多具有纯粹商业性和偏向于满足市民文化趣味的小说、戏曲等通俗文化消费品。如明代杭州藏书家洪楩所刻印的《六十家小说》（今残本题作《清平山堂话本》），冯梦龙编撰刻印的《绣像古今小说》、凌濛初编撰刻印的《初刻拍案惊奇》《二刻拍案惊奇》等白话短篇小说，以及大量翻印市面盛行的才子佳人、历史通俗演义等戏曲、传奇。这些通俗性的文艺作品，注重人物与环境的刻画，往往采用图文并茂方式刻印，有着较高的质量与审美设计，充分体现出市民趣味与需求对城市文艺生产的影响。而且，市民阶级的新价值观也深刻影响了当时的社会感情与心态观念：“从通俗性文艺作品的刊刻方向与内容看，既反映了江南社会市民文化消费的需求，也引导了市民文化消费趣味的变化与发展。更重要的是，此类图书的大

① 转引自张海鹏、王廷元：《明清徽商资料选编》，黄山书社，1985年版，第484页。
② 刘士林等：《振衣千仞：江南文化名人》，上海人民出版社，2010年版，第134页。
③ 范祖述：《杭俗遗风》，成文出版社，1983年版，第63—75页。

量刊刻出售，极大地推动和传播了新的市民思想观念和道德价值体系。”[①]

第四，明清时，杭州城市文化的全面繁荣和知识教育普及。文化教育上，不仅精英教育取得巨大成就，明清时期的杭州还成为江南科举考试人才最出色的城市之一，如在清代全国出进士最多的9个府中，杭州位居第一，其次为苏州，再次为常州。[②]“经世致用之学，在精英教育中也越来越受到重视”[③]，在医药、数学、天文、化学等诸多方面都涌现大批优秀人才。大众教育以及女性文化教育，在整个江南地区居于前列。杭州成为当时全国最著名的书籍刻印重镇，藏书家、藏书楼众多，书画鉴藏水平位居全国第一。他们收藏图书与书画艺术品不只是附庸风雅，而是以研究、整理、校雠和刻印为目的，这也对杭州城市文化乃至中国珍贵文献的保存、传承起到了至关重要的作用。这时期杭州的园林艺术也成为城市人文景观的一大特色，正如著名学者谢国桢所言“江南名郡，苏杭并称，苏城及各县富家，多有亭馆花木之胜”[④]。同时，杭州还是全国著名的戏曲中心，与苏州、湖州、扬州、南京等地同为戏曲活动的集散地。在诗文创作领域，明清时期的杭州是文士集会酬唱的重镇，孕育了大批文学名家。

总的来看，古代杭州城市文化无论在文化形态上、还是在文化精神方面，都随着历史的变迁而不断演变，但其精神内核秉承传统。从六朝时文化精神转向崇文尚美，再到好奢爱美之风渐起，至明清则日益奢侈华美，但不同者在于力求平衡物质与精神的和谐，以日常生活的精致化实现诗意生存。人们更自觉地把情感需求的感性实现作为文化消费的主要方式，力图在美的感性满足基础上实现精神自由，其文化精神更加突出生命自由的意义和精神的超越性。

三、杭州城市的近代文化形态

近代以来，由于铁路取代水运和上海的迅速崛起，杭州在江南城市群的重要性进一步降低、被边缘化。尽管如此，杭州依托钱塘江和杭州湾的

---

① 李正爱：《明清刻书业与江南城市的文化生产》，《浙江科技学院学报》2012年第2期。
② 李伯重：《八股之外：明清江南的教育及其对经济的影响》，《清史研究》2004年第1期。
③ 李伯重：《八股之外：明清江南的教育及其对经济的影响》，《清史研究》2004年第1期。
④ 谢国桢：《明清笔记谈丛》，上海古籍出版社，1981年版，第5页。

地理优势，以及积极引进近现代工业，杭州依然是杭嘉湖地区和钱塘江流域最重要、最繁华的都市。

在近代发展中，杭州对城市空间进行了开拓。民国时期将限制城市发展的旧城墙进行了拆除，逐步开展市政建设，这些对杭州的现代化和城市空间格局都产生了重要影响。1912 年，浙江省军政府拆除“满城”城墙，将原来旗营土地开辟为新市场，开通南北延龄路、湖滨路和东西迎紫路、平海街 4 条宽 7 丈的干道，又沿湖自南至北建设湖滨 6 个现代化公园，使商业与旅游业得以互相促进，开设了不少如新新百货店、建华西药房、云飞自行车行、圣亚美术馆、国华陈列馆、大世界、新新游乐场等这样的大商店、新式企业，推动了城市文化面貌的变化。这时期公路、铁路、发电厂、自来水、路灯等大量市政工程相继开展建设，尤其沪杭、杭甬铁路的相继建成和钱塘江大桥的竣工，为大杭州的发展创造了条件。民国时杭州已出现不少近代工业，如 1897 年创办规模较大的通益公纱厂，其后又陆续兴办起发电厂、火柴厂、造纸厂等。近代杭州市政建设的一个突出表现就是新兴商业区的形成，各类商业建筑与各式新兴娱乐场所组成了新的城市中心，便利、宽敞的街道促进了沿街商铺的繁荣，新的市场不断出现，由此也导致城市中心由过去威严的衙门官署转向繁华的商业街区。新的市政设施大大改变了城市外观和空间格局，使市民的生活环境得到了整体性改善。[①] 它使杭州保持千年的城市格局被打破，城内外形成了一体的交通联系，而新兴商业区的形成有力地冲击了原有的城市布局，促使了城市经济职能的强化与商业中心的合理转移，初步实现了城市发展的现代化。

而城市空间的现代化发展，造成文化风俗与思想观念的更新。据当时报道，“清时新年游玩，必取城隍山。民国后……城站有大舞台，旗营有影戏院、大世界等娱乐场所，城墙拆毁，辟为公园，西湖接近，仿佛如在城里。逛风景爱热闹的人都去湖滨，新年亲友相见，问‘去过城隍山、梅花碑否?’反倒不大说了。”[②] 这时期，新式的结婚仪俗也迅速取代旧礼俗，被社会广泛接受，视为新潮。如钟毓龙《说杭州》记载：“易跪拜而为鞠躬；易家庭而赁旅馆；易小礼而用证书；易媒妁而称介绍；易凤冠而披兜

① 毛燕武：《杭州城市近代化及其发展有限性（1896—1937 年）》，《杭州研究》2008 年第 1 期。

② 周峰主编：《杭州历史丛编之六・民国时期杭州》，浙江人民出版社，1997 年版，第 638 页。

纱；易花轿而坐汽车；易行人而用军乐；易搀伴而为傧相；易鼓吹而弹钢琴；易聘礼而换饰物（戒指）；易喜果而为纸花；易闹房而为演说。”[①] 甚至出现集体结婚，1935 年浙江救济院举办的集体结婚，郁达夫曾写一首《西江月》祝贺。可见在社会近代化的过程中，人们的风俗习惯和文化观念也在迅速发生变迁。

近代城市空间的拓展和工业化发展，使得杭州城市内部的区域职能分化逐渐明确。早在清初杭州城市空间就形成了较为专业性的经济功能区分。著名人文地理学家陈桥驿先生曾指出：“城门口附近和护城河桥头成为城乡物资的交换和集散中心。所谓‘南门柴，东门菜，西门水，北门米’，体现了杭州城厢间的职能分工。”[②] 而城区职能的分化与合作，对于保障城市需求和城市经济功能的发展都具有特殊意义。城市区域职能分工越明确、细腻，其相互间的合作则越深刻，避免同质竞争的同时，对促进城市产业结构的专业化、规模化发展也越有利。民国时期，杭州城区的这种专业化职能分工达到了极致，具有专业服务功能。上城区是杭州的休闲和行政区，集中了杭州几乎全部的茶行茶庄及纸行，政府机关也大多在此；中城区是繁华的商业和金融区，银行、公司、绸庄、银楼、旅馆、娱乐场所等都在这一带；下城区为工业区，举凡绸厂、丝厂、棉织厂、整理厂等都在此；西湖区为风景区，区内集中了大量的名胜古迹和风景点、博物馆等，还有大量的公馆和别墅；江干区是浙江土产贸易的中心，钱江上游来的山货、木材等和钱江南岸萧绍地区的商货都这里集散贸易；艮山区则是农业区，保障杭州城市蔬菜供应，同时也是杭州的铁路交通中心，沪杭铁路以此为终点；湖墅区是运河水运和贸易中心，这里是京杭大运河的终点，商贸相当繁荣。[③]

不过就城市文化精神结构的发展而言，无论是古典时代还是近代工业化都对杭州有着深刻影响。古典时代，由于长久的繁华安定与崇文尚美的文化自觉，积淀成满足于安逸享乐的文化性格。哪怕面对江山改易的重大政治情势，依然不改志趣。故而如法国汉学家谢和耐在评论蒙元占领临安

---

① 钟毓龙：《说杭州》卷 11 “说风俗 · 新式结婚”，浙江人民出版社，1983 年版，第 375—376 页。

② 陈桥驿主编：《浙江地理简志》，浙江人民出版社，1985 年版，第 477 页。

③ 参阅江南问题研究会编：《杭州概况调查》，内部资料，1949 年版，第 8—9 页。

时说："显而易见的是，直至兵临城下，杭州城内的生活仍是一如既往的悠哉闲哉。"[1] 这种文化性格既是杭州人的文化优点也是缺点。优点是，天然地对政治抱负和伦理责任采取排斥态度，避免个体的社会责任承担，而注重个体的感性与精神的愉悦，从而彰显个体的生命价值和精神自由。其不足则是耽溺于山水玩乐，满足于现状的享乐而无所进取。故而作家郁达夫曾将杭州人性格概括为："意志的薄弱，议论的纷纭；外强中干，喜撑场面；小事精明，大事糊涂；以文雅自夸，以清高自命；只解欢娱，不知振作等等。"[2] 在快速变迁的近代社会，杭州城市文化性格的古典品质自然难以适应充满挑战的时代，从而使其在近代工业文明的竞争潮流下无法跻身潮头，发展略显滞缓。

然而，杭州还有其文化的另一张面孔，并不全然是安逸享乐，还有冒险应变。向来海外贸易和京杭大运河商业竞争，是古代杭州城市兴起和发展的决定性因素，经济与文化的兴替演变无不受此影响。例如历史上杭州商帮素以冒险进取和讲究灵变著称，其商业文化品格恰恰是在此商战环境中锤炼形成的。近代以来，随着铁路兴起，杭州与上海之间铁路的贯通，杭州城市经济发展摆脱了完全依赖水运的单一形式，为城市近代化发展提供了新的动力。近代工业发展的竞争性对市场的敏锐性、前瞻性、务实性以及应变性思维的内在要求，激活了杭州传统文化中的冒险进取精神，在人们思想中产生直接而深刻的影响，使人们以更务实、更灵活的思维面对现实。民国时期杭州之所以能举办世界有影响的西湖博览会，恰恰是杭州城市文化的这种品格使然。而当代杭州更是中国民营企业发展的大本营，新型互联网电商模式的发源地，在动漫创意、休闲文化创新、文化创意等领域优秀表现，这些之所以能获得成功与近代杭州人形成的思维方式与价值观念不无关联，与民国西湖博览会的创新精神一脉相承。即使被视作耽溺的湖山游赏，也并非一无是处。春赏孤山梅花、苏堤桃柳、八卦田菜花、保俶塔看晓山、虎跑泉试新茶、西溪啖煨笋花；夏看苏堤新绿、三生石谈月、飞来洞避暑、湖心亭采莼；秋玩满家弄赏桂花、胜果寺满月、水

---

① 谢和耐：《蒙元入侵前夜的中国日常生活》，刘东译，江苏人民出版社，1995 年版，第 4 页。

② 郁达夫：《杭州》，载彰军选编《郁达夫作品精选》，广西师范大学出版社，1994 年版，第 158 页。

乐洞雨泉、六和塔夜风与潮；冬天于三茅山顶望江天雪霁、西溪道中玩雪、雪后镇海楼观晚炊、除夕登吴山看松盆等，明人高濂在《四时幽赏录》里列举的这些四季游赏，对于杭人来说就是生活不可割离的“日常”，始终富有盎然诗意。以山水游赏将日常生活诗意化，既是杭州城市文化的品味，也是最富有诗性的城市文化理念。而这恰恰是当代杭州最吸引人的文化品格，使其具备世界最宜居城市的底蕴。

四、杭州城市文化的诗性内涵与特质

从人类文明形态的历史来看，任何文明都是在一种地域性经验基础上形成的特定文化形态。正因为如此，美国著名人类学家吉尔兹才认为从地方性经验模式出发是我们对一种文化获得真正理解的有效途径。他说：“一个人对生活的感知当然表现在生活的各个方面，它不仅只是在其艺术上。它表现在人们的宗教观、道德观、科学观、商业观、技术观、政治观、娱乐观、法律观念，甚至表现在他们任何安排日常生活现实生存的方式上。关于艺术的讨论不应仅限于技术层面或仅与技术有关的精神层面上，它更重要的是大量融汇地导入和其他人类意图的表现形式以及塔门勠力维系的经验模式上。”[①] 也就是说，要理解一种文明的文化内涵，则需要从其生长的现实的与历史的地域经验基础上加以把握，才能正确理解和把握其精神实质，否则无异于盲人摸象，只会迷失在其文化的幻象里。

基于相似的认识，社会学家也特别强调地域要素、城市要素等地方性经验要素在地方文化构成中的重要意义，因为“地方是与限制连接在一起的：社区纽带、大家庭、传统以及局部的自然需求”[②]。进一步而言，从地方性经验出发把握和阐释文明对象，不仅有助于丰富我们深入接触文化对象的经验基础，也有助于了解文化发生的内在逻辑和文化精神的维系机制，从而真正理解其文化的历史内涵。杭州作为江南文化的城市典型，其城市文化是特定地方性文化经验基础上形成的文化形态。以此来看，杭州

① 克利福德·吉尔兹：《地方性知识：阐释人类学论文集》，中央编译出版社，2004 年版，第 124 页。

② 查伦·斯普瑞特奈克：《真实之复兴：极度现代的世界中的身体、自然和地方》，张妮妮译，中央编译出版社，2001 年版，第 30 页。

城市文化的内涵与特征主要如下。

第一，杭州城市文化本质上是以诗性智慧为思维方式的诗性文化。诗性智慧的思维方式不是以逻辑理性而是以感性直觉来理解和解决现实问题，以非对象化的方式与世界保持同一。杭州城市文化精神正是这种原始诗性智慧的延续。无论是良渚文化时期至先秦越文化时期，以好巫信鬼与尚武好勇、死不旋踵为习俗传统，还是魏晋以后建立的尚文好礼、崇文尚美的文化观念，都是其诗性智慧的不同呈现形态。另外，诗性智慧还有突出的形象思维特征，因而对现实对象特别容易以审美想象代替理性分析。这一思维特征在良渚文化的神巫宗教的玉礼器文化中得到充分发展，其突出的浪漫想象力和精致细腻、夸张生动的工艺美学，正是后世杭州城市文化追求细腻精致的文化审美品格的思维源流。杭州城市文化的早期文化思维和历史经验表明，以文化审美方式实现主体感性愉悦与精神自由是文化精神的基本内涵。杭州城市文化精神涌动着强劲的原始诗性文化精神。

不过需要指出的是，杭州城市文化的这种文化精神品格，与江南其他城市的文化有无不同?《吕氏春秋·知化篇》所言：“吴之与越也，接土邻境，壤交通属，习俗同，语言通。”[①]《吴越春秋》也说“同音共律，上合星宿，下共一理”[②]。至于生活习俗与生产方式，两者都践行的是“饭稻羹鱼”和“火耕水耨”。故史载：“楚越之地，地广人稀，饭稻羹鱼，或火耕而水耨，果隋蠃蛤，不待贾而足，地势饶食，无饥谨之患，以故呰偷生，无积聚而多贫。是故江淮以南，无冻饿之人，亦无千金之家。”[③]因而可知，在自然地理、人文地理上两者是紧密纽联的。而且，在当代文化考古发掘的远古文化遗址表明，无论是吴文化区域还是越文化区域都有着共同的文化源头——良渚文化，而杭州更是这一早期城市文化的成熟代表。由此可知，杭州与其他江南城市本属同源同种，两者在城市文化精神本质上本无不同。而整个江南文化都经历了由早期尚武好勇向后期的崇文尚美的转变，都以审美诗性为精神内涵，表明两者本质的同一性。而以政治—伦

① 许维遹：《吕氏春秋集释》卷23“贵直论第三·知化篇”，梁运华整理，中华书局，2009年版，第628页。

② 赵晔：《吴越春秋》卷5“夫差内传”，徐天祜音注，苗麓校点，江苏古籍出版社，1999年版，第86页。

③ 司马迁：《史记》卷129“货殖列传第六十九”，中华书局编辑部点校，中华书局，1959年版，第3270页。

理为核心的诗性文化，压制人的审美自由的北方城市文化精神显然与此不同。

第二，注重日常生活的物质享受，奢侈消费观念发达。自魏晋以后，杭州城市经济逐渐繁荣，商业贸易日渐发达，到两宋以后达到经济繁荣的高峰。而繁荣的经济基础，令杭州无论日常生活还是文化消费都随之兴盛起来，奢侈消费观念也逐渐兴盛，西湖从南宋开始就号称“销金锅”。明人王士性曾指出：“杭俗儇巧繁华，恶拘检而乐游旷，大都渐染南渡余习，而山川又足以鼓舞之，然皆勤劬自食，出其余以乐残日。男女自五岁以上，无无活计者，即缙绅家亦然。城中米珠取于湖，薪桂取于严，本地止以商贾为业，人无担石之储，然亦不以储蓄为意。即舆夫仆隶，奔牢终日，夜则归市骰酒，夫妇团醉而后已，明则又别为计。故一日不可有病，不可有饥，不可有兵，有则无自存之策。”① 足见杭人的消费观念有多么的发达。一方面，这种奢侈消费表现在人们对物质生活享受的感官欲望满足的追求，格外重视物质消费上的纷繁、精致、细腻和丰富。王士性所说的这种穷奢极欲的物质生活恰恰是古代杭州城市消费观念的一种极端化表现。另一方面，城市消费性商业的刺激和推动，加之市民阶层的崛起，文化娱乐成为一种必然的消费需求，也刺激了文化娱乐市场的繁荣。注重消费娱乐享受也就成为杭州城市的一大特色。人们通过时尚性、娱乐性的文化消费，不仅满足了感官享受，也消解了城市生活带来的精神压力。丰富的娱乐生活，则在一定程度上助长了杭州市民追求自由开放的文化精神。

第三，自觉的去政治化倾向，人们对政治-伦理的关注让位于日常生活的享受，让位于能实现自我自由的文化艺术追求。这种去政治化倾向在普通百姓身上主要表现为对物质生活的奢华、精细、雅致的追求和对狂欢式、娱乐化的文化消费的钟情，对社会道德伦理的相对轻视。也就是说，人们对自我小日子过得舒适与否极为在意，至于任何家国大事都抱着看戏的心态旁观而不过度介入。对于文化士人，除了追求精细雅致的物质生活享受外，还潜心于诗赋、山水、艺术等的沉溺逍遥，对社会现实政治有意疏远，常以张扬个性甚至叛逆的方式标榜自我，以避免卷入政治斗争的是

① 王士性：《广志绎》卷4“江南诸省”条，周振鹤点校，中华书局，2006年版，第265页。

非旋涡。如明人张岱就属于这一典型：“少为纨裤子弟，极爱繁华，好精舍，好美婢，好娈童，好鲜衣，好美食，好骏马，好华灯，好烟火，好梨园，好鼓吹，好古董，好花鸟，兼以茶淫橘虐，书蠹诗魔。劳碌半生，皆成梦幻。”[①] 张岱晚年在《自为墓志铭》中的自我批评，恰恰摹画了杭州文化士人的一般文化心态。至于政治人物，其实也同样具有鲜明的去政治化倾向。其最典型的代表则是南渡的南宋皇室，对恢复中原兴趣寥寥，而对筵会歌舞、节俗娱闹、山水游赏和书画等别有钟情。正因如此，南宋诗人林升才作“山外青山楼外楼，西湖歌舞几时休。暖风熏得游人醉，直把杭州作汴州！”（《题临安邸》），辛辣嘲讽南宋君臣偏安一隅、醉生梦死，表达强烈不满的政治态度。南宋君臣荒唐可憎的享乐主义，折射出政治人物对崇高而艰巨的政治责任丧失兴趣，而采取的一种逃避态度。即使是后世杭州的一般政治家也没有太多挤进政治中心的野心，大多以自放的心态寄情于山水游玩，或沉心于学问与交游。研究者指出杭州从来都是失意文人的栖居之地：“这些失意文人有三种类型，一种是如白居易、苏轼这样的持不同政见者，一种是如柳永这样的游离于政治之外者，一种则是如叶绍翁、周密这样的丧失故国者，不论哪一种，他们都处于主流的政治之外，这就使他们在失意之后获得了一种摆脱了政治伦理异化的诗意栖居。”[②] 即使像清初得宠名臣李卫，在杭州主政期间主要精力也不是在治政上而是在《西湖志》的修纂当中。因而，无论普通民众还是社会上层，杭州这座城市都表现出一种将政治边缘化的姿态。

第四，崇尚诗意化的个体生存和精神超越，以西湖游赏作为诗意生存的重要方式。杭州人不仅高度在意物质层面的精细与奢华，同样也十分重视个体精神的超越，把诗意化生存视作人生的价值归宿。而杭州人对个体精神超越的理解，在张岱关于“夜航船”典故的叙述中得以充分体现。刘士林在比较南北方对“夜航船”叙述差异时指出：“它们相同之处都是在夜晚的精神活动，所不同的是，夜航船上的谈论更加审美化，‘赋诗饮酒谈方技，听曲弹棋观异书’，是一种更接近于日常生活本身的诗性智慧。尽管知识比赛的失败者，也有伸脚与缩脚的区别，但那也纯是为了让生命

---

① 张岱：《琅嬛文集》卷5“铭”，云告点校，岳麓书社，1985年版，第199页。

② 刘永：《西湖游赏的诗性境界及其当代意义》，《江南大学学报（人文社会科学版）》2008年第6期。

的血肉之躯更加舒服一些。”[①] 在张岱的夜航船上，知识竞赛是纯粹为了精神愉悦而已，而不关乎现实功利需要，是为生命本身的一种自我释放。正因如此，杭州人在大自然的形式美的接触中就特别容易获得会心之感。吴自牧也强调说：“临安风俗，四时奢侈，赏玩殆无虚日。”[②] 南宋周密曾言：“西湖天下景。朝昏晴雨，四序总宜。杭人亦无时而不游。”[③] 可见，对西湖的游赏，早已深入到杭人的精神需要当中。自然，在西湖这一绝美自然山水文化景观的游赏中，杭人最能找到生命的自由感和生活的诗意性。一方面恰如苏轼所说：“吴越地方千里，带甲十万，铸山煮海，象犀珠玉之富，甲于天下，然终不失臣节，贡献相望于道。是以其民至于老死不识兵革，四时嬉游，歌鼓之声相闻，至于今不废。”[④] 杭人钟情西湖游赏是长期物质繁华与政治安定所赐予的礼物。另一方面，则是白居易、苏轼等文化先贤所开创的最能释放人的心灵自由的湖山审美的诗性结果。正如研究者所指出的那样：“西湖游赏是在杭州城市空间的背景中展开的，它之所以能够达到诗性的境界，是因为它受到杭州城市特殊的政治、经济、文化的哺育和影响。”[⑤] 在西湖游赏中，有诗酒美人、感时伤往和自然静观的三种诗性审美境界可以让人充分体验生活的诗意美感。静观西湖，人的精神能够达到一种自由超脱的境界。“西湖游赏的高朗静深的诗性空明境界则是一种出乎其外的境界。这一境界不沉醉于美人，不沉溺于酒，也不沉湎于一种感伤的政治情怀之中，而是超出了这一切，只含有一种空明的诗意。”[⑥]

总的来说，杭州城市文化的诗性内涵，既是其日常生活的物质奢华主义的享受和在世俗性眼光下的一种感性文化享乐，也是从精神超越的层面观照人生的诗意审美。在某种程度上，我们可以将之看作杭州等江南城市市民对人生诗意生活方式的追求，将日常生活审美化的结果，是人的生活

---

① 刘士林编著：《江南文化的诗性阐释》，上海音乐学院出版社，2008 年版，第 198 页。

② 吴自牧：《梦粱录》卷 4 “观潮”，广陵书社，2003 年影印版，第 95 页。

③ 周密：《武林旧事》卷 3 “都人游赏”，钱之江校注，浙江古籍出版社，2011 年版，第 49 页。

④ 苏轼：《苏轼文集》卷 33 “碑二·表忠观碑”，商务印书馆，1930 年版，第 40 页。

⑤ 刘永：《西湖游赏的诗性境界及其当代意义》，《江南大学学报（人文社会科学版）》2008 年第 6 期。

⑥ 刘永：《西湖游赏的诗性境界及其当代意义》，《江南大学学报（人文社会科学版）》2008 年第 6 期。

态度和审美趋向统一的文化精神。

五、杭州城市文化对长三角一体化的功能与作用

经过改革开放四十年来的融合发展，以上海为中心的江浙沪长三角城市群基本成熟，城市之间的协同分工的紧密程度越来越高，成为我国当代发展最快、城市化水平最高的城市群。2008 年 9 月 16 日，国务院颁布《关于进一步推进长江三角洲地区改革开放与经济社会发展的指导意见》文件，首次明确将长三角区域范围界定为江浙沪两省一市的全境，这为进一步加强长三角协调发展创造了政策性平台。然而，过去长三角形成的协同发展的良好态势主要是在经济产业领域，但是在文化领域，尤其是文化哺育经济产业发展上，仍然处于分散自立的低水平状态，这也严重制约了长三角城市群整体发展的全面提升。故而，要推动长三角更高质量一体化发展，就要利用好江南文化这一重要文化资源，以实现长三角整体发展的重大提升。正因如此，要实现长三角更高质量的一体化发展，就不能延续以往经济产业协调的老路子，而应从文化一体化发展新层面着手，通过长三角城市间精神文化的深层次融合来实现其更高质量的一体化发展。

历史上，杭州城市文化是江南文化的重要有机组成部分，自始至终与江南文化整体保持着同步发展。早在良渚文化时期，杭州就是领导者，是早期江南文化精神的发源地。其孕育成长在原始神巫宗教体系中的诗性智慧和浪漫张扬、精细生动的工艺美学，以及吴越文化时期断发文身、尚武好勇、死不旋踵的精神意识，始终是早期江南文化形态时期文化精神和美学品格的核心，引领着整个江南地区文化的发展方向。秦汉以后，在应对生存危机的过程中，虽然不再是文化的领导者，但杭州与其他城市一起慢慢酝酿着江南文化的新品格。尤其魏晋南北朝时期，杭州与其他城市一起缔造了江南文化的轴心期，经历一番无比痛苦的脱胎换骨后的精神觉醒，实现了江南文化的文化转型。正如我们所言："无论是在习俗、社会风气，还是在语言特征、民族心理、艺术创造上，都强烈地表现出了江南主体的自我转变意识。他们在精神上具有独特的江南地域特色，因此无论是走到哪里都能够以本地方的生活相自居，都有着极为鲜

明的自我认同感。”[①] 在这当中，恰恰杭州是作为这一文化觉醒的精神主体而参与构建的，生产出真正的审美—诗性精神主体。唐宋以后，尤其吴越国和南宋时期，杭州又重回江南文化的领导位置，在经济繁荣助力下，成熟的文化精神彰显出江南文化的特有价值内涵，去政治化和诗意审美的核心价值内涵初步确立。明清时期江南文化的那种注重感性审美，追求精致化和个性与诗意化生存、价值自由与精神超越的文化精神，正是在前一时期的基础上发展成熟的结果。

当下长三角要实现高质量一体化发展，不仅需要更高层次的经济产业协作，还需要深层次的文化理念融合来推动。但是，目前的长三角城市一体化对共同的文化精神建设的重要性还没有予以足够的重视。文化观念上还处于自顾自的隔离状态。这对加深长三角的协作发展造成了一定的障碍。另外，当代都市化进程加速，也造成“城市病”越来越严重，暴露出诸多严峻的社会问题。这也需要长三角各城市在文化上共同探索应对，才能更好地为促进一体化发展提供精神和文化支持。

杭州总体上可从以下几个方面深入文化融合协作，以促进长三角高质量一体化发展。

（1）加强与长三角其他城市之间的文化政策、文化发展战略上协同合作和文化资源的共享利用建设。要打破关起门来过自己舒适小日子的思维，积极从文化层面政策与文化发展战略制定上与长三角其他城市互动和配合，制定有利于整体协调合作互补的文化政策，共同推进长三角整体文化环境的提升发展和文化战略目标的定位。比如目前在推进江南文化资源研究方面，杭州在有关科研项目申报管理政策方面积极协助配合。但仅仅如此还远远不够，尚不能打破文化的壁垒，杭州还需要将这种政策合作进一步推广到所有文化领域。在一体化发展的高位上，杭州需向长三角所有城市开放可利用的文化资源，形成共同建设和开发利用的合作发展局面，充分利用已举办的G20峰会和即将举办的亚运会，在文化服务上充分调动其他长三角城市的参与度，并形成有利的文化合作模式和政策协调配合机制系统。

---

① 李正爱：《江南鱼稻文化与江南诗性精神》，《江苏大学学报（社会科学版）》2005年第1期。

（2）充分发展互联网和移动平台、数字文化生产基地，发展全网性的文化创新合作生产、经营、传播和消费。杭州是全国网络服务技术最先进的城市，在网络电商、大数据、云计算和网络金融服务领域都领先全国，拥有先进成熟的技术和服务体系。杭州还是全国数字文化生产的最大基地，在移动数字服务和互联网文化创新上拥有丰富经验，如互联网签约作家村、手机阅读、无人书店等，都处于前沿阶段。但是，这些文化创新，目前还主要局限在杭州地域范围内的创新和应用，十分局限。因此，打破网络文化生产与发展的地域思维限制，实现长三角区域范围的开放式合作发展，实现文化共创、共营，是杭州未来发展的重要方向。

（3）与长三角城市合作，做强做大文化创意、动漫产业和文化休闲旅游，从传统江南文化资源和文化价值理念中挖掘有深刻价值的文化因素，进行文化创意和内容生产，培育具有江南文化内涵的新的经济增长点。在文化产业和文化创意、文化休闲旅游等方面，长三角各城市都有自己的优势行业领域，杭州号称创意之都、动漫之都、宜居城市，在这些领域有较大的发展优势和潜力，但总体上各城市在产业领域上存在很多重叠和无序竞争，在一定程度上造成资本、资源和智力的浪费。江南地区历史上积累了丰富的文化历史资源和有价值的文化理念，如文学、艺术、历史、人物、传说和人文景观等，但这些元素在当代长三角文化产业和文化创意发展中的利用普遍都不理想，处在比较初级阶段。杭州应与长三角各城市充分合作，积极有效挖掘和开发江南文化的历史资源。在文化创意、动漫产业和文化旅游等领域共同培育江南文化资源，促进江南文化开发的整体提升和价值的广泛传播。

（4）多维打造“新杭州文化品牌”，有效整合良渚文化、吴越文化、吴越国文化、南宋文化、西湖文化、佛寺文化等丰富资源，将杭州传统精神文化资源转化成文化品牌。正如历史学者指出：“中国七大古都之一，以鱼米之乡、丝绸之府、文物之邦著称于世。杭州之美，不仅有秀丽的山水和独特的风貌，更在于它有深厚的历史渊源和历史文化积淀。”[①] 深厚的文化底蕴是一个城市悠久历史的璀璨结晶，也是未来发展用之不尽的文化资源。今天杭州在极力打造生活品质之城、休闲之都、宜居城市、环境友好

---

① 王心喜：《杭州史前文化研究》，人民出版社，2007年版，第1页。

型都市和文化之都时，都离不开对其城市历史文化资源的发掘利用与融合创新。

总之，杭州作为长三角城市群的南翼，其城市文化既是传统江南文化的主要传承者，也是当今长三角城市文化资源的有机组成部分。长三角发展需要像古代江南都市群发展那样逐渐生成新的可共建共享的精神文化资源，来为其一体化高质量发展不断提供精神动力，促进民心相通、情感相印和文化产业相合。杭州只有将自己的文化资源与长三角城市一起共享和共创发展，才能在未来江南文化的创新发展中发挥更大作用。

第七章
宁波篇：有一颗面向大海之心的江南城市

位于江南城市体系东南区域的宁波，是中国大运河的出海口，也是海上丝绸之路的起碇港之一。由于处于东亚大陆海岸线中点，有着面朝大海的天然优势，在唐宋元时即与泉州、广州被同列为东南大港。宁波历经唐宋以来频繁的对外经济和文化交流，最终成就了大气开放、兼容并包的海洋文化，勇于开拓、创新进取的宁波商帮精神，以及“知行合一”“经世致用”的浙东文化传统，是长三角城市群中极具典型性的海洋性城市。

一、宁波城市文化的起源

宁波文化的源头可以追溯到 7 000 年前的河姆渡文化，这也是长江文明的源头之一。河姆渡文化的鲜明特色即为海洋性。史前的先民能够刳木为舟，凭借独木舟从山海相连的自然停泊点出发，向海洋索取生活资料，并开拓对外交流空间。在河姆渡遗址中发现了迄今为止世界上最早的木桨，以及陶舟模型。从文化传播的角度看，河姆渡文化在北路影响中原、山东、朝鲜，以稻作、丝绸，家畜饲养为主；在南路影响西南、东南亚、大洋洲，以有段石锛、舟船、印纹陶器、干栏式建筑为主。或者说，河姆渡人肇始中国海洋文化，在新石器时代，即前丝绸之路时代，在太平洋西岸存在辐射性的石锛之路、干栏式建筑之路、木桨舟船之路、稻米之路、耕耜之路、语言之路、家畜饲养之路。

因为海侵等原因，在河姆渡文明的后期，文化发展滞缓，人口不断外迁。但河姆渡人及其后继的于越先民依然保持着自身发展的独特性。在漫长的过程中，他们逐渐了解了海域、气候、洋流，熟悉了海道航线，发展了观日月星宿知天文、辨岸丘岛礁识地理的船运本领，并建造起形体较大、航行性能较好的海船。他们的造船技术、数量一直保持着领先水平，《艺文类聚》有“周成王时，于越献舟”的记载。人们在靠近大海的河岸边建立水上交通枢纽。在商周时期，宁波平原可能还有一个较大的海湾，围绕海湾的几条河口，形成了几个较为著名的原始贸易的集市：鄮、鄞与句章。市邑里集聚了早期浙东商团与慕名而来的海外商人。“鄮”取贸易之义，位于鄞州区阿育王山东面，阿育王寺供奉的释迦牟尼真身舍利，相传是周敬王时从海道而来，西晋时从鄮山地下发掘所获。最著名的是句章城，在河姆渡遗址东去5千米的城山渡，即今天宁波江北区大西坝村一带，为东周时国内重要港口之一。勾践出于军事目的，把它建设成为一个军港。海洋贸易一定程度上支持了越国的实力，使越国有经海道北上山东琅琊的便利，以图谋霸业。越国大夫范蠡在吴越争霸成功后悄然隐退，选择泛海经商。相传他在宁波当时临海的潟湖东钱湖与西施有过一段浪漫的隐居，他离去的时候，钱多得放不下，故贮于湖底，于是这个湖有了“钱湖”“万金湖”之名。

楚威王败越、秦灭楚时，越人有几次较大规模的外迁，宁波慈溪达蓬山徐福东渡的故事可能是越人越海外迁故事的曲折反映。宁波鄞州区甲村出土了一块锋芒依然的春秋铜钺，现为宁波博物馆的镇馆之宝，上面雕刻着四位头戴羽冠划船人奋力挥桨前行的图画，刻画的正是当年越人水上航行的张扬气度。浙东海事民俗博物馆把它放大成雕塑，立在门口，将之作为宁波及之越地，向与大陆平行的岛链影响，甚至是大洋西岸文化策源地的形象隐喻。从这一时代开始，宁波作为大陆海岸线的中点，与南北洋流交汇的区域优势，逐渐显现。

这一时期的人口外迁与楚人、中原人迁入浙江同时发生，造成浙东宁波的人口构成剧变，并引起文化气质从粗悍狂野向温文柔雅的转向。尤其在西晋开凿西兴运河（即直抵句章的浙东运河）后，以儒道为核心的文化输入进一步加大。东晋时，以王谢家族为代表的士族迁入宁绍平原、四明山、天台山一带，浙东还一度成为全国文化中心。这一时代最杰出的创作，便是青瓷。浙东曹娥江两岸的人们，最先完成了中国从陶到瓷的飞跃。到东晋时，烧制中心转到宁波慈溪上林湖一带；五代后又在东钱湖一带烧制。随着时间的推移，生产的品种也日益增多，主要有碗、盘、壶、罐、钵、碟、唾壶、瓷塑、印盒等；质量也不断提升，到唐代制作出让人惊艳的秘色瓷。这一如冰似玉物品的诞生，交融着刚柔对立品质，显现着吴越文化的魅力。一方面说明强悍的越文明与敦厚的中原文明相互融合，另一方面意味着中华文明的成熟，多样化区域文明的形成，使中华文明既博大精深，又富有自新的力量。尤其是秘色瓷，皮日休赞叹："越人皆能造瓷器，圆似月魂堕，轻如云魄起。"陆龟蒙则以"九秋风露越窑开，夺得千峰翠色来"赞其神韵，故青瓷又有"千峰翠色"的代称。茶圣陆羽更是对青瓷推崇至极，他把青瓷杯泡四明山瀑布茶当作人生最高雅的情致。唐政府在上林湖设立官窑，为中国官窑的先声。吴越青瓷使中国日常生活告别了沉实厚重的青铜，走进轻盈灵动的审美时代，也成就了中国海外贸易的一个重要产业，是中国对外输出的最重要的物质文明之一，在中国海上丝绸之路的起初时代，影响着诸多国家。在日本、朝鲜、韩国、泰国、菲律宾（古称吕宋）、马来西亚，及至印度、西亚、非洲，都出土过唐宋时期的越窑青瓷。需求必然影响制作。所以，青瓷还自然地了刻上了海外文化的印记。在汉晋出土的堆塑青瓷器上，发现了大量高鼻、深目、虬髯的西亚人形象，以及大量佛教造像和代表佛教文化的莲花纹、摩羯纹装饰。随着青瓷风范的成熟、美名的远播，越来越多的人被吸引到这片土地，瓷的生产与销售自然越来越成为地域主题。区域里宽阔、密集的河道为瓷器运输提供了便捷的交通，如果能作千年的俯瞰，可以看到几条青色的脉流，顺着宁波三江平原的滋长，向着河海相接的三江口集中，最后在咸碱浸泡的荒凉的河滩地上，泊满了航船，开满了青色的花朵。

二、宁波城市文化的历史流变

从经济贸易来看，宁波城市在唐开元二十六年（738）的建立，是海上丝绸之路发展的结果。青瓷、丝绸、绿茶这三项中国特色产品的贸易，促进了港口的发展，也拉动了宁波农业生产的商品化，宁波进入实质性发展阶段，人口增多，城市文明得到发展。尤其是青瓷生产，从隋唐、五代到北宋，上林湖沿湖几十里炉窑遍布，形成了中国最早的手工产业集群地。宁波最初名为“明州”，因位于四明山之东而得名，初设鄮县、慈溪、奉化和翁山四县，鄮县县治与州治均在小溪镇，现海曙区鄞江镇。771年，鄮县县治从小溪镇移到三江口。821年，州治从小溪迁至三江口，建立子城。为了满足城市用水，宁波官民构建它山堰、南塘河等系列水利工程，引四明山清泉进城，蓄于日月二湖。这些智慧的水利工程也使鄞西平原变咸碱濡浸之地为人水和谐的江南风貌，奠定了城市繁荣的基础，被学者称之为“甬江模式”。唐末，刺史黄晟发民筑罗城。《宝庆四明志》卷三《城池》：子城“周回四百二十丈，环以水，唐长庆元年刺史韩察筑”，罗城“周回二千五百二十七丈，计一十八里。奉化江自南来限其东，慈溪江自西来限其北，西与南皆它山之水环之。唐末刺史黄晟所筑”。宋代明州罗城有九个城门，分别为望京、东渡、甬水、鄞江、灵桥、渔浦、盐仓、达信、郑堰等，州治在子城内。

明州港为海港、河口港、内河港三港合一。唐代港埠位于姚江南岸，宋代迁至奉化江沿岸。明州可以称之为港口性质的河口运河城市；宁波三江口即为余姚江、奉化江、甬江交汇口，被称为大运河与海上丝绸之路的衔接点。此处西联浙东运河，直抵杭州；东出大海，可以连接近海航线，直达温州和福州。向外，有从朝鲜半岛经对马、壹岐等岛屿至日本的北线航路，在东海丝绸之路中航行最早，因为是沿岸航线，比较安全。8世纪中后期以后，因新罗灭百济、高句丽，统一朝鲜半岛，与日本交恶，日本改走南岛路、大洋路。人们利用海流和季风，直接横渡东海，向南开辟南线航路。从日本南岛发航，越过东海至明州，顺风时，只需三昼夜。702年，第7次遣唐使横越东海是新航线的开始。到903年，据木宫泰彦的《中日文化交流史》等统计，唐商船往返中日之间达30余次。[①] 日本派出的19次遣唐使团，有9次在明州登陆。9世纪中期起，唐商人频繁出现于日本史籍中。如李邻德、张支信等在对外贸易特别是对日文化交流得到了极大的发展。明州商人团即是指以明州为贸易港口，以整个江浙区域为腹地而发展壮大起来的唐商，包括越州出身的唐商，与明州自越州分化出来后迁入明州的唐商。

明州的建立是中国城市史上极有意义的一个事件。明州的崛起，明州港的发展，标志着帆船时代江南城市格局的形成，中国东南经济带更趋活

---

① 陈国灿：《宋朝海商与中日关系》，《江西社会科学》2013年第11期。

跃，中国经济、文化中心向东南沿海的迁移得到进一步强化。北宋以后，明州设立海关管理机构市舶司。至南宋，朝廷先驻跸绍兴，后定都临安（今杭州），江浙成为全国政治中心。由于钱塘江入海航道沙潬密布，被大型海船弃用，浙东运河就成为沟通首都与经济发达的绍兴府、明州及明州海港的生命线，包括军队与军需品、皇室御用物资、帝后梓宫安葬、海外贸易货物、外国使节往来和文化交流等交通运输，都依赖这条运河进行，宁波进入繁盛时期。宋代王十朋在《会稽三赋》中写道，“堰限江河，津通漕输。航瓯舶闽，浮鄞达吴。浪浆风帆，千艘万舻”。浙东运河与江南河相沟通，不仅便利了国内产品的循环流通，还使商人们在南部地区以及日本、东南亚的富庶港口获得了贸易机会，从而弥补了他们在北方市场上的损失。

宁波这一类江海城市的兴起，海洋商团的出现，又在一定程度上突破了中国古代行政中心城市体系的内陆性特征，冲破了传统中国人带有的浓厚的大陆性性格，尽管这些城市的数量并不多，而且贸易的商品有很多局限于不实用的奢侈品。宁波城市表现出中国城市新形态，居民结构平民化、多元化，城市文化取向与物质消费的世俗化，整个城市社会重心下移，城市呈现新的面貌，放轻了厚重，消释了凝滞，柔化了刚强，向着生活性进一步开掘。三江口一带，鸟船高大的风帆林立，操着不同口音的人们，包括来自西亚的阿拉伯人等，忙忙碌碌地奔走在船岸之间；南来北往的船只在灵桥之下等候季风的变换，因为在帆动力时代，东海海域上洋流的走向决定着出航的最佳时间——东海是南北洋流交汇的地方。西门，即望京水门，西接浙东运河西塘河段，也是一片繁忙的景象，大家都在忙着将货物换船，外海的货物进入西去杭州的运河，必须要改装小船，护城河与西塘河上船只挤得密密匝匝。劳工们低着头背着一袋袋的东西，急急地前行，货主们则在大声清点他们的物品，小商贩则在寻找机会推销特产。城市成为扩大化的市，商店、作坊和住宅区混和的新型街道在子城之外、三江口、奉化江之东出现，城市成为开放的社会。城内设四个厢，每个厢辖 9 至 10 个坊，许多坊与市为一体。同类商品多集中在一个区域进行交易，有专门的鱼市、茶市等，众多商家在集中交易中良性竞争，并利于消费者的比较与选择，政府的分类与管理，提升了交易的效率。南庆元元年（1195），宁波升格为府，并以国朝年号“庆元”为名。宝庆初年，庆元府城商税额（含诸门引铺），达46 574贯，较北宋时增长了130.34%。（《宝庆四明志（卷五）·叙赋》）。日本画僧雪舟在明成化初年作的《唐土胜景图卷·宁波府图》中，可以想象当时繁华情景，这幅作品现藏美国波士顿美术馆。

元统一天下之后，宁波的海洋贸易继续发展。相比较广州与泉州，宁波海外贸易的官方色彩更为突出。2002年，宁波鼓楼东首发掘出庆元路永丰库，就是一个大型衙署仓储机构遗址，它的前身为南宋常平仓（官府粮库），元朝作“收纳各项断没赃罚钞及诸色课程”。这里出土了大量文物，尤以宋元时期著名窑系的瓷器为主，如越窑和龙泉窑青瓷、景德镇窑系的影青瓷和枢府瓷、福建产的影青瓷和白瓷、定窑和德化窑白瓷等。1975年夏天，朝鲜半岛西南部新安海域发现的一艘世界上现存最大、最有价值的中国元代贸易船，内装瓷器、漆器、铜器等文物12 000多件，其中浙江龙泉生产的外销瓷就有1万多件；钱币800万件重达28吨，其他杂件一批。一铜权（秤砣）上镌有“庆元路”字样，船上还有元代“浙东道宣尉使司帅府”“使司帅府公用”铭文龙泉窑碗，说明此应为从宁波启航的海舶，也说明宁波这个出口大港可能承担了全国南北多数瓷器的出口。元末方国珍割据浙东，保境安民，使宁波免于朝代更替的战乱。

明代初年，中国与亚洲诸国之间贸易体系的主体为朝贡贸易。这种贸易与政治有着密切关联，其基本原则是其他地方的统治者到北京觐见皇帝（天子）并接受册封，确认朝贡的使命即俯首称臣，朝贡国与中国的关系即为藩属和宗主国的关系。朝贡国家、地区、部族以定期向中国进行朝贡的方式表示忠诚，中国统治者由此获得海外奇珍异物、香料等。作为交换，朝贡国获得数倍甚至数10倍的回赐，如锦缎、纱罗、金银、铜币等。据统计，仅在明永乐年间，东南亚及非洲国家使节来华共300余次，平均每年10余次。而文莱、满剌加、苏禄等每次来华使团都是国王带队，数百位使团成员往往住上一两个月。从商业角度看，“贡”和“赐”是不等价的，朝廷做的是亏本的买卖，所谓“厚往薄来”。由于这种“游戏”烧钱，在国力衰弱的时候，财政负担就难以承受。1523年，日本贡使内讧，双方争贡导致爆发武斗，并殃及宁波百姓，沿途杀掠，连备倭都指挥刘锦也不幸战死。这一事件震动朝野，导致对朝贡本身不堪重负的嘉靖皇帝下令关闭浙江市舶司，开始了全面海禁。岛民内迁，并严禁片板入海。但是此时的民间私人海外贸易已经极为繁茂，以中国为中心的亚洲贸易网络已经形成，光滑细腻的丝绸、玲珑剔透的瓷器、沁人心脾的茶叶等产品是国外热销的奢侈品。政府一刀切的决断，只能推着海民或入海从盗，啸集亡命，转掠海滨；或勾结地方权势，从事武装走私；或逃亡、潜往海外。在海洋贸易巨额利润的吸引下，宁波走私港双屿港逐渐兴起，最早是福建商人，宁波盐场的“灶丁”也有私下制造大船下海，后来以安徽人为强。远在欧亚大陆另一端的葡萄牙人也在这一时期到达了宁波。双屿港一时兴盛，被称为“十六世纪之上海”，大约持续了 30 多年，后为政府剿灭。双屿港毁灭之后，引来了更为严重的倭患。经不起战争折腾的明王朝，在嘉靖帝驾崩之后的隆庆元年（1567），立即开放漳州月港；此后，倭患迅速得到缓解和平息。但对浙江来说，此后 300 多年，中西文化交流以及海上贸易中心遂从浙江转移到福建与广东。

清代康熙海禁开始松弛，南北洋贸易又开始兴盛。清道光三十年至咸丰三年（1850—1853 年），由甬埠行驶北洋的舶商组织修建庆安会馆于三江口东岸。民国《鄞县通志》载：“甬埠通商要以清代咸同年间最盛，是时国际因初辟商埠，交通频繁，国内则太平军起，各省梗塞，惟甬埠岿然独存，与沪渎交通不绝，故邑之废著鬻财者，舟楫所至北达燕鲁，南抵闽粤，而迤西川鄂皖赣诸省之物产亦由甬埠集散且仿元人成法重兴海运，故南北号盛极一时，其所建之天后宫及会馆辉煌煊赫为一邑建筑冠。”庆安会馆是祭祀妈祖与行业聚会的场所，如民国《鄞县通志》所记载，各商号主事在这里共谋事业大计。据说宁波北号舶商每当有新船下海，便置一船模型供于妈祖像前，能得妈祖神佑。也曾在这里，北洋船商为平定海域海盗抢阻，保卫南北洋海运安全，决策集资购买“宝顺轮”。“宝顺轮”是我国近代自办的第一艘火力轮船，是创办中国近代洋务的先声，当时名震四海，盗船闻声而退。

三、宁波城市文化的近代化进程

城市是历史发展的结晶，宁波发展历史上经历的风雨沧桑，最终沉积为特有的城市文化。比如地名，宁波城内留下了大量与造船航海相关的记忆，例如铁锚巷、划船巷、战船街、冰厂路等。与商业相关的地名就更多了：蜡店巷、卖鱼路、漆铺巷、丝户巷等。药行街、江厦街是其中两条最著名的街道。这两条街道的形成可以上溯到明代的海禁。海禁之后，宁波人由此从海商转到内商，十分之七出外谋生，以长三角苏杭等城市为主，远至北京及南北各省，经商行业如医药业、成衣业、南北航运业、钱庄等。药行街盛起于清中叶，当时密集五六十家药行，著名的如寿全斋、香山堂、慎德堂等；而北京同仁堂，天津达仁堂、上海童涵春等外地老字号长驻此地坐庄办货；经营药类辐射全国，及台湾、朝鲜、日本等地。江厦街是汇集钱庄的街道，鼎盛于同治年间，是当时全国的金融中心之一。其间，宁波人开创了过账制度、以日计息等金融手段，并在清末民初的宁波商帮转型中起到了重要作用。

宁波商帮的兴起，是宁波城市近代化的先声。宁波商帮初成于明末清初，如宁波药材商在北京建立的鄞县会馆；康乾之际，得到大幅度发展。在道光、咸丰年间上海兴起之后，宁波商帮借助这个长江与沿海经济带的龙头城市，急剧崛起。宁波商帮中叱咤风云的人物，大都是从宁波江北岸出去的。宁波江北岸，即在江北外马路一带建立的“外国人居留地”，俗称“老外滩”，是依据1842年清政府被迫签订的《南京条约》开放的通商口岸，于1844年1月1日正式开埠。这一区域紧联宁波最繁华的三江口，又无城墙限制，商船和军舰能自由进出甬江，对外贸易极为便利。1862年，美商旗昌轮船公司开辟沪甬航线，其后有13家轮船公司先后建立的船码头。此后，这一段1公里左右的港岸，取代了宁波从唐宋开始的三江口南岸和义路、江厦街一带石码头。1874年，招商局建造了靠泊能力约为1 000吨级的栈桥式铁木结构趸船码头，后又扩建到停靠3 000吨级的码头，近代宁波港海运码头的规模发展到顶峰。据《宁波近代史纲》载，宁波港开埠第一年贸易额就达到了50万元。进出口船只、吨位每年增长，到19世纪80年代，进出口船只每年保持在千只左右，港口吞吐能力在30万吨至40万吨之间。旗昌、太古、三井等许多著名的洋行都在外滩设有分支机构。据统计，1890年在江北外滩的外国公司和洋行达28家。西方工业化时代的科技、政治、生活等文明不断接驳上滩。宁波有了教授曲线学、微积代数、三角几何、外语的教会学堂，《中外新报》《宁波日报》等近代报刊，医院、天主教堂及体育设施等公共建筑。城市开始有了新的面孔，宽敞的马路、整洁的街面、电灯，以及完全不同于传统小青瓦、灰砖墙（或粉墙）、木结构、硬山顶、石台基的洋房等。这里还有当时宁波青年最时髦的去处，位于新江桥堍头的基督教主办的青年会，这座二层的巴洛克风格的建筑内，有弹子房、桌球、溜冰、室内球场、阅览室、电影院、西餐馆等游乐设施。1855 年，赫德来到宁波，任宁波英国领事馆的翻译；这位翻译在 1863 年担任中国海关总税务司，全面引入英国海关的管理方式，建立了一个高效廉洁的衙门。老外滩在历史上形成了三块功能区域，大致第一块是靠甬江的外马路生产作业区，集中了报关行、洋行、仓库、银行等服务港口运输的各种机构；第二块是中马路消费区，集中了旅馆、酒楼、娱乐场所、百货、照相馆、诊所等生活配套设施，为船商和从事海运的流动人员服务；第三块后马路居住区，有领事馆、天主教堂、西式学校、里宅，以及小菜场、咸货店等。

宁波人通过种种途径，发掘到了发展机遇，开始利用身处对外开放前沿地带和对外贸易的历史优势，尝试新的产业。1887 年 3 月，由著名实业家严信厚集银 5 万两在湾头创办的通久源轧花厂，这是中国最早的民族资本机器轧花企业。1894 年，严信厚又与周晋镳等沪甬巨商富贾创办通久源纺纱织布局。其他如通利源榨油厂、正大火柴厂、丰纱厂等，到 1911 年，宁波大约有 37 家工厂。宁波人还在外滩修建码头，创办轮船公司，从事宁波至上海等地的运输。对外的经济活动，促进了宁波商帮的近代化进程；同时，沿着甬江宁波早期的工业带开始形成。目前，就老外滩保存下来较完整的近代建筑有 180 多幢，主要为行政金融机构、里宅等，如英国领事馆旧址（建于 1842 年）、巡捕房旧址（建于 1864 年）、浙海关旧址（建于 1865 年）、宁波邮政局（建于 1927 年）、通商银行旧址（建于 1930 年）等。民宅商铺有 15 处，如严氏山庄、朱宅、老商铺“宏昌源号”（20 世纪 30 年代）等。这些建筑呈现中西合璧的风格，与中国传统民居迥然有异，标示着宁波文化在近代历史上的重大变迁。

江北岸没有设立租界，但殖民者获得了治外法权，建立了自己的政府、军警、法律，成为实际的国中之国，控制宁波港，实施经济侵略。第二次鸦片战争后，宁波海关被洋人控制，港口一切管理事务均由浙海关下理船厅洋人港务长控制。宁波港的进出口贸易值基本上进口大于出口。以 1900 年至 1933 年为例，洋货进口年年居于入超地位，而且与土货出口总值相差悬殊。最多的年份，入超达到 2 000 万两以上。宁波港实际上成为倾销西方工业产品的市场，宁波的民族工业、农业和手工业遭受沉重打击。但从总体上来说，开埠以后 100 多年间，宁波城区经济发展迅速，人口大量增加，经济规模达到新的高度，宁波成为浙东商业中心，形成了较为完整的商业网络；钢铁构筑的新灵桥、外滩大厦、天主教堂、甬江巨轮等成为宁波新的标志，宁波不可阻挡地走向了世界。

而从区域结构来说，宁波已经很难恢复宋元时代的辉煌。帆船时代的换港优势、浙东运河表现出来的高安全性，对货运量更大、更低价、更安全的轮船贸易来说，意义已经不大，反而逐渐突显出时间拖沓的劣势。根据浙海关提供的 1901 年《贸易报告集成》，这一地区的内地贸易主要依靠水路运输，并且经常受阻于运河，不是水位太高、桥洞太低、船只不能通过，就是水位太浅不能载舟，从杭州乘船到宁波至少需要 3 天半，而杭州到上海则只要 24 小时。宁波港的经济腹地迅速缩小，随着铁路运输和长江航运的发展，内地省份的货物转由上海转运，不再绕道宁波。1860 年以后，上海超过广州、宁波等其他口岸，成为中外贸易的中心。宁波港的腹地只剩下旧宁波府、台州府和绍兴府的南部。而且绝大多数货物进出口是通过其他口岸，主要是上海港转运的。宁波港逐渐下降为国内各港口之间货物转运的贸易港，进出口贸易总值在 1901 年占全国各埠贸易额的 2.5%，1921 年又降为 1.46%。浙海关 1899 年进口洋货约 255 万海关两，1917 年降为 72 万海关两。[①] 作为西方国家想象中的一个通商口岸在事实上并未形成起来。宁波外滩在更多意义上为宁波商帮的培训基地，为中国近代化源源不断提供现代商业人才。开埠之初，因受太平天国运动及外出经商、务工影响，据曹树基推算，宁波府人口从 1858 年的 274 万减少为 1865 年的 174 万；鄞县人口从 1859 年的 86 万，减少到 1870 年的 35.5 万。至清末时，宁波人口才逐步接近嘉庆二十五年（1820）235 万的人数。[②] 在清末，宁波形成了移民上海的潮流，前后大约有 40 万人涌入上海滩，几乎所有宁波家庭都与上海滩有关。到 20 世纪初，第一批移民的后代产生了众多的教师、账房先生、医生、律师、建筑师、工头、银行职员、

① 中华人民共和国杭州海关译编：《近代浙江通商口经济社会概况——浙海关、瓯海关、杭州关贸易报告集成》，浙江人民出版社，2002 年版，第 207—220 页。

② 曹树基、李玉尚：《太平天国战争对浙江人口的影响》，《复旦学报（社会科学版）》2000 年第 5 期。

记者、城市小资产业主、商人等，成为上海最早开始发展的黄浦、静安、卢湾、徐汇等几个区的中坚力量。不少资料显示，宁波人及宁波人后裔占到当时上海人口的四分之一至三分之一，为上海人口第一大来源，其次才为湖州、嘉兴、苏州等城市。

由于海禁解除，公行取消，通商口岸开辟，自由贸易政策实行，宁波人获得了广阔的施展空间。宁波人以买办商人和进出口商人的新式身份，主动介入新兴的对外贸易。当时以上海为中心的外贸体系已经成为近代中国经济引擎，宁波人恰恰是这一过程的主角。沪上知名的买办多为宁波人，如汇丰银行的第一任买办王槐山，第二次鸦片战争期间的怡和洋行大买办杨坊，美国法利洋行买办王筱亭与王崇山父子，王崇山同时任美国利邦洋行买办。在商贸过程中，买办确实在客观上起着殖民主义和帝国主义经济侵略急先锋的作用，但他们也向外国人出售土产，致力中国产品的外销，他们还引进国外技术与产品，由此也推动了中国的近代化。

宁波帮的兴起，其背后还有更大的社会背景，这就是1870年开始的以电力技术为中心的第二次工业革命。一系列与电有关的发明开始应用于生产和生活，如电话、电灯、电报、电影等，动力机器、铁路、轮船等在西方被日益广泛运用。1870年也是外国人将新兴产业引入中国的开始，中国传统的饮食、酿酒、制药、制冰、印刷、家具、砖瓦木材等行业开始向现代经营方式演进，以及生产轻工产品如火柴、肥皂、玻璃、造纸、卷烟等的工厂也陆续开办起来，西方已从数百年来的进出口贸易方式，转到以独立工业投资的方式经营贸易。宁波人以稳健的风格去顺应潮流，在19世纪80年代，特别是90年代以后，迎来了发展的新阶段。其主要特征是，宁波帮商人将商业利润投资于新式银行、轮船航运、现代工业等新兴金融业、实业领域。轮船航运业，有戴生昌轮船公司、宁绍轮船公司、三北轮埠公司等中国近代著名的轮船公司；工业企业，有刘鸿生企业集团、三友实业社、中国化学工业社、五洲药房、信谊化学制药厂、民丰华丰造纸厂、大中华橡胶厂等著名大中型民族资本企业；并产生了一大批影响广泛的近代金融家、企业家、实业家，如严信厚、叶澄衷、李也亭、朱葆三、宋炜臣、虞洽卿、刘鸿生、周宗良、胡西园、张继光等，他们创造了第一家银行、第一家证券交易所、第一件西装等。至19世纪末20世纪初，宁波帮在性质上已由一个传统意义上的商帮，转变成为一个近代资本主义工商业集团。从某种意义上说，宁波商帮是推动近代长三角一体化发展的最为重要的力量之一。

宁波商帮将活动地域延伸到汉口、天津、苏州等大城市，扩大业务。1858年汉口开埠后，汉口成为上海以外宁波商帮较集中的地区。宁波商人在汉口主要经营水产、银楼、航运、建筑、洋油、银行等行业，其中石油行业、长江夹板船航运业几乎皆为宁波商人经营。汉口在宁波商帮的推动下，城市形态以至城市文化处处显现出上海滩文化的影响。在天津，从清中叶起，宁波著名商业家族如鄞县秦氏、慈溪孙氏、镇海小港李氏等，就开始经营航运业。1861年天津开埠后，宁波商帮除航运业外，还开展进出口贸易、银行保险业、金银业、眼镜业、颜料进口业等，并把经营区域扩展到东北、河北、山东等地。在川渝地区，尤其是抗战爆发后，一批著名宁波商帮企业家内迁，宁波商帮经营活跃，如余名钰的大鑫钢铁厂、胡西园的电器厂、虞洽卿的三北公司等。长三角城市如杭州、南京、苏州，沿海城市如温州、营口、青岛、广州、厦门、福州，以及沿江城市如芜湖、沙市、宜昌，甚至太原、西安、桂林等，都遍及宁波商帮足迹；还有一些远涉重洋至日本、东南亚和欧美国家的宁波商人，如旅日侨商张尊三、吴锦堂等。宁波商帮所至，商业繁荣，故有“无宁不成市”之说。孙中山先生曾如此评价：“宁波人对工商业之经营，经验丰富，凡吾国各埠，莫不有甬人事业，即欧洲各国，亦多甬商足迹，其能力与影响之大，固可首屈一指者也。”

如果说二战前的宁波商帮更多的是以上海为基点，以长江、运河为带，辗转于大陆；二战以后的现代宁波帮则实现了从江到海的跨越：以港台为基点，从日本到新加坡、印度尼西亚等东南亚诸国，从美国到墨西哥、秘鲁、巴西等拉美国家，东海及至整个太平洋、五大洲都是他们挥洒长袖的舞台。不少研究东亚战后70年经济奇迹的专家，常常以宁波帮的再度成功转型作为切入点。他们认为宁波帮实业家，学习西方现代化，但不单纯模仿，淬合传统精英儒家与世俗利己平民、圆融传统文化与近代资本主义精神的价值系统，产生的东方式创新，有人命名为新质东亚个人主义。

四、宁波城市文化的诗性内涵与特质

宁波城市的诗性首先与水乡泽国的江南水韵密切相连。江河与湖泊是诗情画意最好的摇篮。比如明州城区，是典型的水乡格局。两宋时期，城中水利相继修浚，以至“家映修渠，人酌清泚”，形成以月湖为核心的城市水网系统，有谓“三江六塘河，一湖居城中”。参看清嘉庆年的《宁郡地舆图》，宁波老城厢范围大约是长春路—望京路边上的护城河与奉化江、姚江所包围的区域，约4平方公里，月湖是整个城市的心脏，约占1平方公里，日湖是月湖的延伸。西塘河、南塘河最后相汇于月湖，明代四明驿就设在月湖柳汀。为防水溢造成城市水灾，在地势较低的城东近江处设立水喉、气喉、食喉三碶，以排水。水喉在东渡门南侧，气喉在市舶务门之南，食喉在狮子桥东，三碶以板为闸。城外主要水利设施为保丰碶、永丰碶、郑家堰（即郑郎堰）。

月湖园林始建于宋代，一批有为士大夫建有“十洲胜景”，及三堤七桥之胜。月湖园林之美在于清新雅致，简远疏朗，园内景物数量并不多，多栽植竹、松、柳等具有象征意味的植物，建筑物多用庐、亭、堂，力求园林与月湖自然环境的契合，“不下堂筵，坐穷泉壑”；各园选择均能着眼于全局构置，极有整体性，成为天人合一的艺术综合体。其间有湖心寺、崇教寺、能仁观音寺、贺秘监祠等寺庙祠堂，以及讲舍、宅院。其后各代的宁波士家大族大都集居此地，两宋时以楼氏、史氏、王氏、汪氏、袁氏等家族最为有名，他们大都是北方移民的后代；明代如范氏、陆氏、杨氏、闻氏、张氏等，清代如童氏、徐氏等，明清家族大多能在此找到其遗存。文人汇聚，使得月湖文脉千年流贯，北宋名臣王安石、南宋宰相史浩、南宋淳熙四君子、明末清初大史学家万斯同、清代全祖望等风流人物，或隐居，或讲学，或为官，或著书，成就了月湖浙东学术中心的地位。现在月湖文化区所存最著名的古建筑便是藏书楼，天一阁为其中翘楚，在清乾隆时便成为天下藏书楼之范，现藏古籍达30万卷；其他如烟屿徐时栋的烟屿楼、花屿袁仰周的静远仙馆、菊花洲童槐的得月楼等楼宇尚存。

就宁波城市文化的诗性内涵来讲，突出表现为富有独立之精神、自由之思想。这一思想要追溯到两晋之间中原士族的迁入。以王谢为代表的世家大族为避战乱，侨居四明山周围。因谢安、王羲之等名士定居，支道林、许询、孙绰、李充等高士也接踵而至。他们一起谈文论诗，畅谈玄理。这些魏晋名士敢于大胆怀疑和否定旧有传统标准和信仰价值，重于重新发现、思索、把握和追求生命的意义，即所谓“人的觉醒”时代，或者说，宁波经历了“轴心期的精神觉醒”，经历了“从野蛮到文明、从本能到审美的升级程度，进入到一个全新的版本”。[①] 他们“烟云水气”“清峻通脱”而又“风流自赏”的气度，崇尚自然、独立特行、洒脱倜傥、张扬个性的风范，被人们称许为“魏晋风度”。他们在游赏天台山北向支脉句余山时，发现了极具隐喻义的“中通日月星辰之光”的四窗岩，相传这也是刘晨、阮肇采药遇仙的地方。由此，越文化中的“句余山”有了“四明山”的文化命名，不难明白晋人在其中喻示的“重开日月”之义。“明”这个词，记录着两晋时代新的价值追求，最终也成为宁波城市初名“明州”的来由。至今在宁波余姚梁弄、奉化溪口等地，还留有大量关于谢安、王羲之的遗迹与传说。

在隋唐中华文化复兴之时，四明山成为一座热闹的文化名山，是那个时代文人墨客心目中的文化家园、精神桃源。四明山吸引了一大批仰慕两晋名士的著名诗人前来寻访。比如李白、杜甫、王维、孟浩然、罗隐、元稹、陆羽、杜牧等，像李白曾四入浙江、三至越中、二登台岳。李白写“四明三千里，朝起赤城霞。日出红光散，分辉照雪崖。一餐咽琼液，五内发金沙。举手何所待？青龙白虎车”（《早望海霞边》），似乎立于超越人世的高端，与天地对话，锦缎般的语言溢满自由豪放之情。贺知章告老还乡，却归隐四明。唐玄宗带着太子，率领文武百官，在长安城东门外为贺知章设宴饯行，作诗赠别，这些诗作中最热闹的一个名词就是“四明山”。唐玄宗作《送贺知章归四明并序》，诗云：“遗荣期入道，辞老竟抽簪。岂不惜贤达，其如高尚心。寰中得秘要，方外散幽襟。独有青门饯，群僚怅别深。”贺知章称自己为“四明狂客”，“狂客”的“狂”，实质也是对魏晋风度的仰慕。现在宁波城内月湖柳汀之上，建有纪念诗人贺知章的

---

① 刘士林：《江南文化精神的“在”与“说”》，《江南大学学报（人文社会科学版）》2008年第6期。

场所贺秘监祠。同时，四明山、天台山还是佛道思想汇聚之地。从两汉起，梅福、葛洪等道家名士相继而来；两晋时，佛教名刹陆续建立；尤其是隋代智顗集南北朝各家学说之大成，创立天台宗，在中国佛教史上，占有重要地位。这些都催发着“唐诗之路”的形成。在唐人的山水之歌中，既有老庄遁隐怡悦山水的林泉风度，佛家静心妙悟的空明空灵，又有儒家狷者不慕名利、宠辱不惊的放达。

两晋至唐所播植的以自由精神为核心的诗性文化，在两宋得以承继，并表现为心学在地域的阐释与传播。宁波文化之勃兴，始于王安石为鄞县令时，创办县学于月湖之畔。当时有最初是北宋楼郁、王致等“庆历五先生”力推大众化教育，开启宁波新儒学的建设。南宋之时，四明人才群体性爆发，其标志是因南宋“中兴宰相”史浩的竭力推崇，陆九渊的弟子“淳熙四君子”——杨简、袁燮、舒璘、沈焕讲学月湖之畔。文天祥曾形象地勾画四家思想的不同特色：“广平（舒璘）之学，春风和平；定川（沈焕）之学，秋霜肃凝；瞻彼慈湖（杨简），云间月澄；瞻彼絜斋（袁燮），玉泽冰莹。源皆从象山弟兄，养其气翳，出其光明。”（《郡学祠四先生文》）四先生在理论上为弘扬和发展陆学作出了积极的贡献，道德文章为南宋一时之人望。他们所主创的“四明学派”，堪与闽学、关学、蜀学相媲美、相呼应，蔚为一学统。

在中国传统文化中，哲学的诗学化，诗学的哲学化是十分显著的现象。同时“心”又是中国古典诗学与心学的纽带，诗学自诞生之日起就深深刻着“心”的烙印。对于重视心性修养的宋明新儒家而言，除了要领会性理作为万物本体的意义外，对生生之仁的内心观照和生命体验也非常重要。静观万物而洞明心体，即从自然界和生活中体验生命意义，不仅可得性情之正，培植仁者浑然与物同体的胸怀，完善个体人格道德，还可寻得“孔颜乐处”，获得一种情感的满足和美的愉悦，使日常生活饶有鸢飞鱼跃般的活泼诗意。这是儒家心学的诗意所在。是故，新儒家的心学派多用吟诗方式表达性命自得的内心体验，将心学与诗学融会贯通。[1] 如杨简的《慈湖诗传》，为心学阐释的《诗经》学，被称为中国诗经学史上哲学化程

---

① 张毅：《“万物静观皆自得”——儒家心学与诗学片论之一》，载莫砺锋编《第二届宋代文学国际学术研讨会论文集》，江苏教育出版社，2003年版，第103页。

度最高的名著。袁燮的诗歌也表现出鲜明的心学特色，在《挈斋集》所录177首诗中，出现“心”字共计69次，如“吾徒切已无他事，万善根源一片心”（《赠京尹八首》），“物意有相合，人心原自明”（《咏竹二首》）等。

明代，经过政府整编过的朱熹理学成为官方学问。在宦官当政、吏治腐败的明代中叶，失去对人的价值引领之后，儒学成为获取名利的职业化话语，所谓“登利禄之场，处运筹之界者，窃尧舜之词，背孔孟之道”，必然产生新的价值思考，这就是与南宋心学一脉相承的阳明心学在宁波重新兴起的背景。明代中叶，江南经济发展，市镇繁荣，民众崇尚奢侈，阳明兴学以期端正人心，整饬风习，使士习民风归于圣学正途。王阳明为宁波余姚人，为东晋名相王导之后，为秘图山王氏，王导即王羲之的堂伯父。王阳明提出“良知”之学，提出人是世界万物的主宰，极大地肯定了人的主体性和自主精神，他认为“心之良知是谓圣，圣人之学，惟是致此良知而已。自然而致之者，圣人也；勉然而致之者，贤人也；自蔽自昧而不肯致之者，愚不肖者也；愚不肖者，虽其蔽昧之极，良知又未尝不存也。苟能致之，即与圣人无异矣。此良知所以为圣愚之同具，而人皆可以为尧舜者，以此也”。[①] 阳明心学为人人成圣提供了理论依据。“良知”所具有的这种“人人自有，个个圆成”的自信和自觉，为儒家理想的平民化、普及化，做出重要贡献，给予了社会大众、平民百姓以无限的期待和自信，使他们获得了前所未有的社会主体感和平等感，迥然殊异于理学家所倡导的对外在绝对“天理”的敬畏。阳明心学对明代中后期文学新思潮产生了重大影响，是明代中后期文学新思潮的重要理论来源。汤显祖的《牡丹亭》、吴承恩的《西游记》，及至李贽“童心说”、公安派“性灵说”等，都与阳明心学有着紧密的思想渊源。

来自平民阶层的明清士大夫以“仁以行道”的入世精神，与乐道爱民、成圣成贤的思想情怀投身政治实践。但圣人的理想与现实的政治，社会责任感与个体自由之间，常常面临着矛盾：想要保持个体人格独立，则要脱离官场，归园田居；想要获得世俗人生的各种功业，则须依附国家政权，食君之禄，忠君之事。他们于是出入于不断完善的新儒学即理学、不

---

① 王阳明：《王阳明全集》，上海古籍出版社，2015年版，第280页。

断汉化的佛教即禅宗，以及向老庄、佛禅靠拢的士大夫道教之中。但就宁波人而言，这种生命诗性的最高表现为与齐家治国平天下的历史责任相统一，表现为经世致用的家国情怀。明末清初，社会动荡，心学由盛转衰，空谈良知、不务实学之风，日盛一日。思想家们从对社会的反思出发，重新审视阳明心学。宁波余姚人黄宗羲正是这一时期的代表人物，他由理气、心性的基础出发，提出了“盈天地皆心也”“心无本体，工夫所至即其本体”等观点，致力实学，认为“事功”就是仁义，离开“事功”就无“仁义”可言，“事功本之心术者，所谓‘由仁义行’，王道也。”黄宗羲将心学的个体自我解放要求，上升为具体的政治权力层面，并由此激烈批判中国近两千年的封建宗法社会，提出“天下民本”思想，“工商皆本”论等。黄宗羲被称为近代启蒙思想之父，代表着中国近代最早的民主思想萌芽。宁波商帮的产生与地域哲学的价值指向有着密切联系。宁波商帮，与垄断盐业的徽商、承办官银汇兑的晋商等不同，主要从事与民众日常生活密切相关的行业，如药业、南北货、钱庄业等。但经世致用的传统，使宁波帮在中西文化碰撞中，因地制宜，兼收并蓄，成为近代商帮中唯一转型成功的商帮，在清末民初的中国社会经济领域中独树一帜。

宁波城市的自由诗性发展，最终而言，是受益于城市的自然、经济、文化的滋养而不断生长。“在‘物质文明’层面上，对诗性文化影响最大的是‘物质生产方式’，这既是中国诗性文化在不同自然、地理与经济空间中发生裂变的直接原因，同时也是江南城市诗性文化进行自身再生产最重要的社会背景。”[①] 心学对于独立意志与自由精神的倡扬，主张人人皆能成为圣贤、人人都是尧舜，与地域海洋文化有着一致性。一方面，海洋文化中崇尚力量的品格，崇尚自由的天性，其强烈的个体自觉意识，其强烈的竞争意识和开创意识，都比内陆文化更富有开放性、外向性、兼容性、冒险性、开拓性、原创性和进取精神。另一方面，以工商文明为基础的海洋文化，讲求实事求是，关心百姓日用和国家社稷，倾向务实创新。再之，南宋时，宁波吸纳大量中原移民，移民社会更强调个人本事、奋斗精神，激励自作主宰、勇于担当的主体性精神。这就是南宋有“朱文公之学行于天下而不行于四明，陆象山之学行于四明而不行于天下”之说的地域

① 刘士林：《江南城市与诗性文化》，《江西社会科学》2007 年第 10 期。

文化背景。中国古代经济思想发展经历了从“重农抑商”的古代“四民（士农工商）社会”，向“工商皆本”的近代“工商社会”的转型。浙东学派领天下风气之先，走在时代思潮的前列。如果将以南宋宰相史浩为代表的宋代月湖文化家族的涌现，与城市商业洪流相联系，即看到南宋之时宁波完成了商业文化与儒家文化，即物质文化与精神文化对话的格局：三江口吸引了繁荣的商贸，而月湖是文化汇聚的港湾。三江口经营的是万里海上丝绸之路，文化格局上需要改变地域长期以来的边缘意识与出世哲学；月湖所形成的文化高地，完成了宁波固有文化人格的改变，从文化自卑走向了文化自豪。这样的价值伦理，是社会发展的前瞻，对人自由全面发展的激励，为农工商普通百姓欣然接受。而阳明心学的兴起，从某种意义上看，也是全面海禁，导致地域工商文明的发展受到抑止之后，所作的哲学探思。

由此来看，在宁波，城市文化的诗性，在士大夫身上，表现为“艺文儒术”。这里，崇尚文教，重视教育，千年之中，走出了 2 000 多名进士。他们能够把承担社会责任和追求个性解放有机融合，只要家有薄产，可以静心做学问，也可以玩艺术与科技。在文化取向上，表现出以雅为宗，以俗为雅，雅俗结合的取向。从诗歌写作来看，俗人、俗事和俗物，连汤圆、芝麻、番薯都可以进入诗歌，与江雪、明月、松风高雅之物相比衬，在不知不觉中转化为旷达的胸襟和豪放的人生境界。像史浩的《鄮峰真隐大曲》、高似孙的《蟹略》、屠隆的《考槃余事》、屠本畯的《闽中海错疏》等，从尘世俗事、琐碎俗物中寻求诗意生活，这对唐以前的士大夫来说是很难想象的。南宋时，史浩以月湖真隐观为核心，建“月湖诗社”“四明尊老会”，与魏杞、汪大猷、赵粹中等咏诗品茗，组织乡饮酒礼。在明清之时，与月湖诗社相继，三司马社、林泉雅集、真率之约等，诗歌数量多以万计。以城市为群体编辑的诗集如李邺嗣、胡文学的《甬上耆旧诗》和全祖望的《续甬上耆旧诗》，以及董沛和忻明江编撰的《四明清诗略》等。其中仅《四明清诗略》共收诗人 2 194 位、诗 9 468 首。这样的数量，在众多的中国城市中也极为少见，显现了宁波城市较高的文学素养与宏富的文化典藏。城市风雅所体现出来的对文化执着追求，突显了地域对文化价值的重视，对独立人格的追求，以及对社会的责任感，折射出地域一种理性的人文精神，这与一般港口城市有着区别。

而处于社会下层的工、商、农等民众，却有着与精英阶层理想图景完全不同的思想文化世界。阳明心学、禅宗等实际上已经将“人的生命”解释引向普通百姓，在一个特定的时代，做了理论走向民间的努力。但民间却有着内容庞杂、生气勃勃、影响巨大的亚文化体系，即民间信仰和活动，包括古代的巫教信仰、农业社会的祭祀仪式、儒家的道德教训、佛道教的教义与仪式，以及其他神祇活动。前世帝王、贤人异才、山神水精，一切都可以纳入信仰的范围。如果加以细细统计的话，可能要有数百个之多。在明代中期以后，在一批理学家的推动下，各个家族为抬升自身地位，还出现了家族的造神活动，乡贤与土神不断制造出来，在城市与乡村出现了大量的名宦乡贤祠和忠义孝悌祠。虽然它的基本信众可能是目不识丁的民众，他们较少通过思想家、宗教家深入思考并加以阐释人生意义，但这些活动满足着他们的心灵需求，贯穿普通民众的日常生活之中。建构信仰的方式纷繁复杂，可以是群体式的法会、庙会、唱戏、聚餐、游神等，也可以是个体性的烧香、祈祷、抽签、占卜、算卦等。群众性活动多在神灵的诞辰日、成道日或升天日于寺庙内开展，而游神活动多集中在春节期间在庙外开展。在宁波，大型的庙会都有迎神与赛会，如城区四月半庙会、鄞西高桥会、姜山礼拜会、鄞江桥庙会、天童太白庙会等，数百处庙会都有固定的报赛期。这其中影响最大的是妈祖、观世音、弥勒信仰，与宁波民间的海洋信仰相互融合，最终因为宁波在中国经济带上的特殊地位，走向了全国，成为全国性的民间信仰神灵。无论是弥勒、观音还是妈祖，都经历过民间自发神到官方钦赐神的演变过程。在这里，我们看到了国家信仰与民间信仰之间的话语争夺，既表现了精英文化与大众文化相互趋离，也蕴含着两者相互妥协的新特性。

工商业蓬勃发展，城市规模扩大，江南海洋性商业城市打破了传统高墙市门、鼓钲锁钥的坊市结构，为娱乐性的俗文化发展提供了空间与市场。南宋时，月湖边出现了以代言体的形式搬演长篇故事的南戏。新艺术以强烈的画面感、情境感，为世俗社会所追捧，新兴的市民阶层成为庞大的消费群体。月湖当时的景象便是一幅《清明上河图》，在以工商业经济和人口为主的城市文明演变影响下，市民艺术普遍繁荣。时节相次，各有观赏：灯宵月夕，雪际花时，乞巧登高，教池游苑。举目则青楼画阁，绣户珠帘，雕车竞驻于大街。社会地位低下的普通人民群众的艺术较以前有了长足的发展，并被士大夫接纳和推广。一直分离的不同阶层、不同层次的雅文化与俗文化，走向了合流。这是史浩《鄮峰真隐漫录》等记录这些戏曲、弹词、鼓词、俚曲等的历史背景。士大夫的雅文化在两宋也日益扩大范围，不少直至唐代都被视为俗文化组成部分的文艺形式如词、绘画等，日常生活内容如饮食、陶瓷等等，由于受到士大夫的青睐，而被注入了浓厚的文人情怀和情趣，日益雅化。到明代，下里巴人的“余姚腔”流播，士大夫也参与到戏曲的创作之中。高明在宁波海曙栎社创作出南戏之祖《琵琶记》，并涌现屠隆、周朝俊、吕天成等戏曲大家。清中叶以后，地方戏曲兴起，宁波一时成为甬剧、越剧等剧种发展的码头，这些戏曲最终跟随商人进入大上海，并获得跨越式发展。这种世代相传的俗文化，强化着家庭与邻里间亲密的社会关系、共同语言、传统习俗和共享的宗教信仰，甚至影响着人们的思维方法、行为习俗、审美趣味、价值取向与灵魂归宿，构建着宁波人及至江南百姓共同的区域身份和意识，成为当代宁波乡愁文化的重要源泉。

五、宁波城市文化对于长三角一体化的作用和意义

1949年后，宁波发展较为缓慢。在较长时间里，宁波基本上没有得到过国家的重大投资与建设项目，在大学、工业、交通等各方面基础性建设上缺少突破性的成就。这导致宁波中心区块的辐射功能变得极其弱小。1974年才开始有“四项工程”的开建，即浙江炼油厂、宁波港、宁波电厂（后改称镇海发电厂）、镇海清水浦渔业基地。改革开放后，宁波依靠内源力量、民间力量，大力鼓励民间投资，放手发展民营经济，使千家万户成为市场经济的主体，以市场和社会的力量这一“看不见的手”组织着城市的发展。这也成为宁波社会经济发展的鲜明特点。绝大多数宁波人投入生产变革之中，其深度与广度前所未有，几乎全民皆商。到2006年，个体工商户、私营企业和其他混合经济体近30万户，占全市企业总数的91.3%，所创产值1 468.75亿元，占宁波GDP的83%。2007年，宁波市私营企业中注册资金100万至500万元的有15 080家，500万至1 000万元的有3 054家，1 000万至1亿元的有2 711家，亿元以上的有78家。2018年宁波综合百强企业中，仍以民营企业为主——民营企业入围数

达76家。

在走向强大的过程中，宁波民营企业展现着一个从依赖到独立到走向世界的变化过程。改革开放初期，众多的上海亲戚成为宁波人获得技术、原料、资金和市场的重要来源；之后，宁波人走南闯北寻觅商机，“白天当老板，晚上睡地板”，积累发展资本；到20世纪90年代中期，宁波人开始走向了外贸易之路。1994年秋季，广交会组团形式出现重大变化，由全国副省级以上城市组团，宁波市首次以宁波交易团名义在广交会上亮相。1997年10月，首届宁波国际服装节举行，宁波人拉开了自己举办外贸展会的帷幕，主动邀请国内外客商关注宁波服装；之后，中国（宁波）国际电子家电展、中国塑料博览会等一大批涉外展会建立了国内具有较大的影响力。宁波个体私营企业经过几年努力，到2000年出口额占到城市总量的31.69%。1999年自营出口权开放，与2001年中国加入了世界贸易组织（WTO），国家对宁波民营企业融入国际平台的注入强大推力。2018年宁波市外贸进出口总额达8 576.3亿元，其中民营企业进出口额为5 589.6亿元。

进入21世纪以来，长三角的民营经济快速发展，已占到整个区域经济总量的“半壁江山”，成为推动长三角经济增长和要素流动的“主引擎”之一，是促进区域发展和区域经济一体化的重要力量，为以上海为龙头的都市经济圈的形成和发展奠定了基础。① 因为区域特点的差异，企业治理结构的变化产生了区域性的模式。温州地区地处偏僻，山路险阻，土地贫瘠，经济基础差，发展出“小商品、大市场”的小狗经济，以打火机、纽扣等为代表，抢占全国及世界市场。“温州模式”强调个体私营经济、政府无为而治。苏南地区毗邻上海、苏州、无锡和常州等大中城市，水陆交通便利，接受经济、技术的辐射能力较强，发展出大量主要为大工业配套服务的集体企业。“苏南模式”强调政府超强干预模式、地方政府公司主义等。对比这些模式，我们可以看到宁波的发展有着自身鲜明的特点。宁波的发展模式是介于“苏南模式”“温州模式”之间的混合模式。宁波有大量乡镇企业转过来的大型民营企业，如雅戈尔、三星奥克斯等，也有“一乡一品”“几乡一品”的小狗经济板块，“小政府大社会”的温州模式

① 陈尧明、王斌：《民营经济与长三角一体化互动发展初探》，《江南论坛》2006年第6期。

在慈溪、镇海、余姚体现得较为明显。宁波现有块状经济145块，占浙江全省总数的30%以上，贡献了宁波全市60%以上的工业总产值，是宁波工业经济中最重要、最富有活力的部分。目前，宁波已构建起涵盖制造业各行业的完整产业体系，形成了消费品工业、临港重化工业、装备制造业和新兴产业齐头并进的发展格局，已经成为全国重要的先进制造业基地、全国七大新材料产业基地之一、全国四大家电生产区和三大服装产业基地之一，拥有汽车制造、高端装备、电子信息、家用电器等八大千亿级产业，并涌现了石化、汽车等全国一流的核心优势产业。

在融进长三角、走向全球化过程中，宁波最为世界注意的是北仑港的崛起。1973年，国家为分流上海港的运输，开发镇海港，使宁波港口出现了一次历史性跨越，由内河港走向河口港。招宝山的镇海港，曾经制造万斛神舟的“利涉道头”，“海上丝绸之路”最重要的启碇港之一，历经沉寂后重新起航。1979年，宁波港对外开放。同年，北仑港区的开发建设。宁波港走出甬江，又完成了一次从河口港到海港的跨越。这一深水港区可以满足20万吨至30万吨巨型船舶进港的需要。由北仑、镇海、宁波老港组成的宁波港，成为上海国际航运中心的国际远洋集装箱枢纽港和以上海为中心的国际性组合枢纽港。现在北仑港早已不是诞生之时，作为上海港的补充，它已经成为太平洋西海岸上的重要口岸。这一四明山与大海共同缔造的罕见深水良港，随着改革开放的深入，越来越把宁波处于中国大陆海岸线中部、南北航线和长江黄金水道“T”字型结构交汇点、能够全天候运行的地理优势，发挥得淋漓尽致。宁波用杭甬高速、甬台温高速、甬金高速、沿海高速，用杭甬铁路复线、甬台温铁路，可以迅速扩散到港的集装箱，甬金铁路、苏嘉甬铁路还在紧张兴建或筹建。江南众多因北仑港而连在一起的城市，成为宁波港腹地。2006年，宁波港和舟山港正式合并，新港命名为“宁波—舟山港”，2009年起，港口货物吞吐量位居世界第一。

重吨位的停靠，同时也意味着资本、技术、生产、贸易的输入与出口，催生了宁波经济技术开发区、宁波保税区、大榭岛开发区、宁波出口加工区、梅山港保税港区等新的经济区，催生了北仑电厂、台塑石化、吉利汽车、中华纸业等航母式的企业，土地新的海洋属性被深度开掘。宁波有一半以上的人从事与海洋有关的行业；城市的外贸依存度，或者说是海洋依存度，超越了之前任何一段历史时期。宁波人正全新演绎着人与海洋和谐共生的海洋文化；宁波城市的文明气度，已然完成了从河口运河城市文化到现代海港城市文化的飞跃。现在宁波城区正逐渐完成从传统的三江口“一心”到三江口与东部新城共同发展的“二心”的变化。三江口两岸，紧紧依托北仑大港，发展楼宇外贸经济。东部新城，宁波的金融中心、会展中心和航运中心投入使用，为进一步培育和完善宁波航运市场体系，提升宁波现代服务业发展水平，提升东方大港口在世界港口中的地位起到了积极作用。宁波的港口经济与民营经济，合成巨大的力量，更新着丈量大地价值的尺度，从而不断改变地域的容颜。比如，宁波最北面世界三大强潮海湾杭州湾沿岸的盐碱湿地，本是地图上不起眼的边隅。但在一座全长 36 千米、双向六车道的跨海大桥的拉动下，成为了浙东连接上海的桥头堡、贯联长江三角洲地区的节点。在大桥南部海天一洲的造型，也是这种沧桑巨变的奋力推进的形象定格：它以大鹏展翅腾飞的姿态，张扬着时代的自信与魄力。大桥东首，沿着海岸线，咸碱的土地上，一座中等城市杭州湾新区已初露形状。目前，“海洋宁波”正处于前所未有的最佳发展时机，前湾新区、梅山保税岛区、三门湾新区、浙台（象山石浦）经贸合作区等平台，使宁波得天独厚的港口优势得到充分发挥；临港装备制造业、海洋新兴产业、海洋旅游业、现代渔业和海洋服务业发达，产业体系渐趋完善。宁波吸引着越来越多人的停驻。从第五、第六两次人口普查看，十年间有 200 多万人从市外流入宁波，占总常住人口的 30.09%，日常居住人口则已超过 1 000 万。整个宁波区域又重现唐宋时代大量移民迁入的那种多元文化互相冲击、融汇的热闹气象。作为计划单列市和副省级城市，改革开放 40 年，宁波的地区生产总值由 20.2 亿元起步，以年均 13.2%的速度增长。2018 年，宁波国民生产总值突破万亿元，成为长三角继上海、苏州、杭州、南京、无锡之后，第六个万亿俱乐部的成员。

不过，宁波的发展也面临着巨大挑战。比如港岸线的开发，终究有一个极致，临海区域环境破坏严重，世界港口已经发展到第三代，即“国际物流中心”，在强大集散功能及集散效率之外，还具有集有形商品、技术、资本、信息于一体的物流功能，宁波港还处于“运输中心+服务中心”的第二代港口功能上。如何使港口能如上海港、甚至是鹿特丹港、安特卫普港、香港、新加坡港等一样有一个高质量区域带动，并成为国际物流中心，成为宁波当下港口发展需要破解的重大课题。就文化而言，拥有漫长的海洋文明历史、拥有丰富的海洋物质和非物质文化遗产，并不等于“海洋文化城市”；在地理区位上濒临海洋，并不等于“海洋文化城市”；海洋经济所占城市经济比重大，并不等于“海洋文化城市”。海洋文化城市必须是海洋文化艺术之城，以海洋文化资源为客观生产对象，以海洋文化审美机能为主体劳动条件，以海洋文化创意产业为生产中介，以海洋文化产业为主导增长方式，是以人与海洋的和谐共生为目标的新型城市形态。只有海洋文化发达的城市，才是真正的海洋强市，才能真正走向世界，走向未来。对比杭州与上海这两个距离宁波最近、对宁波影响最大的城市。宁波缺少中国著名的文化机构、有中国影响力的媒体、办大型国际赛事的经验、世界知名大学和研究机构、举办国际性文化活动的场所等；宁波现有的活动，如中国开渔节、宁波国际港口文化节、甬港经济合作论坛、中国海洋经济投资洽谈会等，内容和形式较为单一，知名度也亟待提高。如果在这些方面没有突破，宁波将一直是沪、杭的人才资源库，优秀的宁波人将为他们所吸引，从“人”的角度而言，宁波长江三角洲南翼中心城市的地位可能受到极大挑战。

人能弘道，“如果真有什么生生不息的江南文化精神，它绝不是先验的、静止的或一成不变的，相反正是在一代代个体的生活中才成就出来的”①。宁波面对信息社会、城市社会、媒体社会、汽车社会、网络社会、消费社会等同时发生的转型，如何传承与发展传统海洋文化？如何融入长三角，和上海、杭州错位发展，与上海唱好“双港记”，与杭州唱好浙江“双城记”，实现宁波都市圈和浙江港口经济圈“两圈”联动与融合，做大做强都市区，成为影响全球的世界级城市群的核心城市之一？海洋新时代正大踏步走来，“一带一路”拓宽中国经济发展格局，大自然如此厚爱的宁波，宁波还将怎样张扬地域个性，开创出全新的城市文明形式？我们相信，因海而生、山海相拥的宁波，将会在新一代宁波人的创造中，成为最美丽的最适合人诗意栖居的江南都市之一。

① 刘士林：《江南文化精神的“在”与“说”》，《江南大学学报（人文社会科学版）》2008年第6期。

第八章

徽州篇：中国古代城镇建设者出生和出发的地方

如今提到江南多指太湖经济区，或是将李伯重提出的“八府一州”作为古代江南区域范围，或是在此范围加上宁波和绍兴。徽州虽然不属于太湖经济区，但是在生产方式、生活方式以及文化联系上都体现出明显的江南色彩。如今当我们踏入徽州，看到那“五峰拱秀、六水回澜”历经沧桑的古城以及栉风沐雨、古朴雅致的徽派建筑，依然会涌现出“杏花春雨江南”的诗性情怀，犹如漫步江南古镇般悠闲惬意。

虽然，徽州已于1987年改名为黄山市，传统一府六县（歙县、休宁、黟县、绩溪、婺源、祁门）的地理格局被人为拆分，徽州已不复存在。但本文将仍旧沿用徽州的概念，因为无论是从地理区域还是从文化完整性考虑，如今的黄山（不包括“一府六县”中的绩溪、婺源）都无法取代徽州。再者，本文的研究主要是从文化地理角度出发，徽州文化是长三角的安徽的传统文化，深刻影响了江南文化的建构，未来江南文化的建设也主要以吴文化、越文化、徽州文化和海派文化为核心资源，因此尽管徽州已不是一个行政意义上的城市，但本章仍把徽州文化作为安徽省江南城市文化的代表来研究安徽区域文化在长三角一体化中的作用。

一、山行而水处的古越文化

徽州城市文化历史悠久，屯溪西周墓葬出土的大量文物表明，徽州地区在商周时期很可能已经形成了部落，甚至是族国。从出土墓葬的规模来看，屯溪西周 1 号墓，规模长达 8.8 米，随葬品多达 92 件，由此可见墓主绝非普通平民，而应是奴隶主贵族。[①] 此外，随葬品种类多样，有生产工具、生活用器、乐器、装饰品等，重要的是还有当时只有奴隶主才能享用的鼎、尊等青铜器物，奴隶主方国用的青铜剑、箭镞等，尤其是有一只尊，内底部铭刻有“闬父乙”字样，按殷周当时彝器通例，“父乙”应是人名，“闬”是国族名。[②] 所以，徽州地区在先秦时期很有可能产生过一个名叫“闬”的族国，即使没有产生族国，至少也形成了由奴隶主管辖的部落，且文化发展已取得了一定的成就。

徽州虽地处吴头楚尾，但其早期文化属于古越文化。新安江是徽州境内最主要的水系，也是钱塘江流域文明的源头。据相关资料考证，古代钱塘江之名与徽州有关。钱塘江古称浙河、浙水、渐江，而“浙”和“渐”二字在徽州地名中出现较多，如休宁县有浙溪水、渐江、渐溪，婺源县有浙岭等，[③] 无论是钱塘江之名来源于徽州，又或是徽州境内的地名因钱塘江而得名，有一点是可以肯定的，那就是在先秦时期徽州与钱塘江流域已经开始了文化往来，二者应是属于同一文化圈。

从目前考古所取得的相关资料中，也能找到许多徽州与钱塘江流域地区同属于古越文化的历史证据。古越族图腾以蛇或鸟为主，在生活习俗上习水便舟、喜巢居、善铸铜，产生了以印纹陶为代表的越族文化，这些都能在徽州地区找到历史痕迹。1959—1975 年，屯溪西郊奕棋村附近先后发现 8 座西周至战国早期的墓葬，出土的青铜器、原始青瓷和几何印纹硬陶，在形制、纹饰和构图风格上，具有浓厚的南方色彩，属于越文化。[④] 此外，三国时期徽州地区的居民被称为“山越人”，《资治通鉴·汉纪》记载山越人“本越人，依阻山险，不纳王租，故曰山越”，唐张守节《史记正义》中亦称“袁、吉、虔、抚、歙、宣并越西境，属越也”，再一次证明了徽州地区最早的土著居民应该是越人，徽州文化的源头也可追溯到古越文化。

文化发生学理论认为，一种文化的形成萌生期具有特殊的重要性，因

---

① 翟屯建主编：《徽州文化史（先秦至元代卷）》，安徽人民出版社，2015 年版，第 25 页。
② 翟屯建主编：《徽州文化史（先秦至元代卷）》，安徽人民出版社，2015 年版，第 24 页。
③ 参见翟屯建主编：《徽州文化史（先秦至元代卷）》，安徽人民出版社，2015 年版。
④ 安徽文化局文物工作队：《安徽屯溪西周墓葬发掘报告》，《考古学报》1959 年第 4 期。

为正是在这个时期，孕育了它最基本的精神个性的雏形，而这往往就成为它一种内源性的接纳机制，强有力地制约它此后发展流变中于其他文化思想素质的去取、迎拒，从而内在地规定着它的本质特征与发展走向。[①] 春秋战国时期，徽州是否已经形成城市文化尚未可知，但作为徽州文化源头的古越文化在今后的几千年里依然影响着徽州城市文化的构成以及居民的风俗习惯和生活方式，也影响着儒家文化和江南文化在徽州地区的渗透与发展。

二、“因商而兴、因文而显”的城市

中国古代城市的发展受政治因素影响较大，徽州也不例外。先秦时期，诸侯割据，徽州因“地险狭而不夷，土骍刚而不化”[②]，粮食生产难以自给，经济发展也较为落后，加之山越人民风剽悍，好为动乱，难以驯服，徽州从未得到诸侯国的重视，在很长一段时间徽州都是“山限壤隔，民不染他俗”[③]。秦统一天下之后，中央政府开始加强对徽州地区的统治，外来文化（主要是中原文化和江南文化）开始侵入这片蛮荒之地，与当地土著文化不断融合，一起重塑着徽州城市文化的构成。

总的来说，徽州城市文化的形成主要可以分为四个阶段。第一阶段是秦汉时期，中央政府开始在徽州设置行政机构，徽州行政区域初步形成，中原文化和土著文化初次交锋，影响了徽州城市文化的发展。第二阶段是魏晋南北朝至宋元，魏晋南北朝、唐末以及南宋的动乱使得大量中原士族涌入徽州，在文化上，他们兴办教育，促进了当地教育和文学的发展，徽州出现了本土文学家，进士数量也获得了突破；在经济上，中原士族将先进的劳动技能、生产经验及大量财富带到徽州，提高了当地农作物产量，促进了商业经济的发展，徽州城市文化初步形成。第三阶段是明清时期，明清时期是徽州城市文化的成熟时期，在文学艺术上，新安理学、朴学、新安画派、徽派建筑、徽州戏曲等异彩纷呈，“人物之多，文学之盛，称盛天下”；在经济上，徽州商帮队伍不断壮大，在清朝成为全国最重要的

---

① 顾琅川：《古越文化精神研究》，《绍兴文理学院学报》2004 年第 5 期。
② 罗愿：淳熙《新安志》，清光绪十四年黟县李宗煝刻本。
③ 罗愿：淳熙《新安志》，清光绪十四年黟县李宗煝刻本。

商帮，叱咤商场百余年。第四阶段则是清末至如今，同国内其他城市一样，徽州开始了现代化历程，虽然徽州在行政区划上已被拆分，但博大精深的徽州文化和叱咤商场百余年的徽州商帮却从未消亡，它仍以另一种形式影响着古徽州地区的发展。

1. 春秋乡饮，始于秦汉

秦汉时期，中央政府开始在徽州设置行政机构，秦朝设黟、歙二县，隶属鄣郡，西汉武帝元封二年（前 109），改鄣郡为丹阳郡。因距离中央政权较远，经济上难以自足的处境，徽州在秦汉两朝都未曾得到中央政权的重视，当地仍然保持着山越人的文化和风俗习惯，许多地方还属于行政空白区，人烟稀少。汉末三国鼎立，孙吴政权为了巩固江南地区的统治，多次出兵徽州，"以镇山越"。汉建安十三年（208），孙权派威武中郎将贺齐进攻黟、歙两县，平定山越，并划歙东乡地置始新县，西乡地置黎阳县、休阳县，南乡地置新定县。徽州境内原先只有黟县、歙县，现变为始新、新定、黎阳、休阳、歙、黟六县，孙权设新都郡管辖六县，隶属扬州，促进了徽州地区同外界尤其是江南地区的经济文化联系。

这一时期徽州城市文化虽未形成，但却为魏晋以后徽州城市文化的发展奠定了基础。首先，地方行政机构的设置改变了徽州封闭的社会局面，中央政府的触角逐渐深入到徽州这片封闭之地，徽州不得不以更开放的姿态迎接外来文化，自给自足的经济模式也被打破。其次，中央政府加强对徽州的统治有利于当地的社会稳定，结束了徽州一直以来动乱频繁的局面，从而为经济文化的稳步发展提供了条件。最后，在文化上，汉文化开始逐步渗透到徽州境内，在徽州任职的官员以同化越文化为己任，通过多种方式在当地推行教化，如曾任丹阳太守的李忠在当地开办学校，教习越人礼仪，春秋乡饮，选用明经，受到当地人的爱戴。

2. 程朱阙里，称于天下

魏晋南北朝到两宋时期徽州迎来了城市发展的第一个高潮，徽州城市文化的形态也初步形成。这一时期徽州城市文化的快速发展主要得益于三个原因：第一，三次人口南迁高潮为徽州当地带来了大量的劳动力、财富以及先进的生产技术和文化观念，直接改变了徽州当地落后的局面。据统计，唐代天宝元年（742）徽州人口已达到 38 832 户，240 109 口（不包括始新、遂安县户口)[①]，较之刘宋时期，人口增长近 80 倍，到了宋乾道八年（1172）人口已达到 120 082 户，除了自然增长之外，移民是最主要的原因。第二，江南地区经济的繁荣为徽州商业经济的发展提供了较好的外部条件。徽州自然条件不利于粮食种植，人口的急遽增长更加剧了粮食短缺的紧张局面，徽州粮食基本仰赖于江南地区。于是，通过将本地生产的笔墨文具、茶叶、木材等销往外地以换取当地所需的粮食成为两宋时期徽州商业经济的重要特点。第三，南宋时期政治中心的南移提高了徽州在全国的地位，徽州因靠近都城临安，得地利之便，往来贸易络绎不绝，文化上更是因程朱理学而闻名遐迩，在这一时期徽州在经济、文化上的地位得到了极大地提高，城市文化与秦汉时期也表现出极大的不同。

首先，因教育在徽州的普及和兴盛，“尚武”的社会风气转向“崇文”。徽州的土著文化属于古越文化，越人好勇尚武，崇尚剑道，社会上习武风气较盛，但随着教育的普及以及宋以来崇文抑武的政策，徽州当地的社会风气也逐渐向“崇文”转变。据《中国古代书院发展史》记载，宋代全国书院共计 400 所左右，徽州有 18 所，占全国的 4.5%，处于全国领先地位。伴随着学院教育的兴盛，进士数量也大大增加，北宋徽州的进士人数有 251 人[②]，南宋时期进士人数更是多达 530 名[③]，宋代徽人担任过四品以上官职者达 30 余人，大大增强了徽州在全国的政治地位，徽州一改以往“嫁娶仪礼衰于中国”的落后局面，涌现了大批人才。徽州虽与苏州、杭州、扬州、南京等城市同属于江南经济圈，但徽州的山林文化与苏杭的水乡文化与仍然表现出巨大的差异，相比“春水碧于天，画船听于眠”的婉约灵动，徽州更多地是“一溪练带如，环以千翠峰”的壮丽。当江南其他地区已经开始从野蛮到文明，从本能到审美的升级时，山林环绕的徽州地区依然保留着浓厚的古越风气，两宋时期徽州崇文风气的兴盛意味着徽州城市文化中古越文化因素的减弱和审美文化的产生，这对后续新安画派、徽派建筑、徽州戏曲等文学艺术的发展意义重大。

其次，徽州商业经济发展迅速，传统重农抑商的观念得到改变，商业文化逐渐形成。徽州并不是被上帝眷顾的孩子，不同于平原地区利于耕种

---

① 刘昫：《旧唐书・地理志》，中华书局，1975 年版。
② 赵吉士：《徽州府志》卷 17《流寓》，清康熙三十八年刻本。
③ 李琳琦：《徽州教育》，安徽人民出版社，2005 年版，第 28 页。

的自然条件。徽州土地贫瘠，有“七山一水一分田，一分道路和庄园”之称。虽然魏晋以来中原士族通过兴修水利，培育良种提高了粮食产量，但随着人口的不断增长，徽州的米粮仍须仰赖江南地区其他城市，为了生存，徽州人不得不离乡背井，将外地的粮食运往本地销售，因而产生了一批粮商，也促进了徽州和江南地区的经济往来。中原士族带来的优秀生产经验除了提高粮食产量之外，也改善了苎麻、桑蚕、茶叶等其他农作物的生产条件，带动了当地纺织业以及茶叶贸易的发展，尤其是祁门红茶“色黄而香，贾客咸议，逾于诸方，每岁二三月，赍银缗缯素求市，将货他郡者，摩肩接踵而至”[①]，可谓是“万国来求”。此外，徽州当地盛产良木、良石，笔墨文具业因而兴盛，“新安四宝”（澄心堂纸、李廷珪墨、汪伯立笔以及羊头岭古坑砚）闻名全国，两宋时期的文学家、书法家和画家尤其喜用新安的文房珍品，南宋文人汪藻赞美歙砚，“冰蚕吐茧抽银色，仙女鸣机号月窟、故令玉质傲松腴，万缕秋豪添黼黻”[②]，歙纸亦有“光滑莹白可爱”之誉。这段时期，徽州商业经济非常活跃，可谓“市嚣在耳，村烟在目”，而其中又以粮业、木材业、茶业、纺织业以及笔墨文具业等最具代表性。随着商业经济的发展，商人的地位得到了提高，传统重农抑商的观念得到了改变，徽州外出经商之人越来越多，经商风气慢慢形成，这些都为明清时期徽州商帮的壮大奠定了基础。

再次，这段时期儒家文化在徽州地区得到较大发展，诞生了程颐、朱熹等一批儒家大师，“新安理学”一度成为徽州甚至是全国的主流文化，影响了徽州商业文化的发展，成为形塑徽州城市文化的重要力量。新安理学是中原文化和徽州文化结合的最辉煌的成果，它意味着徽州不再以被动的姿态接受中原文化的“调教”，而开始以主动的姿态影响着主流文化，并逐渐形成自身的文化特色。宋代理学的兴盛把儒家文化推向了新的阶段，徽州因是朱子桑梓而名声大噪，当时“朱子之学虽行天下，而讲之熟、说之详、守之固，则惟新安之士为然”[③]，徽州人成为践行理学的典范。但所谓“成也萧何，败也萧何”，“程朱阙里”“东南邹鲁”的光环既为徽人赢得较高的政治文化地位，但也让徽人背负了更多道德伦理的束

---

① 张途：《祁门县新修阊门溪记》，《全唐书》802卷，中华书局，1983年版。
② 高似孙：《砚笺》卷2，文渊阁《四库全书》影印本。
③ 赵汸：《东山存稿》卷4《商山书院学田记》，文渊阁《四库全书》本。

缚，相对于江南其他城市的开放自由，徽州文化带有更多的“老成之气”。以商业文化为例，徽州商人以“儒商”闻名，在商业经营中注重诚信，在商界赢得了较高的声誉，但出于对儒家忠孝礼仪的尊崇，徽州商人将大量资本带回家乡，用于修葺宗祠祖屋，资助族类弟子教育以及其他慈善事业，不利于资本的再生产，反映出了徽州商人保守的一面。

3. 风雅儒商，傲视江南

明清时期是徽州城市文化发展最为繁盛的时期，徽州在全国的地位得到巨大提升，除了朱子学说在全国的影响之外，商业经济的繁荣是最主要的原因。明清时期徽州从商人数剧增，无论是行业领域还是地域范围，经营规模较两宋时期都有明显地扩大，最终在成化、弘治年间形成徽州商帮。徽商的经营足迹遍布禹内，远涉海外，而尤以江南地区为甚，陈去病在《五石脂》中将扬州称为“徽商殖民地也”，钱塘江畔也被称为“徽州塘”，江南地区亦有“无徽不成镇”之说，可见徽商在江南地区的活跃程度，同时也说明这里不仅是江南地区，也是中国古代城镇建设者出生和出发的地方。随着徽州商业经济的发达，出现了许多大贾巨富，据万历《歙志》记载：“《传》之所谓大贾者……皆燕齐秦晋之人，而今之所谓大贾者，莫有甚于吾邑。虽秦晋间有来贾维扬者，亦苦朋比而无多。”清朝时期，徽州商帮发展到顶峰，成为全国商帮之首，叱咤商场百余年。

徽州商帮的壮大主要与其在盐业和典当业行业取得的优势有关。两宋及以前，徽商主要的经营行业是粮食、木材、茶叶、布业、笔墨文具等，而明清时期，盐业和典当业成为徽商最主要的经营领域，绝大部分的巨富之家都是出自这两个行业，尤其是盐业，决定了徽商在全国商帮中的地位。徽商从明代初年开始介入盐业，当时明政府实行开中法，即“召商输粮与之盐”的办法，虽有部分徽商因盐业利润高，长途跋涉购买盐引，但由于路途遥远，盐业主要还是掌握在山西、陕西商人手中。弘治末年，明政府听取户部尚书叶淇的建议，实行开中折色法，即商人不用赴边输粮再换取盐引，而是直接赴盐运司纳银买粮，就地支盐销售[①]，当时两淮盐运司设在扬州，两浙盐运司设在杭州，均距离徽州较近，徽商借着地利之便成批投入到业盐行业中来，逐渐取代了山西、陕西商人

① 周晓光主编：《徽州文化史（明清卷）》，安徽人民出版社，2014年版，第260页。

在盐业中的地位。明万历四十五年（1617）纲运制度的实施进一步促进了徽州盐商的发展壮大，当时盐商为了便于与官府沟通往往选举出自己的代表，称为祭酒或纲首，徽商贾而好儒，文化水平较高，往往被推举为祭酒，徽州盐商因而获得了与政府直接对话的机会，奠定了其在盐业中的统治地位。此外，典当业也是徽商介入较多的行业，扬州、南京都是徽商当铺集中地，光南京城内徽商开的当铺就有几百家。凭借着在盐业和典当业的优势，徽商积累了大量财富，其经济实力可与早先崛起的秦晋商人并驾齐驱。

在文化教育上，明朝朱元璋崇奉“治国以教化为先，教化以学校为本”的理念，元朝一度衰落的学院教育日渐兴盛，甚至达到“唐、宋以来所不及”的局面，仅徽州而言，扩建或重建的书院就有49所。清代，徽州教育进一步普及，除了官办学校之外，义学成为学校教育的重要形式。据康熙《徽州府志》记载，当时义学歙县有112所，休宁有140所，婺源有140所，祁门有27所，黟县13所，绩溪30所，徽州六县共计462所。[①]正因为徽州对教育的重视，明清两代徽州文进士人数和状元人数都大大增加，以清代为例，清代徽州文进士人数为648，占到安徽文进士总数1 634的41.86%，并且还有19人高中状元。

南宋时期产生的新安理学在明清时期得到进一步发展，成为徽州甚至是全国的主流文化，“文公为徽学正传，至今讲学，遂成风尚。书院所在都有，而郡之紫阳书院、古城岩之还古书院，每年正八九月，衣冠毕集，自当事以暨齐民，群然听讲，犹有紫阳风焉。其他天泉书院，为湛甘泉讲学处，迥不逮也”[②]。除了对程朱理学进行继承之外，徽州文人也针对当时因循守旧文风对理学进行了革新，如明前期新安“三大家”朱升、郑玉和赵汸针对当时朱子之学“知其然，不知其所以然”的研究现状，提出求“本领”、求“真知”、求“实理”的治经主张，清朝戴震、江永等人则继承顾炎武等人的求实精神，开创了“徽州朴学”。晚明时期，由于王阳明心学的崛起和传播，自宋以来新安理学一统天下的局面曾一度被打破。

---

① 康熙《徽州府志》卷7《营建志上·学校》。

② 赵吉士：《寄园寄所寄》卷11《泛叶寄·故老杂记》，黄山书社，2008年版。

> 学术之分，则自陈献章、王守仁始。宗献章者曰江门之学，孤行独诣，其传不远。宗守仁者曰姚江之学，别立宗旨，显于朱子背驰，门徒遍天下，流传逾百年，其教大行，其弊滋甚。嘉、隆而后，笃信程、朱，不迁异说者，无复几人矣。[①]

明清时期是徽州城市文化的成熟期，其主要表现在三个方面。

在经济形态上，商业经济已经占绝对统治地位，并彻底动摇了徽州人对经商的传统看法，“从商”和“从仕”被放置于同等地位。虽然两宋时期徽州商业经济已经得到初步发展，商人地位有所提高，但对“农本商末”观念的抛弃以及对商人地位的肯定则主要是在明清时期随着徽商的壮大而形成的。魏晋南北朝时期徽州教育的普及以及政府对科举制度的重视，科举取士在很长一段时间都是徽州人功成名就的唯一方式，但明清时期随着徽州商业经济的发达，这一观念的根基被动摇了。在中国封建社会被誉为“四民之首”的士与“四民之末”的商被放置于同等的地位，甚至在徽州某些地区商的地位高于士，正如汪道坤所言“古者右儒而左贾，吾郡或右贾左儒”[②]，清代徽州学者俞正燮亦言“商贾，民之正业”[③]。这也是徽州文化与北方正统文化明显的不同之处，而与江南文化则表现出高度的契合。

在社会思潮和社会风气上，王阳明的心学改变了新安理学一统天下的局面，以往对人性欲望的压制得到部分释放，影响了当时的社会风气。徽州地区因自然条件恶劣，土不供食，自古便培养了坚毅、勤劳、朴素的美德，加之新安理学对人欲的压制，宗族制度对社会的管理和道德行为的约束，徽州地区向来都是民风淳朴。明清时期社会风气则与日俱下，出现了“诈伪萌矣，讦争起矣，芬华染矣，靡汰臻矣”[④] 的局面，攀比奢华之风亦盛行，居所成为商人炫耀财富的象征，如志谱中所记，“广田园盛甲一方”，“买墩筑室，兴寄幽邈……美仑美奂，雄视一方”，“以沉檀诸香木为之，雕琢人物细镂如画”[⑤]。究其原因主要在三方面：第一，王阳明心学的

---

① 张廷玉等撰：《明史》卷 282，列传第 170，吉林人民出版社，2005 年版，第 4756 页。

② 汪道坤：《太函集》卷 54《明故处士溪阳吴长公墓志铭》。

③ 参见俞正燮《征商论》。

④ 转引自张海鹏等编：《明清徽商资料选编》，黄山书社，1985 年版，第 24 页。

⑤ 转引自张海鹏等编：《明清徽商资料选编》，黄山书社，1985 年版，第 223—224 页。

兴起冲击了传统程朱理学对人欲的限制，不仅从思想根源上瓦解了徽州人的心理防线，更从理论上肯定了人的正常享受和欲望；第二，江南大都会的生活方式通过徽州商人传入徽州地区，开拓了徽人的眼界，徽人竞相模仿苏杭，攀比之风因而兴起；第三，商业经济的发展为徽人积累了大量的财富，提供了攀比享受的物质基础。

从文化艺术上看，明清时期徽州审美艺术得到发展，并和商业文化结合，逐渐走向市场，以徽州艺术品市场的繁荣和徽派建筑的发展最具代表性。徽商素来以贾而好儒著称，在经商之余，除了喜爱读书之外，收藏艺术品也是徽商的一大爱好。徽商收藏家和书画交易人可谓江南之最，吴其贞在《书画记》中写道“忆昔我徽之盛，莫如休、歙二县，而雅俗之分，在于古玩之有无，故不惜重值争而收入”。当时徽州巨富之家，遍寻“海内名器”，除了供自己把玩之外，主要用于买卖，扬州和苏州是徽商艺术品输出最多之地，徽商在艺术品买卖中的活跃程度极大促进了江南地区艺术市场的发展。当时，徽商大部分活跃在江南地区，在审美风格上带有明显的江南色彩，徽派建筑便主要是受了江南文化和新安画派的影响，从造型外观上，极重审美，多彩绘雕饰，与白墙黑瓦的色彩相互衬托，俨然一幅幅优美得青山绿水画，空灵淡雅，意境深远；从空间布局上，与苏州园林、扬州园林基本遵循一样的规则，可以说是“士人文化的隐逸思想”“宋明理学的天人合一思想”“风水思想”以及“江南诗画审美思想”的多元融合。

三、近代徽州的衰落与重生

和中国其他城市一样，徽州的近代化进程是伴随着国门的打开而逐渐开始的，外来文化与中国本土文化的激烈碰撞，从政治、经济、文化、社会等方方面面动摇了几千年以来的传统观念，迫使徽州人开始在反思和批判中不断前进。其实，在清末徽州社会便已经进入了变革的前夜，先是两淮盐业中实行的票盐法改革动摇并最终摧毁了徽商在两淮盐业的垄断地位，昔日“两淮八总商，邑人独占其四，各姓代兴”[①] 的风光局面不再，

① 参见民国《歙县志》。

取而代之的则是盐商的大量破产和徽商的日渐衰落。此外，徽州宗族制度和朱子理学的弊端也日益显露出来，社会因循守旧的体制及对女性的压制剥削受到开明人士的抨击，例如清代学者戴震便高声疾呼“理学杀人”。

太平天国运动给徽州带来了重创，安徽作为太平天国的重要根据地，是清军和太平军争夺战的主要战场之一，据统计，徽州府歙县、休宁、婺源、祁门、黟县和绩溪等一府六县先后被太平军攻陷总次数达 66 次之多[①]。这一时期徽州人口锐减，绩溪“生人已十亡其八”[②]，田地荒芜，经济衰退。由于明清时期徽商将大量资产转移回家乡，此时战火连绵，“壮丽之居，一朝颓尽”[③]，加之清政府为筹集战款开征厘金税，进一步加速了徽商的破产，“商民由富而贫，由贫而至于赤贫，皆由厘金累之”[④]。为了恢复徽州社会经济，太平天国运动之后，政府推出了一系列发展经济、稳定社会、兴办教育和文化事业的措施，涌现出了一批实业家和企业家。

民国时期是中国思想解放的黄金时期，徽州的历史也翻开了新的一页，由于西方思潮的涌进，《黟山青年》《徽侨月刊》《微音》等当地报刊对徽州抱残守缺的文化进行了猛烈抨击，《黟山青年》痛斥“可怜的乡愚，脑筋里满含着腐败守旧性，闭塞愈深，野蛮愈盛”[⑤]。此时，徽州还诞生了中国近代伟大的思想家——胡适，作为新文化运动的领军人物之一，胡适对徽州传统文化进行了反思和总结。民国时期对徽州影响重大，从文化上，徽州向来引以为傲的朱子理学被批判，宗族制度逐渐瓦解；从经济上，徽州商业经济再也无法恢复到明清时期的繁荣。作为曾让徽州扬名天下的朱子之学和徽州商帮此时都已是强弩之末，徽州在全国的地位大大降低了，徽州的行政区划也被人为地分解，1934 年国民党因战事需要，曾将唐代以来一直隶属于歙州、徽州管辖的婺源县分离出去，隶属于江西省，在徽州人民两次大规模的回皖运动影响下，婺源于 1947 年回归徽州。1949 年之后，徽州一府六县被再度拆分，歙县、黟县、休宁、祁门归属黄山市，绩溪归属宣城市，婺源则归属江西上饶市。

徽州因商业而兴，因新安理学而显，新安画派、徽派建筑、徽州戏

---

① 卞利主编：《徽州文化史（近代卷）》，安徽人民出版社，2014 年版，第 7 页。
② 《绩邑柳川胡氏宗谱》卷首《历代旧谱序·同治八年胡绍曾序》。
③ 刘汝骥：《陶甓公牍》卷 12《法制科》。
④ 张廷骧：《不远复斋见闻杂志》卷 2《陶公三疏》。
⑤ 卞利主编：《徽州文化史（近代卷）》，安徽人民出版社，2014 年版。

曲等审美艺术若没有丰富的物质基础和坚实的文化支撑便无法在明清时期取得如此辉煌的成就。徽州商贾合流的社会现象使得商业和文化教育息息相关，正如前文所言，徽州商贾为徽州教育和文化事业的发展给予了大量的财力支持，而儒家文化亦为商贾赢来了较高的社会地位和商界信誉，二者相辅相成，一方衰落，另一方也无法独善其身，清末徽州便已开始的社会文化变革正是在徽商日渐衰落的经济背景下进行的。近代战火连绵的政治形势和思想解放的文化背景给徽州社会沉重一击，家园被破坏，宗族制度被瓦解，新安理学被批判，商业经济也不复往昔。但徽州人民从未气馁消沉，而是发挥其刚毅坚忍的徽骆驼精神浴火重生，顺应时势，改革创新，产生了戴震、俞正燮、许承尧、江谦、陶行知等思想家，虚谷、黄宾虹、江采白等艺术家，为中国近代化进程贡献了徽州价值。

如今再提到徽州，人们更喜欢说“古徽州”，似乎徽州就如已然消逝的楼兰古城一般只是一种遥远的记忆，虽然在行政区划中，徽州已不再是徽州，但是那片土地却从未曾改变，那轻灵秀美的山水风光、古朴雅致的徽州建筑依然如古时一般吸引着国内外游客的到来，“徽学”研究的热潮也在力图将博大精深的徽州文化重现在世人面前，徽州商帮的风云史直到今天仍脍炙人口，广为流传。所以，徽州依然是徽州，她的文化精髓依然影响着生长于这片土地的人民。徽人不甘落伍，不畏艰辛、敢于探索求真的精神在当代“徽州”的建设依然发挥着重要作用，正如徽州先贤鲍幼文所说，“徽州人生于山川奇秀之乡，又因与环境奋斗之结果，而形成独立不惑之精神，但为探求真理，辄不避艰辛，竭诚以赴；心知其非，则据理力争，非冒时俗之不韪。故徽州文化往往能自成一种风气，久之风声所播，乃广被于海内”[①]。

四、徽州城市文化的诗性内涵与气质

城市和农村最根本的区别在于城市是以非农业活动和非农业人口为主的聚居地，商业经济的发达程度在很大程度上决定了古代城市的繁荣程

① 鲍幼文：《徽州人之进取精神及其对学术之贡献》，《凤山集》，学林出版社，1987 年版。

度。中国古代北方城市大多是因政治军事而兴起，而江南城市则是因商品经济的繁荣而兴起，因而江南城市相比北方城市而言，较少受到政治伦理的束缚，相对而言更为自由开放，形成了不同于北方的诗性审美文化。

徽州原本就属于原始江南古陆的一部分，后因为频繁的地质运动，徽州大地发生了强烈的褶皱、断裂和岩浆活动，侵入地壳裂隙的岩浆变为内陆盆地，形成了黄山的胚胎。[①] 据我国最古老的地理著作《尚书·禹贡》记载，大禹治水之后，把中国东部划分为冀、兖、青、徐、扬、荆、豫、梁和雍等九州，徽州属于扬州之域。[②] 不同于她江南同伴“青山隐隐水迢迢”“夜船吹笛雨潇潇”的开阔秀丽，徽州山高谷深，“东有大鄣山之固，西有浙岭之塞，南有江滩之险，北有黄山之阨”[③]，与外界的联系主要靠三条水系，其中两条水系可通往江南，顺新安江东下可达杭州，沿青弋江水系的徽溪、乳溪可出江南。早在先秦时期，徽州土著居民便开始沿着水路，划着小船，穿过山林丘壑，与江南其他地区的人们进行经济文化往来，一直到明清时期，徽人足迹所到最多之处仍是江南。

因此，虽然土著文化、儒家文化、江南文化在徽州城市文化的建构中都发挥了重要作用，但影响最大的还是江南文化。从文化性质来看，土著文化是徽州文化的起源，儒家文化是徽州宗族制度和社会伦理的依据，江南文化则是徽州商业文化和审美文化的体现；从历史发展来看，秦汉时期由于徽州闭塞的地理环境、土著文化特征明显，隋唐两宋时期随着教育的普及和世家大族的涌入，儒家文化渐占上风，明清时期江南文化因商业经济的繁荣而异军突起。虽然对徽州文化而言，儒家文化和江南文化都属于后天生成的文化，但二者有明显的不同，儒家文化是中央政府为加强对徽州地区的统治，通过教育的方式自上而下的灌输，在一定程度上带有“入侵”的性质，而江南文化是徽州商业经济的发展过程之中自主生成的文化，与徽州本土的文化基因更为契合。此外，城市文化的繁荣是以城市经济的发展为依托，没有坚实的经济基础，城市文化便失去了生存的物质基础，在明清时期徽州繁荣的商业经济和江南文化互相呼应，造就了明清时期徽州城市文化的成熟。

---

① 翟屯建主编：《徽州文化史（先秦至元代卷）》，安徽人民出版社，2015 年版，第 14 页。
② 李仲谋编：《徽州文化综览》，安徽教育出版社，2004 年版，第 2 页。
③ 道光《徽州府志》卷 1《地理·形势》。

但是，与江南其他城市不同，徽州并不属于江南的核心区域，而是位于江南的边缘山区，城市文化发展进程较江南其他城市更为缓慢。此外，徽州境内多山，在地理环境上与其他城市差异较大，如果说江南其他城市是水文化，那徽州则更偏向于山林文化，因而在城市文化上也表现出不同的特点。

首先，受古越文化以及徽州自然环境的影响，徽州城市文化带有明显的野性文化特点，具体表现为敢于冒险的开拓精神和愈挫愈勇的坚毅品格。越文化强悍、峻烈而轻生死，古越初民“山行而水处，以船为车，以楫为马，往若飘风，去则南从，锐兵任死”①，这种果敢坚毅的传统文化在“小桥流水”和“群峰参天”两种截然不同的环境中流传下来，于前者则与江南水乡的柔美相融合，于后者则与徽州云烟竞秀的壮丽相得益彰外化为一种刚毅之气，虽一脉相承，却差异颇大。另外，相比江南水乡的开阔，徽州更为封闭，文化传承不易被外来文化中断，因而古越文化中刚毅的野性气质在徽州表现得更为明显。以至于秦汉之后，中央政府虽加强了对徽州地区的统治，但徽州地区仍动乱频繁，以难以驯服著称。

徽州城市文化中的野性精神对其社会经济的发展影响较大，明清时期徽商的成功也部分得益于这种野性文化。在安土重迁的传统中国，徽人离乡背井，外出经商，足迹遍布禹域，甚至远涉海外，在遭遇失败之后也从不气馁，反而愈挫愈勇，“一贾不利再贾，再贾不利三贾，三贾不利尤未厌焉”②，正是这种敢于冒险和坚持不懈的精神造就了明清时期徽商的辉煌。野性文化的另一个表现在于徽人极重气节，为官者多为“御史谏官”，从商者亦“诚信笃实，孚于远迩”，烈女节妇“一邑当他省之半”，在隋末被称为“贼寇”的汪华被徽人奉为保境安民的英雄，可谓“生民得山之气质”。

其次，求真务实的理性主义文化。徽州是因商业经济而兴起的城市，经商历史悠久，早在先秦时期，土著居民便沿着新安江南下江南进行贸易，以换取生存所需物质。在徽人眼中，生存第一，是居于庙堂还是混迹于市井并不重要。事实上，从宋代开始，随着商业经济的发展徽州便出现

---

① 袁庚：《越绝书》，上海古籍出版社，1985 年版，第 58 页。

② 倪望重等：《祁门倪氏族谱》卷下《诰封淑人胡太淑人行状》，清光绪二年刻本。

了士商合流的趋势，“古者士之子恒为士，后世商之子方能为士，此宋元明以来变迁之大较也”[①]。朱熹外家祝氏便善于经商，“世以资力顺善闻于乡洲，其邸肆生业有几郡城之半”[②]，但在宋代祝氏亦有二人得中进士，朱熹自身虽生在高堂也曾用刻书的办法来谋利润[③]。到了明朝中叶，徽州簪缨望族与商贾世家的合流趋势已成潮流，“新安土硗狭，田蓄少，人庶仰贾而食，即阀阅家不惮为贾”[④]，“新安多大族，而其在山谷之间，无平原旷野可为耕田。故虽士大夫之家，皆以蓄贾游于四方”[⑤]。徽州人以务实的眼光来看待科举取士，认为读书登第前途难测，而业于贾者多缙绅巨族，是故从商之人渐多，徽人“十三在邑，十七在天下”[⑥]。商人地位的提高以及大贾巨富之家的不断涌现改变了徽人对“功名”的看法，在他们看来无论是科举取士还是经商致富皆是功成名就之路，正是在这样的文化背景之下，一批批徽人走上了经商的道路，并赢得了乡人的尊崇。

徽人求真务实的态度还贯穿在他们对文化和天人关系的态度上，明清时期新安理学的重要变革便是反对空谈义理，不切实际，强调求真知、求实理，认为研究儒家经典的目的在于经世致用，切勿纸上谈兵。在实际研究过程中时，徽人不盲目跟从，善于深思，长于堪比，“实事求是，不主一家”，在儒学研究中多有创见，张舜徽在《清代扬州学记》中就曾评价“清代学术，以为吴学最专，徽学最精”[⑦]。此外，新安理学具有排斥佛老的心态和行为，这既与理学求实的主张有关，也与徽州自古以来“天地之间，人为最重”[⑧] 的观念有关，因此虽然从魏晋南北朝开始，佛家和道教便在徽州流传开来，徽州也相继兴建了许多寺庙和道观，出现了诸如道宁禅师之类的著名僧人，但徽州社会风气依旧是“不尚佛老之教”[⑨]。

再次，精致细腻的诗性审美文化。胡适曾说：“徽州人正如英伦三岛

---

① 沈垚：《落帆楼文集》卷 24《费席山先生七十双寿序》。
② 《西千志》卷 4《祝外大父祝公遗事》。
③ 李则刚：《徽商述略》，《江淮论坛》1982 年第 1 期。
④ 唐顺之：《荆川先生文集》卷 15《程少君行状》。
⑤ 归有光：《震川先生集》卷 13《白庵程翁八十寿序》。
⑥ 王世贞：《弇州四部稿》，文渊阁《四库全书》第 1279 册。
⑦ 汪良发主编：《徽州文化十二讲》，合肥工业大学出版社，2008 年版，第 188 页。
⑧ 袁庚：《越绝书》，上海古籍出版社，1985 年版，第 93 页。
⑨ 许承尧：《歙事闲谈》卷 18《歙风俗礼教考》，李明回等点校，黄山书社，2001 年版，第 601 页。

上的苏格兰人一样，四处经商，足迹遍于全国。”[1] 徽人外出经商除了积累财富之外，另一个重要的影响便是开阔了眼界，他们不再局限那片贫瘠的山林之地，而是见惯了大城市的繁华与富丽。作为徽人经商最为活跃的地区，江南对徽州审美文化的影响自然最为显著，因而徽州审美文化同江南审美文化一样表现出精致细腻的特点，以服饰装扮为例，徽商将苏松地区流行的服饰带回家乡，出现了“数十年前，虽富贵家妇人，衣裘绝少，今则比比皆是，而珠翠之饰，亦颇奢矣”[2] 的局面。除了影响本土的日常审美之外，徽商还将这种精致细腻的审美文化传播到全国各地，江南审美文化得以在全国流行，以至于当时“苏人以为雅者，则四方随而雅之，俗者，则随而俗之”[3]。

虽然徽州审美文化的形成在明清时期，但对艺术审美的追求一直贯穿于徽州文化发展的始终，无论是文房四宝、还是版刻书画，又或是徽派建筑总是能在全国脱颖而出，赢得盛名。以版画为例，万历时期，北京、建安、金陵版画基本都是上承宋元遗风，采取上图下文的形式，线条粗壮，构图简略，而徽州木刻画则一扫粗壮雄健之风，呈现出工整、秀丽、缜密而妩媚的情调，而刻工亦是华丽精美，线纹细入毫发，飘如游丝，造型效果纤丽逼真，具有极强的装饰美感。[4] 徽人在绘图、镌刻、印刷方面的严谨和细致不断将版画艺术提升到更高的境界，可以说徽州版画最兴盛的时期就是中国古代版画“光芒万丈”的时代。

徽州城市文化中体现出来的野性文化、求真务实的理性文化以及精致细腻的审美文化相互影响，全都根植于古越文化、儒家文化和江南文化的传统之中，而商业文化则将这三者融会贯通，取其精华成为徽州商业经济发展的重要精神资源。如果没有敢于开拓冒险的野性精神，就不会有徽商遍布天下的盛况；如果没有求真务实的理性精神，徽人便不会十有八九外出经商，以至于“徽州风俗，以贾为第一等生业，科第反在次着”[5]；如果没有精致细腻的审美文化，徽商顶多便是有钱的暴发户，也不会因其较高

① 胡适：《胡适口述自传》，华东师范大学出版社，1983年版，第3页。
② 许承尧：《歙事闲谈》卷18《歙风俗礼教考》。
③ 王士性：《王士性地理书三种》，上海古籍出版社，1993年版。
④ 周晓光主编：《徽州文化史（明清卷）》，安徽人民出版社，2015年版，第163—164页。
⑤ 凌濛初编：《二刻拍案惊奇》卷37，上海古籍出版社，1983年点校本。

的文化素养赢得商界的尊崇。

徽州城市文化表现出来的不同特色进一步丰富了江南的文化资源，为“吴侬软语”的江南文化增添了几分英雄义气，江南不仅是“风细柳斜斜”“水巷小桥多”，更是“一溪练带如”“云峰秀复奇”。复兴江南文化，除了要挖掘吴文化、越文化和海派文化的优秀资源之外，还要重拾徽州文化，没有徽州文化的江南文化便不是完整的江南文化。

五、徽州城市文化的当代价值

2016 年 4 月 13 日，人民日报刊发题为《地名是我们回家的路》一文，文中提到：“地名的替换与取消，显然需要慎之又慎，像‘徽州’这样重要的历史地名，不妨考虑恢复。毕竟，没有‘徽’，哪来‘安徽’?”[①] 黄山复名徽州一时成为热潮，至今都未消退。当我们认真审视事情原委便会明白，“黄山复名徽州”事件反映地不仅仅是地名更迭问题，其背后隐藏着当代人对徽州文化传承的深深忧虑，人们担心徽州文化是否会同“徽州”这个地名一样湮没在历史尘埃之中，因而当前真正需要认真考虑的其实并非“复名”问题，而是徽州文化传承问题。

徽州文化博大精深，新安理学已成为当代“徽学”的研究中心，乡村文化也随着对徽州传统村落的非遗申报渐为世人所了解，唯其内涵丰富的城市文化，却鲜少引起重视。徽州是因商业而兴的城市，城市文化是徽州文化不可或缺的一部分，理应得到传承保护，在当代“徽州”的建设中发挥其价值。

徽州是安徽的徽州，同时也是江南的徽州，尤其是在长三角区域一体化发展的时代背景下，更应该突出徽州与江南的历史渊源。虽然，人们如今已很少再提江南，这个美丽的名词似乎已成为人们心中遥远的记忆，但它并没有消失，而是以另一种形态——长三角续写着古时的神话。随着长三角一体化发展上升为国家战略，各城市在经济文化方面的合作交流将会进一步加深，这既是对明清时期“江南城市群”跨时代的回应，也是对长

---

① 凤凰资讯：《被人民日报点名“复名徽州”安徽黄山官方回应》，2016 年 4 月 14 日，http://news.ifeng.com/a/20160414/48457766_0.shtml。

三角未来发展的伟大展望。徽州，作为明清时期江南经济圈不可缺少的角色以及江南文化的贯彻者和传播者，应以更积极的姿态融入长三角经济圈，深入挖掘与长三角共通的文化渊源。

相较于其他江南城市，“徽州”融入长三角存在着一些现实的困难，首先，从行政区划上，古时的徽州已被人为拆分，归属了黄山市、宣城市以及上饶市，若以“古徽州”的完整面貌融入长三角一体化则需协调三个城市，在政策协调和具体的实施上都存在一定的困难；其次，徽州并不属于江南核心区，而是位于江南边缘的山区，历史难免容易将其遗忘，目前《长江三角洲城市群发展规划》所涉及的 26 个城市也未将古徽州的“主体部分”黄山市纳入在内。因而，未来徽州融入长三角仍然任重道远。

虽然黄山没有被纳入长三角城市群，但其一直在经济文化上努力加强与长三角各城市的合作。21 世纪初，借着杭州市“城市东扩，旅游西进，沿江开发，跨江发展”[①] 的契机，黄山市不断寻求与杭州市的合作机会。2018 年，在杭州都市圈第九次市长联席会议上，黄山市正式加入了杭州都市圈，这不仅意味着杭黄两地将会在经济、文化、交通、民生交流等方面展开更深入的合作，同时意味着黄山正在以“融杭”作为突破口加入长三角区域一体化发展，正确看待黄山“融杭”这一举措，对于正确理解黄山在长三角一体化发展中的作用意义重大。

首先，从历史经验上来看，黄山以“融杭”作为突破口加入长三角一体化发展的战略举措，正是对徽州融入江南经济圈模式的当代再现。相较于其他江南城市，徽州离杭州更近，在水路方面新安江可南下钱塘，在陆路方面又有着后天形成的“徽杭古道”，这两条纽带将徽州和杭州紧紧地联系在一起，数千年的经济文化交流也由此而来。古时，徽州许多商人都是先到杭州经商，再慢慢将触角伸入苏沪地区，正是借着杭州这个江南大都会，徽州才慢慢融入江南经济圈。如今黄山市融入杭州经济圈，在历史上极具渊源的徽、杭两地在新时代又以另一种方式延续着昔日的情谊，而徽州也正在以其当代形态重回江南经济圈的怀抱。

其次，从现实情况来看，2016 年国家发布《长三角世界级城市群发

---

① 中共杭州市委、杭州市人民政府：《关于实施“拥江发展”战略的意见》，2017 年 11 月 30 日，http://www.hangzhou.gov.cn/art/2017/12/15/art_1345197_14278928.html。

展规划》已将2007年成立的杭州都市圈列为“一核五圈”之一，黄山加入杭州都市圈后，不仅在招商引资上积极与杭州、上海等城市对接，更在发展理念、工作机制、政府效能、发展环境等各方面与杭州都市圈及长三角城市全面接轨、深度融入[1]，可谓是在“实际上加入了长三角”，实现了以“小圈”融“大圈”的目的。随着杭黄高铁的开通和黄山市加入长三角经济协调会工作程序的启动，未来黄山市将会更全面地参与长三角一体化区域分工合作，在长三角一体化进程中找准自身的定位，实现黄山的价值。

再次，从未来发展规划来看，虽然黄山市目前对标的是杭州都市圈，但放眼的却是整个长三角。在《黄山市关于全面融入杭州市都市圈的实施意见》中，市政府便提出要通过“承接杭州都市圈各市辐射带动，吸引长三角地区科技、资金、人才等高端要素，加快打造现代化经济体系”，“深入对接长江经济带发展、长三角区域一体化发展等国家战略”，《黄山市2018年政府工作报告》也强调未来要“积极融入长三角和长江经济带”等，可见融入长三角是黄山市未来发展的战略选择，也是建设现代化黄山的重要机遇。

目前黄山经济基础薄弱，与杭州都市圈各城市还存在较大差距，2018年黄山地区生产总值位居杭州都市圈末尾，还不到衢州市（排名倒数第二）的1/2，大约相当于杭州市地区生产总值的5%，这显然不利于其与杭州都市圈各城市展开经济合作。未来黄山市要想进一步融入杭州都市圈，对接长三角，需要发挥其自身的优势资源，扬长避短，在长三角中找准自身的位置。

第一，发挥黄山旅游资源的优势，以旅游合作为突破口加强与长三角地区的经济交流。黄山拥有一流的生态环境和旅游资源，旅游景点密度大，景区种类多，黄山的旅游品牌世界闻名，相较于江南其他城市的古镇水乡，黄山的山林风光和传统村落别有一番风味。据统计，2019年上半年，黄山市接待的游客中来自长三角地区的高达75%，许多境外游客也是通过长三角口岸城市进入黄山。未来，黄山应在旅游方面进一步深化与长

① 凤凰网：《顺势“融杭”借势而为 黄山市加速融入长三角》，2019年7月9日，http://ah.ifeng.com/a/20190709/7520148_0.shtml。

三角的经济合作，整合区域旅游资源，沿江布点，实现区域旅游一体化发展。同时，积极借鉴长三角地区旅游产业的发展模式，完善景区基础设施，优化旅游产品结构，促进本地旅游产业的转型升级。

在实现旅游一体化的同时，黄山应利用自身生态环境优势大力发展健康产业、绿色产业，建设休闲度假基地，将黄山打造成“杭州都市圈旅游观光、休闲度假的首选地和后花园”，巩固黄山作为“长三角地区生态安全屏障和重要水源涵养区的地位”，在长三角旅游产业链中展现出自身的独特价值。

第二，深入研究古徽州的城市文化，传承徽州城市文化的优秀基因，助力黄山的当代腾飞。徽州城市文化内涵丰富，无论是敢于冒险的野性文化，求真务实的理性文化还是精致细腻的审美文化都曾在古徽州的经济发展中发挥了重要作用，缔造了明清时期徽州商业经济的繁荣。在全球城市化的大背景之下，黄山融入长三角，更应发挥徽州城市文化的当代价值，将敢于冒险的野性文化转化为不断创新、开拓进取的精神，用求真务实的理性主义精神壮大本地产业经济，以精致细腻的审美文化促进黄山与长三角地区的文化交流。

第三，打造“江南文化”品牌，将江南文化作为黄山融入长三角的社会和文化基础。江南文化是徽州与长三角地区的文化纽带，古时徽州能越过崇山峻岭成为江南的重要组成部分，不仅是经济的融合，更是文化的张力，正是因为共同的文化渊源才使徽州人很早便称自己为吴人。在徽州近代化的过程中，在西方文化的冲击下，江南文化曾一度被人所遗忘，但徽州城市文化中体现出的江南诗性特质与内涵永远都不会消逝。目前黄山市与长三角地区的合作交流主要侧重于经济方面，而经济方面又侧重于旅游，对文化交流的重视不够。这种现象的根源在于对“徽州”的当代价值挖掘不充分，人们过多地重视有形的自然山水和物质文化遗存，而忽略了无形的文化资源和精神财富，因而如今徽州给人的印象更多是昙花一现的视觉冲击，满足的是游客一时的猎奇心理，明清时期徽州文化、艺术繁盛的局面已不复现，黄山在长三角地区的影响力更是无法与昔日的徽州相提并论。虽然目前“徽学”已经成为研究热潮，但其重在研究朱子理学，对江南文化关注不多，这既是对徽州文化的理解不充分，也不利于“徽州”与长三角地区的文化合作。如今，在长三角一体化发展和打造江南文化品牌的时代背景下，黄山应充分挖掘本地的江南文化资源，将江南文化作为长三角一体化发展的文化和社会基础，形成区域文化共识，通过文化交流进一步促进经济等其他领域的合作。

第九章

上海篇：从大海里升起来的伟大城市

上海是一座从苦涩海水中生长出来的陆地。有关研究表明，上海西部在6000年前已成陆，而主要市区则约在10世纪前叶才全部形成。也就是说，在今天的大都市上海在欧亚大陆上找到立足之地前，不知道在太平洋中经历了多少劫、多少世。当然，在海水中长期煎熬与浸泡的经历，也注定了这块土地的顽强生机和远大前程。在漫长的地质年代里，上海一直浸泡在又苦又涩的海水中，这种漫长的等待和顽强的上升，是一个世界大都市艰苦的诞生条件与全部的童年经验。所以，关于上海名称的解释，可以称之为从大海里升起来的城市。

一、上海历史是城市的历史

斯宾格勒说："世界历史，即是城市的历史。"[①] 上海就是一个生动的证明。

正如小人物的人生奋斗，除了勤奋、刻苦与努力，还需要特别好的运气一样，农村或农业地区要完成从乡村到城市的升级，既需要有一个相当漫长的积累与演化过程，其一般的演化规律可以描述为，首先在便利的地理条件上形成商业与物流的中心，然后是随着商业的繁荣吸引来更多的人口，并最终随着手工业、商业、运输、市场的发展形成有一定

① 斯宾格勒：《西方的没落》，陈晓林译，黑龙江教育出版社，1988年版，第353页。

规模的市镇，同时更需要一些特殊的历史条件，特别是在政治、军事、经济等方面的机遇，才能淘汰掉四周的竞争者而成为中心城市或首位城市①。上海在后一方面的优势得天独厚，从一开始就拥有丰富的城市要素，除了制盐、手工业、物质与商品流通，特别是很早就开始的国际商业贸易，使它直接跨越了农业地区漫长的城市化积累阶段，这是上海运气特别好的根本原因。

历史上大城市的发展，尽管在具体细节上千差万别，但基本条件有二：一是政治中心，二是经济中心。

> 世界上大都市的兴起，主要依靠两个因素：一个大帝国或政治单位，将其行政机构集中在一个杰出的中心地点（罗马、伦敦、北京）；一个高度整体化和专业化的经济体制，将其建立在拥有成本低、容量大的运载工具的基础上的贸易和工业制造，集中在一个显著的都市化地点（纽约、鹿特丹、大阪）。②

与之相应，中国经济史学家将中国城市分为“开封型”与“苏杭型”，上海无疑属于以工商业为主导结构的“苏杭型”城市。当然，正如任何一个城市都有政治功能一样，对于“苏杭型”城市，不是说它们没有政治功能，而是说它的政治空间是以工商业为中心建构起来的。或者说，城市工商业对于城市政治结构影响十分重大。但另一方面，尽管上海城市发展的首要条件与工商业相关，但从一开始就表现出外贸型的商业机制。这是上海城市发展的一个深层的基本的机制，也是它对“苏杭型”城市的超越之处，直到今天仍然如此。

从历史上看，上海城市的发展一开始就与商业、制造业有关。汉代的海盐县在今金山区内，当时为刘濞的封国，以煮海水制盐著名。特别是产盐质佳量多，多被运往吴都（今苏州）集散。这表明上海境内的发展从一开始就表现出非农业生产要素的集聚。到了晋代，依靠鱼盐之利，上海地区的经济已相当发达。到了宋代，华亭县以东的海滩，仍然是重要的盐

---

① 刘士林：《文化都市的界定与阐释》，《上海大学学报》2008 年第 3 期。
② 墨菲：《上海——现代中国的钥匙》，章克生等译，上海人民出版社，1986 年版，第 2 页。

场。在制盐业的基础上，相关的贸易机构与商业十分发达，直接影响到上海地区的城市化进程。关于贸易、商业与上海城市化进程的关系，可以从唐代华亭县的设置及城市围绕着贸易不断扩展的角度来了解，在这里我们不得不提及青龙镇。天宝五年（746），在今天青浦东北的吴淞江南岸设置青龙镇，直属华亭县，是唐代对外贸易的新兴港口，当时的航运不仅通往沿海和内河重镇，还可以直达日本、朝鲜。宋人杨潜《云间志》对此曾有详细的描述："青龙镇瞰松江上，据沪渎之口，岛夷闽广之途所自出，海舶辐辏，风樯浪楫，朝夕上下，富商世贾，豪宗右姓之所会。"还有一些相关的文献记载表明，宋代已有日本、新罗等国的海船在青龙港卸货付税，进行官方贸易。如当时有很多日本的珍奇货物，就是通过青龙镇港进入中国内地的。刻于北宋嘉祐七年（1062）的《隆平寺灵鉴宝塔铭》对青龙镇繁忙的航运情形有更细致的记载："自杭、苏、湖、常等州日月而至；福建、漳、泉、明、越、温、台等州岁二、三至；广南、日本、新罗岁或一至。"发达的国内国际贸易与人员往来，使青龙镇成为"人烟浩穰，海舶辐揍"的枢纽，极大地提升了其城市化水平。据诗人梅尧臣《青龙杂志》记载，当时的青龙镇有二十二桥、三十六坊，还有"三亭、七塔、十三寺，烟火万家"，并因此获得了"小杭州"的美誉。至此表明，这个在江南地区原本默默无闻的"小人物"，经过几百年的奋斗，在城市经济与社会高度发达的古代江南城市群中已占据了重要的一席之地。

此后由于水运条件的变化，曾经十分繁华的青龙镇风光不再，逐渐被新兴的上海镇取代，但这并没有改变以商业贸易、特别是国际物流与贸易为中心的上海地区的结构与功能，相反是城市商业贸易、特别是外向型的国际商业贸易，在不断加快上海城市化进程的同时，也使上海自身在中国城市群体中的政治地位迅速提升。上海城市的行政区划与政治地位，也因此而得到不断的扩展与强化。

在北宋熙宁十年（1077），秀州（今嘉兴）所辖17个酒务的名单中，列有"上海"之后。此酒务在上海浦边，故名"上海务"，是一个管理贸易的机构。南宁咸淳年间（1265—1274）设立了上海市舶提举司，由此逐步形成上海镇。元至元二十九年（1292）上海镇升格为上海县，成为县一级的行政建制。

元朝初年，上海镇进一步发展，除鱼盐、蚕丝、稻米外，又从闽、广引进棉种，大力推广植棉业。植棉业又带动棉纺织手工业，进而促进了商业贸易的兴盛。同时，新兴的沙船业又担负起海运漕粮的任务，仅至元二十八年（1291）就从上海镇海运滨海大港，户数达 6.4 万户，人口数十万。市舶司、商税局、万户府（海运漕粮机构）、太平仓（贮放漕粮之仓库）、酒务、商务、巡检司、水驿、急递铺等官方机构一应俱全。街市上榷场、酒库、军隘、儒塾、官署、佛宫、仙馆、甿廛、贾肆鳞次栉比。人烟稠密，富甲一方。[①]

以后上海城市发展的几个重要阶段是，元至元十四年（1277），上海镇设立市舶司，与广州、泉州、温州、杭州、庆元、澉浦并称中国七大市舶司。特别值得玩味的是，上海埠市舶司的衙门就设在后来的上海县署内，在今天小东门方浜南路的光启路上。元至元二十八年（1291 年），华亭县东北的长人、高昌、北亭、新江、海隅五乡划入上海镇，立县于镇。次年，上海县正式成立，领户 72 500 余，从此成为一个县级的独立政区，与华亭县并属松江府。独立政区的设置，给上海地区的城市化带来更多的便利，明代的上海已是商肆酒楼林立，被称为“东南名邑”。明末清初，上海今天的规模基本形成。到 1840 年鸦片战争前夕，上海县的规模已东界川沙，南邻南汇，西接青浦，北连宝山，县城内的街巷多达 63 条，其中店铺林立，车水马龙，并有了“江海之通津，东南之都会”之称。这是上海在江南城市群中逐渐走向中心、获得重量级话语权的开始。由此可知，经济与商贸的繁荣与发展，是推动上海版图变化、建制升级与地位上升的主要力量。

关于上海的研究，有一种流行的看法，认为上海在开埠前只是偏远小县，繁华程度远不及苏州、杭州等城市。只在开埠通商后，中外商旅才大幅度增加。但从上海地区在古代的城市化进程看，这个说法并不确切。如果说开埠通商使上海可以借助整个现代世界的资源，特别是西方发达资本主义国家的技术与文化，因而极大地加速了上海的发展，当然是无可厚非的，但如果因此而忽略在这之前上海多年漫长的积累与准备，则是有待商榷的。一个明显的事实是，如果仅仅是开埠通商，而缺乏以往的国际商贸经验，就很难解释在近代中国沿海城市中，为什么是上海，而不是天津、

① 熊月之、周武主编：《上海：一座现代化都市的编年史》，上海书店出版社，2007 年版，第 3、7 页。

广州、青岛、南通等，迅速成长为有国际影响的现代大都市？上海在近代以后迅速成为国际大都市的原因有很多，但无论怎样，这一地区固有的历史积淀与本土经验是绝对不能绕开的。

二、文化上海的早期经验

文化传统是上海的弱项，在古代尤其如此。这主要是因为上海的自然条件与物质环境过于艰苦，无法提供从事文化生产和更高级的精神活动所必需的剩余时间与剩余精力。与古代江南的大都市相比，古代上海在文化上确实没有什么可以炫耀的。但这不等于说上海的文化史与传统文化是一片空白。正如任何地区的文明创造都不可能缺少文化推助一样，以青龙镇为起点的上海地区的城市化进程，同样得到过文化方面强有力的支撑。只是与江南其他大都市相比，其来路有所不同而已。如果有 2 000 多年以上城建史的杭州、苏州等江南大都市，主要是通过自己的原创与创新而形成了独特的城市文化传统，那么也不妨说，上海则主要是通过学习、模仿与交流来弥补自身在文化上的先天不足与缺陷的。关于这一进程的具体情景可以这样来还原，一个将全部物力与精力都投入到实际事物的“小人物”，在最初不可能有意识与能力去关注文化、精神、艺术等更高层次的需要；只是在逐渐积累较为丰厚的物质基础之后，并在一天突然发现还有比衣食住行更为重要的东西——这种发现一般说来主要是受周边更高层次的城市文化的吸引与感染，使他发现了自己原来生活方式的粗陋与贫乏，因而才促使他改弦更张、否定自我，同时以更大的热情，全身心地投入对高级文化的学习与吸收上。有时，由于强烈的文化需要，以至于即使生吞活剥、邯郸学步也在所不惜。这是很多原本没有文化的荒凉之地，在某些年代可以迅速发展，以至于后来居上的根本原因。这也可看作上海文化生产的基本模式。

在文化视野有限、交通相对不便的古代，地缘最近的江南文化和作为中国主流话语的中原文化，成为上海文化生产的重要学习对象与上海城市发展的主要文化资源。按照现在普遍的看法，轴心时代（公元前 8 世纪—前 2 世纪）是人类文明和精神文化大发展大繁荣的第一个高峰时期，在这之前人类的文化创造并不是很多。尽管当时上海的一大半还深埋于沧海中，但正所谓“天地之大德曰生”，皇天后土并没有完全遗弃这片贫瘠而不稳定的土地，从春秋战国时代开始，上海与江南就有了直接的文化联系。在“申”这一上海的简称中，就隐约透露出一些尽管遥远、模糊，但依然有迹可求的信息。

> “申”之得名，源于春申君。春申君名黄歇，是战国时楚国贵族，被楚考烈王封为春申君，封地为吴，都邑在今苏州，上海地区为其封地的一部分……战国时上海西部已经成陆，春申君到自己的领地来巡视，不是没有可能的。①

至于上海与中原地区的文化交流，也是从很早就开始了。在秦始皇统一六国之后，曾修筑了一条很重要的驰道。历史记载，这条驰道宽 50 步，绿化很好，每隔 3 丈植树一株。驰道也很长，从咸阳出发，中间经过湖北和湖南到达江苏和上海。在上海一带，秦始皇的驰道从今天的松江西北经过，具体位置是“经青浦古塘桥，西通吴城”。有了这样的交通条件，上海与中原文明的交流应该是相当畅通的。一个有意思的记载是，公元前 210 年，秦始皇率丞相李斯、少子胡亥南下巡游，曾到达松江西境和青浦南境的横山、小昆山、三泖地带。在当时的秦始皇看来，上海一带已是物产丰富、人口繁荣，还有人划着船在水上做生意。

由此可知，以人口迁移往来和相对便利的交通设施为基础，一条上海与江南、与中原的文化线路在轴心时代就已形成。而由春申君带来的当时最发达的江南文化，和以秦始皇为代表的当时最发达的北方文化，很早就在上海境内开始传播和相互交流，为这片原本落后的海滨渔村吸收高度发达而又异质多样的文化因子提供了可能，并在以后漫长的岁月中始终成为上海文化传统中最重要也最活跃的两股力量。如同候鸟的迁徙一样，文化交流的线路一旦形成，也不会很轻易地中断或夭折，而江南和中原—北方文化圈以后的每一进步和创造，都有可能通过已形成的文化线路传播过来，带动这片偏僻海隅的文化发展。尽管目前相关的记录和物证还不多，使这一文化传播的细节与具体路线尚不够清晰，但这只是一个时间的问

---

① 熊月之、周武主编：《上海：一座现代化都市的编年史》，上海书店出版社，2007 年版，第 3 页。

题。只要方向对了，可以相信以后的证据会越来越多。

追溯上海城市文化与精神的发展，仍要回到青龙镇这个中心点上。青龙镇尽管以实务和商贸起家，但发达的城镇经济不仅推动了城市生活走向繁华，同时也直接带动了上海地区古代文化的发展。据说，在青龙镇最繁华的时代，是可与南宋京城临安相媲美的。但这并不表明上海文化就是江南文化，因为尽管路途遥远，以“天下之中”自居的中原文化也没有放弃对这一偏僻海隅的教化与启蒙职责。这集中表现在古代上海地区对文教事业的重视与推崇上。如同那些从小没有受教育机会的“小人物”一样，没有文化的上海尽管劣势很多，但至少有一点是值得推许的，就是一旦内心深处的文化本能觉醒，或者是现实环境提供了文化生产的条件，上海就如同27岁以后才发愤读书的苏老泉一样，不仅十分投入而且会一刻不停地努力追赶。据不完全统计，松江一府在明代共出进士561名，占江苏全省六分之一。除了热心于举业和功名，审美文化成为新的追求目标。如同古代江南士子特别喜欢以家乡风光自夸一样，以“沪城八景”——海天旭日、黄浦秋涛、吴淞烟雨、野渡蒹葭、江皋霁雪、龙华晚钟、石梁夜月、凤楼远眺为代表，上海古代文人也开始了对上海自然景观的审美生产。不管是附庸风雅，还是真的为文化所化，这些一同构成了上海在成为现代文化中心之前的主要家底，也是海派文化形成和发展过程中最主要的地方性资产。

在某种意义上，不管是从近处濡染的江南文化，还是从远处得来的中原文化，在直接参与上海文化小传统建构的同时，也因受到这个商业城市的影响而产生不同程度的变化。其中固然有种种误读，但由于商人的头脑善于计算，商人文化本质上倾向于交换，因而，上海文化从一开始就善于借助其他区域文化的资源与先进要素，并通过精明的交流、交换、改良与合理配置以弥补自身的先天不足，这不仅表现上海地区与江南、与中原文化的交流上，也体现为开埠后对西方文化的向往与追逐。当然，这与上海文化传统负担轻而步子快有关，所以在每一次文化交流与重新配置中，都可以占到很大的便宜。

三、月份牌与上海文化的深层结构

关于上海现代都市文化的发生与发展，通常的解释偏重于开埠以来大量输入的西方现代文明，而对其作为一个中国城市的传统文化资源相对关注不够，这是人们多以“十里洋场”为上海现代都市文化象征的主要原因。作为中国现代都市文化的发源地与集聚中心，上海的现代文化艺术，如电影、音乐、舞蹈、戏剧等，以及新的生活方式和趣味，包括喝咖啡、学西方礼仪、过洋节日等，都直接来自西方，因而说西方文化极大地促进了上海现代都市文化的成长是没有任何问题的。但同时也要看到，上海毕竟是中国的上海，在开埠以来迅速迁入的大量本土移民，同样把中国各地的文化与生活方式带到上海这个大熔炉或大染缸中，并成为上海都市文化发生和建构的重要基础性资源。此外，特别需要关注的是，如洪水猛兽的西方文化输入与同样滚滚而至的本土文化资源，如何克服彼此之间激烈的矛盾冲突而最终融通为一种新型都市文化，则主要与上海城市在现代时期形成的特殊结构与功能相关。具体说来，与城市本身的国际化进程相一致，上海不仅迅速吸纳了全世界丰富的文化资源，同时从一开始就具有文化都市的结构与特征。

文化都市与文化城市的区别，关键不在于城市的文化资源与特色，而在于它们所赖以存在、延续与发展的城市本身的结构与性质。正是由于城市结构与性质的不同，使一些城市众多的文化资源默默无闻，更有甚者还会成为城市发展的沉重负担，而另一些城市却由于它的文化资源获得了空前的发展。由此可以做一个简要的归结：文化城市尽管具有丰富的文化资源，但后者在城市整体结构中只是一个功能有限的部分，有时甚至只是一种鸡肋式的点缀；而在文化都市这个更高的发展阶段中，“文化”才开始成为一个城市发展的核心与关键所在，它使整个城市结构与功能的增长与优化获得了总体性的精神和灵魂。①

从文化都市的视角，我们更容易理解上海为什么可以迅速成为现代中国文化中心。尽管在历史上看，上海的文化积淀不如同一区域的苏州、杭州，在文化地位上也比不了南京、扬州，但上海却有着其他江南甚至北方大城市不具备的特殊优势，这就是它在开埠以后迅速获得的只有一个现代大都市才可能有的城市结构与功能，无论是源自本土的传统文化资源，还是西方现代文明，正是借助国际大都市特有的广阔城市背景和浩大文化空

① 刘士林：《文化都市的界定与阐释》，《上海大学学报》2008年第3期。

间，上海才最终找到了现代性的生长点或相互融合的路径。当然，这并不是说因为上海城市空间开放，中西文明就不再有任何矛盾与冲突，相反，与中国其他地区的现代化进程一样，上海现代文化在建构初期同样是矛盾重重的，更多的转换与融合也往往如“洋泾浜”一样不伦不类，但毫无疑问的是，在这些中西合璧或胡拼乱凑的文化生成中，一种真正具有现代性意义的新型都市文化开始传出柔弱而顽强的胎动和心音，并随着时光的推移逐渐形成了相对稳定的外观形态与深层结构。如果说外观形态是感性的，容易发生变化甚至是变幻莫测，那么要真正理解和把握上海现代文化，关键就在于弄清楚它的深层结构。这一深层结构是上海现代文化的“本体”，所有的上海现代文化现象也都可以从这里找到自身生长与幻灭的根据。

如果说像康德那样的理性工程建筑不是我们的所长，而且即使最深刻的理念也需要在个别的感性对象上显现自身，那么我们不妨为上海现代文化找一个具体的象征。这时我们不难发现，在中国已有近百年历史的月份牌是上海现代文化结构最直接的感性表现形式。

月份牌的创作灵感来自中国传统木刻年画“灶王码”，灶王码上印有24个节气与“百日忌”，是简略的历本。受灶王码的启发，1888年，《申报》为了感谢订户，随报赠送一张1889年的新式月历牌，上面印有365天、12个月、24个节气，边框则由“二十四孝”故事为内容的图画组成。这种新式图片兼有灶王码与月份牌两者的特征，标志着新型的广告在上海诞生，此后英商利华公司曾印行《八仙上寿》月份牌。正式标明月份牌字样的是1896年印行的《沪景开彩图》，由上海四马路鸿福来吕宋大票行定制，画面由鸿福来票行、繁华的福州路和上海一些建筑组成，月份牌上有“中西月份牌随报附送不取分文”字样。[①]

月份牌是现代上海重要的文化原创之一，也很能体现中国海派文化的风格与气质。从月份牌的要素分析看，以所承载的公司广告和赠阅形式为中心，月份牌再现了西方现代文明的商业实用主义；以内容方面的“二十四孝”图为中心，月份牌延续了北方与中原文化圈的伦理实践理性；以艺

① 熊月之、周武主编：《上海：一座现代化都市的编年史》，上海书店出版社，2007年版，第357页。

术形式方面的时髦美女为中心，月份牌又与江南诗性文化的精神与趣味十分贴合。从结构要素的角度看，它们恰好对应康德所讲的“真”“善”“美”三元结构。这意味着上海现代文化作为一独立形态的深层结构要素都已具备，同时也是上海现代文化在逻辑上迈出的第一步，因为任何一个健康的文化结构，在结构要素上是不能有残缺的。而缺少了“真”“善”“美”的任何一元，都会对文化形态的培育与现实发展造成致命的影响。以西方实用主义、北方实践理性与江南诗性文化为代表，上海现代文化作为一种有生命力的文化形态已万事俱备，并在以后的历史进程中逐渐生成了上海现代都市文化独特的深层结构。

> 当今上海文化的主要结构要素有三，即从现代以来至今仍在源源不断地输入的西方文化和在本土内部由于人口流动而不断输入的北方与中原文化等，以及与上海在自然地理与文化传统上联系最密切的江南地域文化……从本土的视角看，最主要的文化矛盾是江南审美文化与北方实用理性的冲突，而从世界性的眼光看，则是代表着现实功利的西方物质文明与更看重心理利益的中国诗性文化的矛盾，三种结构要素的相互依存与相互矛盾构成了当今上海文化的深层结构。[①]

在这个深层结构中，既包含了以现代文明为主体的西方工具理性，也包含了以儒家文化为主体的中国实用理性，同时还包含着以审美自由为最高理想的江南诗性文化。这在中国城市文化中构成了一个独特而重要的谱系。工具理性有利于现代文明的生长，实用理性有利于社会秩序的建构，而江南诗性文化则“最有可能成为启蒙、培育中国民族的个体性的传统人文资源”，由此可知，上海都市文化模式对中华民族完成自身的现代性转换十分有益，这不仅仅是理论上的假设，上海开埠以来的都市化历程中也充分证明了这一点。[②]

也可以说，西方实用主义、北方实践理性与江南诗性文化，在它们日

---

① 刘士林:《当代江南都市文化的审美生态问题》,《光明日报》,2005 年 10 月 11 日。
② 刘士林:《文化都市的界定与阐释》,《上海大学学报》2008 年第 3 期。

后的相互对立与相互融合中，为上海现代都市文化的复制、生产与传播提供了一个跨越式发展的深层结构。

四、现代都市文化中心的辉煌与式微

从客观进程上看，自1852年上海取代广州成为中国最大的对外贸易口岸之后，为更大规模地吸收西方和整个现代世界资源提供了有利条件，极大地刺激了上海现代城市结构的形成与相关都市功能的迅速发展，特别是在19世纪后期初步成为全国金融中心，20世纪30年代上海工业占全国半壁江山，以及上海成为中国最大的工业城市之后，上海作为中国现代文化中心的地位也已万事俱备。因而学界普遍认为：

> 上海比较稳固的文化中心地位的形成是在民国时期，特别是在20世纪20年代以后。民国的上海不再是一个边陲小城，也不只是一个通商巨埠，此时的上海是一个国际化的大都市，是西方文化输入中心和中国新闻出版业中心，也开始有原创性文化，大众文化和通俗小说、电影等日渐发达起来；这里也是中国现代文学、美术等高雅文化最有成就的地方，现代中国许多大师级的文学家、艺术家在这里生活和从事创作；各种人文和自然科学社团空前活跃；同时，借助于发达的出版业，上海也抢救、整理出版了大批古籍，对中国文化建设有重要贡献。①

从城市发展的角度看，上海之所以能够成为现代中国文化中心，并形成了以海派文化为标志的现代中国都市文化形态，其中最重要的原因在于上海城市在20世纪以来的巨大发展。在描述中国城市文明时，人们有一种说法是，“两千年看西安，一千年看北京，一百年看上海”，尽管这在一些细节上可能仍有值得商榷之处，但在中国都市文化从传统到现代的历史演进中，上海具有的延续性、前卫性、典范性与代表性，明显是中国其他最

① 熊月之、周武主编：《上海：一座现代化都市的编年史》，上海书店出版社，2007年版，第335页。

早的一批通商口岸如广州、厦门、福州等无法比拟的。

从主体条件上看，上海现代都市文化的繁荣还与新移民在城市环境中的变化有很大的关系。城市环境是一个不同于乡村的地方。正如人们把上海称为冒险家的乐园一样，“它突破了……农村的局限和狭小天地，它是社会的活力、权力和财富广泛动员的产物”①，可以为个体提供更多的机会与发展空间，以及多样性的生活方式与自由选择的可能。从客观方面看，城市已有的各种资源通过集聚与组合，也挥发出更强大的能量与力量，如恩格斯在谈到19世纪40年代的伦敦时曾指出：“这种大规模的集中，250万人这样聚集在一个地方，使这个250万人的力量，增加了100倍。”② 这是原本名不见经传的上海在现代城市化进程中异军突起，超越中国甚至是亚洲其他传统大都市的根源。

对于上海而言，还有很重要的一点是海派文化的作用。在某种意义上，中国其他城市也不是城市不够大或人口不够多，而是它们在西方文化冲击下完全乱了阵脚，其最根本的问题在于，由于传统文化的负担过重，特别是在回应西方文明的挑战中缺乏手段与勇气，因而极大地影响了经济与文化资源的集聚与扩张，使它们在城市的现代性竞争中最终败下阵来。与之相比，上海都市文化尽管紊乱，内部仍有很多问题与矛盾，但毕竟形成了一个全新的海派文化模式，培育了现代中国都市人的新感性与新理性，同时也锻炼出一批新时代的弄潮儿，使上海成为中国最现代化的人生大舞台。

这其中的偶然性与变数都是很多的，而其深层的机制与相互默契在某种意义上只能说是出于造化之力，是种种特殊机缘与历史的普遍性有机结合的结果。这个深层结构在于，既有易于在现代世界中积累物质财富的西方实用主义，有易于组织纷乱的移民形成城市社会生态的北方实践理性，还有利于解脱都市的压抑和现代文明异化的江南诗性文化。同时这个深层结构也再现于上海城市的每一支干和细胞中。这是上海不仅在城市规模与功能上迅速超越了中国北方传统的都城，超越了明清时代的江南都会，甚至也不逊色于西方大都市，同时也使上海都市文化在文化战线上占据了举

---

① 芒福德：《城市发展史——起源、演变和前景》，宋俊岭、倪文彦译，中国建筑工业出版社，2005年版，第61页。

② 《马克思恩格斯全集》第2卷，人民出版社，1979年版，第303页。

足轻重的地位。

人是一切问题的中心，上海都市文化的主要问题也可追溯到它在现代时期创造的“新感性”与“新理性”上。

从“新感性”的角度看，海派文化的主要问题是过于细腻、琐碎甚至是肤浅。从根源上讲，这既是中国传统文化在现代转型中的普遍问题，又是海派文化深受江南诗性文化影响的结果。正如李泽厚指出中国文化是“乐感文化”，缺乏西方哲学的深刻与悲剧经验一样，海派文化有很多的超越，但在这一点上也有很大的局限。以鸳鸯蝴蝶派文学为例，它本质上是传统江南俗文学与现代西方大众文化的结合，主要表现的仍是乐感文化或喜剧文化，而很难看到西方现代派文学中那种揭示现实异化、否定工具理性的深沉思考和悲剧体验。由此可知，尽管在开埠以后上海成为西方文化的桥梁，但由于中国传统和江南传统的双重影响，在实际上并没有真正吸收西方现代文化中深沉的悲剧智慧与感性力量，因而，这种新感性就很容易沦为欲望和商业的机器。

从“新理性”的角度看，上海是中国现代理性的大本营。在2006年上海《文汇报》“国际科学文化名人与上海”系列报道中，就涉及爱因斯坦、玻尔、卓别林、罗素、泰戈尔等现代文化人物在上海的活动。尽管世界文化名人到上海的很多，但在具体的接受上也是有问题的。这主要表现在两方面：一是上海侧重于“西洋之技”，对西方人文理性而有所忽略，在现代中国形成的一个很大问题是“重理工轻艺文”，使中国的人文理性丧失了发展的良好环境；二是上海在人文理性的接受上，也是有问题的。由于过于实用和急功近利，上海很难对西方人文理性产生深刻的认同，这主要表现在对西学一直停留在好奇、猎奇和新鲜的肤浅层面上，对西方人文理性中深沉的悲剧性智慧缺乏会心。追新求异，浅尝辄止是海派学术的一个根深蒂固的弊端，也影响到20世纪中国人文学术的研究。就此而言，海派新理性是中国传统实践理性现代转型的一面镜子，它的关键在于如何处理西方科学理性与中国实践理性的关系，但这对过于世俗化、商业化和娱乐化的海派文化又显然是过高的要求。而上海都市文化在后来发展中的所有问题，可以说都与这种“非驴非马”的都市生命结构直接相关。这在更深的意义上表明，海派文化建设是一件未竟之业。

五、江南文化与新时代的上海文化自觉

黑格尔曾说，古希腊是“整个欧洲人的精神家园”。只要一提起古希腊，人们就会不由自主地想到古希腊的神话、哲学、悲剧、雕塑、荷马史诗和奥林匹克精神，这些具有永恒魅力的东西，都是古希腊人创造和奉献的。与之相对，我们一直把江南称作“中华民族灵魂的乡关”。因为一说到江南，涌上我们心头的则是“人生只合扬州老”“三生花草梦苏州”“三秋桂子，十里荷花”“君家何处住，妾住在横塘”“小楼一夜听春雨，深巷明朝卖杏花”等清词丽句，而这种诗意栖居的美好生活，就是古代江南人民留下的珍贵文明遗产。

从历史空间上看，古代江南的“核心区”即明清经济学史家说的“太湖经济区”（“八有一州”）。但我们还可以将在自然环境、生产方式、生活方式及文化联系上与“八府一州”难以分割的宁波、绍兴、扬州、徽州等纳入，这也就是我们提出的“江南城市群”。从当代形态上看，城市群成为世界城市发展的主流，也是我国新型城镇化的主体形态。改革开放以来，江南这个美丽的名称逐渐淡出，今天说的最多的是长三角城市群。和历史上的江南一样，长三角的范围尽管屡经变化，但核心区仍是在环太湖和扬子江之间，核心城市也主要是上海、杭州、宁波、南京、常州、无锡、苏州等，基本未超出明清“八府一州”的范围。正是在这个当代形态中，上海成了江南的中心。

2018 年，是对长三角具有重大战略意义的一年。从国家层面来看，习近平总书记先后就推动长三角高质量一体化和支持长江三角洲区域一体化发展上升为国家战略作出重要指示。从上海来看，江南文化首次和红色文化、海派文化一起被提升到战略资源的高度，同时也列入打响城市文化品牌的三大重点任务。从地理上看，传统江南地区与长三角城市群的核心空间基本吻合。在人文上看，包含吴越文化、皖南村镇文化和海派文化的江南文化则构成了长三角传统文脉的主体形态。目前，浙江、江苏和安徽也在积极响应开展江南文化的研究和建设，为形成区域价值共识和提升区域文化自信，创造了前所未有的良好社会条件和重大战略契机。

江南文化在本质上是一种诗性文化，代表了我国区域文化在审美和艺

术上的最高水准，是中国本土最符合马克思“人的全面发展”和“按照美的规律来建造”的思想文化谱系，对应现代人普遍的精神和心理危机，促进长三角社会、文化和精神生态的保护建设具有重大战略资源价值。传承发展优秀江南文化，契合党的十九大报告提出“满足人民过上美好生活的新期待，必须提供丰富的精神食粮”的要求，以品质优雅的江南文化为文化资源，建立高品质的长三角城市文化，不仅可以为人民群众提供高质量的文化消费产品和服务，也有助于切实促进和引导长三角真正发展成为一个“命运共同体”，是新时代推进长三角高质量发展的必由之路。

朱熹说：“旧学商量加邃密，新知培养转深沉。”江南文化不仅是海派文化的历史摇篮，对于过去西方化、时尚化、浅表化的海派文化，还有重要的矫正、协调和治理的作用。我们应该采取的主要思路和策略是：用江南文化的美，易海派文化的欲；用江南文化的静，去海派文化的闹；用江南文化的平和，代海派文化的尖刻；用江南文化的雅致，破海派文化的庸俗……当然，两者也有相互促进的作用，海派文化可以给江南文化灌注现代化、全球化的异质精神基因和文化气质，实现这个小传统的现代转型。

长三角共建江南文化的有利条件众多。首先，与经济欠发达地区相比，长三角雄厚的经济实力为区域文化建设提供了坚实的物质基础，持续支持区域文化实现更高水平的重建和复兴。其次，与其他经济和文化协调发展水平较低的区域相比，集聚着世界一流文化人才和团队的长三角，在文化发展理念特别是在开放发展和国际化上，同样拥有其他区域不具备的视野和优势；再次，江南文化是长三角共同的传统文化资源，也是一个在中国乃至世界文化体系中均拥有良好口碑和无穷魅力的小传统，重建江南文化不仅有利于解决长三角内部的文化冲突和矛盾，也有利于在中国和世界建设一个传统文化复兴的示范样板。

第十章
建构江南城市研究的诗性人文学术谱系

江南文化在本质上是一种诗性文化，有助于构建物质追求与精神需求、功利主义与审美主义的协调机制，为实现政治、经济、社会、文化、生态协调发展贡献重要的思想文化资源。但在过于实证化的相关社会科学研究中，江南文化的诗性本质和审美精神往往是被隐蔽的。这就需要在理论方法上开展新的探索，为真正打开江南文化存在的秘密机制创造条件。

一、诗性人文学术的逻辑起点与理论源流

诗性人文学术是相对于理性或实证性的人文学术而言，在人文学术中出现诗性与理性两种谱系的原因是多方面的。从文化比较的角度看，是"主于智"的西方民族与"主于情"的中华民族以及在这个基础上产生的一系列二元对立——如西方理性文化与中国诗性文化、西方哲学与中国诗学等在学术范式上的渗透与再现[①]；在中国文化的内部看，是"重伦理"的北方诗性文化与"重审美"的江南诗性文化这一原型结构[②]在现代人文学术领域中建构与扩展的结果；从学术史的角度看，是作为主流的科学架构与各种边缘性的非主流话语之间既相互对立又相互缠绕关系的具体表

① 刘士林：《人是一根有情感的芦苇——〈诗经·蒹葭〉与中国民族审美情感的历史源流》，《上海师范大学学报》2006年第1期。

② 刘士林：《西洲在何处——江南文化的诗性叙事》，东方出版社，2005年版，第250—251页。

现。如果说，诗性人文学术的存在已无可置疑，那么，真正的难题则在于如何解决其所面临的学理困境：一方面，要成为一门有确切内涵与明晰边界的现代学术，诗性人文学术必须尽可能地从感性与经验形态中超越出来；另一方面，由于在本质上又不能等同于一般的实证科学，因而它同时还必须时时守护自身固有的诗性与人文性。这是一个典型的二律背反，两种相互矛盾的要求均有合法性，无论牺牲任何一方，都将导致诗性人文学术的逻辑流产或结构坍塌。

在此我们不想在“科学，还是人文”的层面上做过多的纠缠，其原因既有逻辑分析方法的局限，也与诗性人文学术自身的“不可分析”相关。对此我们采取马克思“人体解剖对于猴体解剖是一把钥匙”的理论方法①，具体说来，是从人文概念及其理论阐释构成的学术家族入手，从中还原或挖掘出诗性人文学术在历史上的“最高逻辑环节”，以之作为今天建构诗性人文学术的逻辑起点与理论基础。原因在于，诗性人文在获得成熟的理论形态（“人体”）之前，是以低层次的“猴体”形态寄身于“人文家族”中。而通过对后者的解剖与分析，不仅能够发现出诗性人文学术的早期形态与结构要素，也可为今天的理论建构清理出必要的本体论园地。这样做的必要性在于，“人文”是一个内涵与层面过于复杂的宏大叙事，几乎所有与人类活动发生过现实与抽象关联的对象都可纳入其中，而以诗性人文学术为尺度与中心对各种“猴体”形态进行甄别与清理，是克服其内涵泛化、对象杂乱与理论无边界化的重要奠基工作。

在“人文家族”的探索中，有三种“猴体”理论形态最值得关注。

首先，以卡西尔的文化符号哲学为代表，人文可用来泛指人类创造的文化符号。卡西尔指出：“人的突出特征，与众不同的标志，既不是他的形而上学本性也不是他的物理本性，而是人的‘劳作’(work)。正是这种劳作，正是这种人类活动的体系，规定和划定了‘人性’的圆周。语言、神话、宗教、艺术、科学、历史，都是这个圆的组成部分和各个扇面。”②必须指出的是，这里的“劳作”完全有别于马克思的“实践”，后者的基本特征有二：一是发明和使用劳动工具，二是直接与大自然发生联系和交

① 《马克思恩格斯选集》第2卷，人民出版社，1972年版，第108页。
② 卡西尔：《人论》，甘阳译，上海译文出版社，1985年版，第87页。

换。在卡西尔则完全不同，由于“符号化的思维和符号化的行为是人类生活中最富于代表性的特征，并且人类文化的全部发展都依赖于这些条件”[1]，因而“劳作”主要是指以符号为中介的文化生产活动。在某种意义上，由于创造和运用符号的确是人与自然万物的一个本质差异，因而可以说卡西尔“为重新阐释和界定人的本质或人性建立了一种具有高度实证性的符号学语境”[2]，并远比从意识、理性等精神功能角度阐释人性或文化本质的古典哲学高明得多。如果说，卡西尔的贡献在于从符号角度明确揭示了“人文”与其他自然存在的“形式”的本质差异，那么也不妨说，其主要问题则在于文化符号本身的泛化与扩大化，淹没了各种符号谱系之间的差异与层次。这是需要对文化符号说进一步细分的原因。

其次，以先秦儒家思想为主要代表，人文的核心内涵被界定为伦理人文。如果说西方理性文化侧重于人类与自然界的冲突，其最高成果是科学技术体系，那么中国诗性文化则专注于人与社会的矛盾，由此创造了高度发达的人文智慧谱系。正如《易经》说：“观乎天文，以察时变；观乎人文，以化成天下。”无论对自然界的观察还是对人类社会的探究，直接目的在于理解历史规律和完成人伦教化。在某种意义上，伦理人文是文化符号说进一步细分的结果，“文化符号……可以切分出两种功能形态。一种文化符号主要作用于自然对象，目的是充分榨取自然以满足人们日益增长的物质需要”，“被卡西尔视为文化符号最高形态的科学，就是这种工具理性的最高代表”；另一种则是主要针对本能与欲望的伦理符号，“它不是用来刺激和满足人的欲望，而是以‘为道日损’的方式来调节各种生命原欲，把那种与生俱来的自然冲动转化为彬彬有礼的仪式化行为”。两相比较，“这种伦理符号的创作能力，实际上既为人类所独有，另一方面也是人越来越有人性的文化动力机制”，所以说“能够把人与自然的本质界限划得清清楚楚的，既不是什么改造客观世界的工具性实践活动，也不是那种以客观对象为中心的主体符号活动。它只能是那种人作为自由存在物的必然表现形式的伦理行为，只有它才说出了人是自由的、超自然的、摆脱了其物种欲望的那个物种。”[3] 由此可知，伦理人文比文化符号更深刻地揭

---

① 卡西尔：《人论》，甘阳译，上海译文出版社，1985 年版，第 35 页。
② 刘士林：《苦难美学》，湖北人民出版社，2004 年版，第 161 页。
③ 刘士林：《千年挥麈》，百花洲文艺出版社，2000 年版，第 254、259、263 页。

示了“人”与“自然”的差异，具有更高和更为丰富的人文内涵与价值。但其问题在于：人与自然的区别，不仅在于前者有崇高的伦理机能，还在于人的审美机能与艺术生产实践。康德说“美只适用于人类”[①]，庄子《德充符》说“人而无情，何以之为人”，所强调的正是这一点。对于忽视了审美的伦理符号而言，其最大问题在于：“虽克服了死的悲痛，但无论如何也不能带来生的快乐。”[②] 与卡西尔的文化符号过于笼统不同，儒家伦理人文则显得过于逼仄与拘谨，由于它直接牺牲了人的诗性需要与情感机能，所以同样不足以作为诗性人文学术的逻辑起点。

再次，是当代香港学者金耀基的人文学思路。他指出：“人文学主要有两大块，一个是美学，一个是伦理学，分别讲什么是美的，什么是善的。”[③] 其重要性在于，一方面纠正了文化符号哲学的“因小失大”，将人文价值最低的理性符号[④]直接放逐出去；另一方面将美与善并举，则可弥补儒家人文概念在内涵上的缺失，因而“人文学”可看作最接近诗性人文学术的“猴体”理论形态。对此需要加以补充的主要有两方面：一是金耀基毕竟不研究美学，不知道由于理性主义哲学与科学主义思潮的影响，美学学科自身早已分裂为理性与诗性两种理论形态[⑤]，因而，还应该将美学更具体地限定在诗性智慧美学上。这是把从“工具理性”到“数码精神”等各种非诗性的人文精神驱逐出境的理论基础；二是要在当代语境中对诗性人文学术的普遍性意义进行论证。首先，以文学艺术为主要材料与对象的诗性人文学术，不仅以独特方式记录和阐释着人类社会与文化的发展，在某些层面与局部还更深刻地揭示了其本质与规律，如马克思说：“现代英国的一批杰出的小说家，他们在自己卓越的、描写生动的书籍中向世界揭示的政治和社会真理，比起一切职业政客、政论家和道德家加在一起所揭示的还要多。”[⑥] 因而，诗性人文学术有着其他实证性社会科学无

---

① 康德：《判断力批判》上卷，宗白华译，商务印书馆，1964年版，第46页。

② 刘士林：《中国诗性文化》，海南出版社，2006年版，第355页。

③ 金耀基：《假如只有牛顿……》，《社会科学报》，2002年10月24日。

④ “只有理解了这个秘密，才能回答来自现实世界的这种发问：为什么人类制造工具与创造文化符号的能力越强，人类的爱心、同情心与崇高的伦理行为就越少；为什么人类这些纯粹工具性的能力越发达，人本身却更加像动物一样弱肉强食。这只能说明人类使用和制造的工具本身有问题。”引自刘士林：《千年挥麈》，百花洲文艺出版社，2000年版，第255页。

⑤ 劳承万：《美学学科的两种理论形态》，《文艺理论研究》2006年第6期。

⑥ 《马克思恩格斯全集》第10卷，人民出版社，1998年版，第686页。

法替代的功能与作用。其次，以感性经验与诗性智慧为主要表现形式的诗性人文学术，是对唯物主义真实面目的回归与精神境界的拓展。在马克思看来，在唯物主义第一个创始人培根那里，“物质带着诗意的感性光辉对人的全身心发出微笑”，但在以后的发展中却变得片面，“感性失去了它鲜明的色彩，变成了几何学家的抽象的感性……唯物主义变得敌视人类了。”[①] 由此可知，诗性人文学术既是人文学术中固有的诗性智慧与审美知识的显现与扩展，也有助于纠正过度理性化、科学化与实证化的现代主流学术范式，对于更好地实现学术研究的人文关怀十分必要与重要。

二、诗性学术与江南城市的相互适应原理

如果说一种理论与方法总有一定的适用范围，那么接下来需要讨论的则是诗性人文学术与江南城市研究的关系。关于这一问题同样需要分几层进行阐释。

首先，城市本身与诗性文化有着极为密切的内在关系。其一，从城市起源的角度看，城市本质上是一种文化与艺术中心。如芒福德所说：“即使是最原始的城市起源形式，也要比单纯的动物性需求丰富得多。”[②] 较大规模的人口与财富只是城市的表象；城市之所以不同于乡村，因为它从一开始就是一个聚会与交流的精神中心，这在旧石器时代的“圣地”中就已出现，“岩洞圣地的礼仪活动根本不同于交配季节里的单纯汇聚，不同于饥渴困顿的人群到某个宝地来求食求水，也不同于在某个便利但有禁限的地点偶或进行的贸易交换活动，互换些琥珀、玉石、食盐，甚或还有加工工具等。在这些礼仪活动中心，人类逐渐形成了一种更丰富的生活联系：不仅食物有所增加，尤其表现为人们广泛参加的各种形象化的精神活动和艺术活动，社会享受也有所增加；它表达了人们对一种更有意义、更美好生活的共同向往”[③]。由此可知，从最早的发生与原始形态开始，城市就是诗性文化的空间载体与生产中心。其二，审美与艺术是城市文明的最高本

① 《马克思恩格斯全集》第2卷，人民出版社，1957年版，第163—164页。

② 芒福德：《城市发展史——起源、演变和前景》，宋俊岭、倪文彦译，中国建筑工业出版社，2005年版，第4页。

③ 芒福德：《城市发展史——起源、演变和前景》，宋俊岭、倪文彦译，中国建筑工业出版社，2005年版，第7页。

质。在某种意义上，金耀基关于“人文学”的界定也是中国古代思想家的普遍看法。中国人文传统的核心在“礼”“乐”二字，前者用来生产秩序、规范行为，相当于今天的法律体系、伦理规范等，后者则用来调节情感，旨在使人获得快乐与自由，相当于今天的艺术教育或审美活动。“礼”与“乐”，或者说“城市的善”与“城市的美”构成了城市文明的核心内涵。如果说，“礼”与“伦理学”的基本功能在于“区别人与动物”，主旨在于使人类获得一种不同于自然状态的“文明生活方式”，那么，“乐”与“美学”的核心功能则在于“区别异化的人与自由的人”，目的是使人在城市社会中过上真正美好的生活[①]，由此可知，审美与艺术是城市本质的最高体现。而这一点，在倾向于实证与实用的城市研究中往往是不受重视的，同时这也是需要从诗性人文学术语境研究城市的原因之一。

其次，江南城市与诗性人文学术之间的相互适应性更高。其一，这是由江南文化的诗性精神本质决定的。“与生产条件恶劣的经济落后地区相比，它多的是鱼稻丝绸等小康生活消费品；而与自然经济条件同等优越的南方地区相比，它又多出来一点仓廪充实以后的诗书氛围……但江南文化的‘诗眼’，使它与其他区域文化真正拉开距离的，老实说却不在这两方面，而是在于，在江南文化中，还有一种最大限度地超越了儒家实用理性、代表着生命最高理想的审美自由精神。儒家最关心的是人在吃饱喝足以后的教化问题，如所谓的‘驱之向善’，而对于生命最终‘向何处去’，或者说心灵与精神的自由问题，基本上没有接触到。正是在这里，江南文化才超越了‘讽诵之声不绝’的齐鲁文化，把中国文化精神提升到一个新境界。”[②] 进一步说，“与一般的知识与学术研究总是要求尽力罢黜主体的情感与主观性不同，对于像江南这样一个从头到尾都被充分诗化了的审美对象，如果没有特殊的审美感觉、审美体验乃至艺术化的人生观与世界观，可以想象，那也是根本不可能真正走近江南的内部”[③]。其二，江南诗性文化的高级形态正是在江南城市土壤中发育成长的。这可以从江南城市诗性文化的内涵分析来了解，一方面，“江南城市诗性文化有两个核心要素：一是不同于北方城市诗性文化，两者在逻辑上主要表现为‘政治’与

① 刘士林：《城市中的礼与乐》，《光明日报》，2005 年 5 月 23 日。
② 刘士林：《西洲在何处——江南文化的诗性叙事》，东方出版社，2005 年版，第 210 页。
③ 刘士林：《江南诗性文化：内涵、方法与话语》，《江海学刊》2006 年第 1 期。

'经济'的对立；二是不同于江南乡镇诗性文化，两者的根本差异在于'伦理'与'审美'的不同"；另一方面，"如果说，与北国诗性文化相比，江南诗性文化最明显的是其审美气质，那么与江南乡镇诗性文化相比，江南城市诗性文化则呈现出更加自由、活泼的感性解放意义……江南城市诗性文化把中国诗性文化提高到一个新的高度，代表了诗性文化在中国历史上的最高发展水平"。[①] 由此可知，诗性人文学术在研究与阐释江南城市时具有无可置疑的合法性与先进性。

但令人遗憾的是，江南城市的诗性特质并没有受到应有的重视。以当下的江南研究主流为例，一是以江南传统文献的整理与研究，二是以经济史和社会史为重点的历史学研究，三是更加实用的区域经济社会发展研究。尽管这些研究各有所长，也很重要，但却不同程度地存在着"偏实证而轻人文""偏实用而轻审美"等倾向，甚至包括近年来兴起人文地理与旅游研究，也很少涉及江南文化的诗性精神层面。当然，这并非否定上述研究的意义，而是要对它们的范围与有效性加以必要的限定，以便为诗性人文学术谱系的出场打开逻辑通道。进而言之，"如果说经济人文属于经济学及其相关社会科学的研究对象，社会人文属于历史学及其相关实用性人文科学的研究对象，那么对于诗性人文来说，则只有为之建构一种以纯粹审美经验为对象的中国诗性美学，才能使江南文化的诗性内涵进入当代的澄明中……只有为这个特殊对象建立一种适合它自身的人文学术框架，才能为江南诗性文化在现代世界的澄明提供一条真正可行的道路。"[②]

三、江南城市的典范性及其现代性价值

关于中世纪，马克思曾不无遗憾地指出："反对中世纪残余的斗争限制了人们的视野。中世纪被看作由千年来普遍野蛮状态所引起的历史的简单中断；中世纪的巨大进步——欧洲文化领域的扩大，在那里一个挨着一个形成的富有生命力的大民族，以及十四和十五世纪巨大的技术进步，这一切都没有被人看到。"[③] 与之相应，西方城市史家普遍认为，理想城市绝

① 刘士林：《江南城市与诗性文化》，《江西社会科学》2007 年第 10 期。
② 刘士林：《江南诗性文化：内涵、方法与话语》，《江海学刊》2006 年第 1 期。
③ 《马克思恩格斯选集》第 4 卷，人民出版社，1972 年版，第 225 页。

非当今世界的巨无霸式的大都市，而是人口规模适当、居住环境优美、人与自然和谐、精神生态良好的中世纪城市。如韦伯以为在中世纪城市中实现过“美好生活”，并把中世纪城市看作“完全城市社区”的样板[①]。而其中最有代表性的是芒福德的相关研究。

在芒福德看来，中世纪城市的优点可归纳为这样几方面：一是城市“成为一个选择力很强的环境”，为个体发展提供了更大的自由空间。“它从农村向自己身边吸引了大批更有技能、更富开创精神、更正直——大约因而也更聪明——的人口。市民身份以及自由交往，代替了血亲乡土、家庭和封建伦常的古老纽带。专门化的各种职业团体则以一套完全新的关系和责任，补充了原始的家庭、邻里团体：人人都在新城市中占有一席之地”[②]；二是城市物质环境良好，适合居住与生活。“威尼斯共和国所创造的物质环境，整洁有秩、有条有理、其美好程度甚至比它的创造人认识到的还要好……在全盛时期威尼斯只拥有 20 万人口，而这个城市取得的成就，今天也许在一个拥有快速交通和通信设施并拥有 10 倍于威尼斯的人口的现代化城市中，才能取得”[③]；三是城市与乡村保持着良好的生态联系。“在 12 世纪时，水车的声音在伦敦绿油油的田野中非常动听。在夜间，四野俱寂，万籁无声，只是偶然有动物的骚动声或城镇上守夜人报时的声。中世纪的城镇上，人们可以整夜熟睡，丝毫没有人们的喧闹声或机器的噪声”[④]；四是城市的精神生态良好。“在中世纪的城镇里，清晨公鸡长啼报晓，屋檐下鸟巢内的鸟儿吱喳而鸣，城边修道院的报时钟声，市场广场新钟楼发出的和谐的钟声，它们唤醒人们，宣告一个工作日的开始，或是宣告市场开门。人们随意哼起歌曲，从修道士们单调的咏唱到街上民歌手们歌词的反复回荡，还有学徒工们和家庭女仆的信口低咏。唱歌、跳舞、表演，这些仍然都是即兴自发的活动”[⑤]；五是实现了城市的审美与艺术本

① 参看康少邦等编译：《城市社会学》，浙江人民出版社，1986 年版，第 10—11 页。

② 芒福德：《城市发展史——起源、演变和前景》，宋俊岭、倪文彦译，中国建筑工业出版社，2005 年版，第 280 页。

③ 芒福德：《城市发展史——起源、演变和前景》，宋俊岭、倪文彦译，中国建筑工业出版社，2005 年版，第 344 页。

④ 芒福德：《城市发展史——起源、演变和前景》，宋俊岭、倪文彦译，中国建筑工业出版社，2005 年版，第 317 页。

⑤ 芒福德：《城市发展史——起源、演变和前景》，宋俊岭、倪文彦译，中国建筑工业出版社，2005 年版，第 317 页。

质。“从美学上看，中世纪的城市像一个中世纪的挂毯：人们来到一个城市，面对错综纷繁的设计，来回漫游于整个挂毯的图案之中，时常被美丽的景观所迷惑：这儿是一丛鲜花，那儿是一个动物、一个人头塑像，哪里喜欢，就在哪里多停留一会儿，然后再循原路而回；你不能凭一眼就能俯瞰设计之全貌，只有在彻底了解图案中的一笔一勾，才能对整个设计融会贯通。”[①] 一言以蔽之，中世纪城市之所以是理想的，不是因为它们在物质上有多大进步，而是“取得了过去城市文化从未获得的成功”[②]。

西方中世纪城市集中体现了城市的文化与审美本质。与之相应，古代江南城市则是中国历史上发展最好的城市类型。对此可简单描述如下：首先，与古代北方城市相比，江南城市为个体提供了全新的发展空间和更为自由的城市生活方式。如经济史学家将中国城市分为“开封型”与“苏杭型”，在前者，“工商业是贵族地主的附庸，没有成为独立的力量，封建性超过了商品性”，“充满了腐朽、没落、荒淫、腐败的一面”；而后者的“工商业是面向全国的”，流露着“清新、活泼、开朗的气息”。[③] 其次，与现代城市相比，江南城市与乡村的一直是一个有机的生态整体。“中国城市的一个特征，是包含了农村生活和农业活动；而像商业银行和工业生产这些属于（或集中于）城市的经济活动，很大一部分都分布在城墙以外的城郊区域。城镇的特征延伸，其影响超出城外，而农村的因素在城市也受到欢迎。所以，中国的城市和农村是相互开放的，在中国社会的城镇部分和农村部分之间不存在鲜明的界线把二者划分开来，从理论上讲是一个开放的社会。”[④] 这种城乡生态整体一直延续到 20 世纪，“在最主要的工业生产（纺织业）中，城镇工业往往只是农村工业的延续。长途贸易以城镇商业为基础，而最重要的长途贸易商品——粮食、纺织品和肥料，也立足于农村。因此，很难在农村与城镇、农民与工人之间划出一条明确的界线。事实上，只是到了 20 世纪，由于江南农村经济的衰落，特别是到了 1950

① 芒福德：《城市发展史——起源、演变和前景》，宋俊岭、倪文彦译，中国建筑工业出版社，2005 年版，第 325 页。

② 芒福德：《城市发展史——起源、演变和前景》，宋俊岭、倪文彦译，中国建筑工业出版社，2005 年版，第 336 页。

③ 傅衣凌：《明清时代经济变迁论》，人民出版社，1989 年版，第 158 页。

④ 李伯重：《江南农业的发展：1620—1850》，上海古籍出版社，2007 年版，第 188 页。

年代以后国家实行了严格的城乡户口政策，这条界线才最终划定”①。再次，江南城市生活具有更高的美学价值。以都市民俗为例，“在古代，以政治中心为首的‘都城型城市’，如唐代长安、洛阳等，文人会聚，中外使节商贾云集，酒肆林立，其‘都城型民俗’表现为重礼仪和门第，食不厌精，建筑和服饰上‘竞相侈丽之风’。以交通、商业发达的‘商埠型城市’，如扬州、泉州等，市民‘性轻扬’、‘尚鬼好祀’……形成了喜艺文儒术和吟咏之事，耽于逸乐，善于消费的‘商埠民俗’”②。这种状况即使在快速城市化的今天依然如故。“小城没有公园，粉墙内的人家，都有小园天井，有高树，有盆栽，入门是不寂寞的。读书的书斋中有菖蒲，有水石小景，安静有书卷气，一杯新茗，浮上春意，偶然拍下一段昆曲，又是‘袅晴丝吹来闲庭院’了。小城的春色蕴藏在每一角落，这就是中国文化。”③ 由此可知，正如江南诗性文化是中国文化最高的精神代表一样，江南城市是中国古代城市发展的最高理想形态。

建构江南城市研究的诗性人文学术谱系，其现代性价值主要在于两方面：一是在江南学术家族中增加一个新的人文谱系，这有助于人们重新思考和认识什么是城市发展的理想目标。在当代都市化进程中，“工厂和市场的规模标准很快传播到大都市的每一个其他机构。要有最大的博物馆、最大的大学、最大的医院、最大的百货公司、最大的银行、最大的金融集团和公司，这些都成了大都市的基本要求，而生产最大数量的发明、最大数量的科学论文、最大数量的书籍成了大都市成功的标记，正如匹兹堡（Pitteburgh）和埃森（Essen）生产了最大数量的生铁那样。总之，大都市每一个成功的单位，都无目的地追求自身的无限扩大”④。在某种意义上，这也是当代长三角城市群建设与发展中的深层症结。与实用性江南研究谱系多半对此给予辩护和鼓励不同，诗性人文话语对江南城市文化与审美本质的揭示与论证，对摊子越铺越大的当代长三角具有重要的警示与启蒙价值。二是诗性人文学术充分揭示了江南城市文化的细腻与精致本性，

① 李伯重：《江南农业的发展：1620—1850》，上海古籍出版社，2007年版，第187—188页。

② 陶思炎：《中国都市民俗学》，东南大学出版社，2004年版，第151页。

③ 陈从周：《陈从周散文》，花城出版社，1999年版，第153页。

④ 芒福德：《城市发展史——起源、演变和前景》，宋俊岭、倪文彦译，中国建筑工业出版社，2005年版，第544页。

可以为当代城市文化与精神文明建设提供重要的资源与启示。当今城市在文化与精神生态上面临的严峻挑战可称为“罗马化”，其内涵即“在物质建设上的最高成就以及社会人文中的最坏状况”①。芒福德对此曾不无忧虑地说：“竞技场、高耸的公寓楼房、大型比赛和展览、足球赛、国际选美比赛、被广告弄得无所不在的裸体像、经常的性感刺激、酗酒、暴力等等，都是道地的罗马传统。同样，滥建浴室，花费巨资筑成的公路，而尤其是广大民众普遍着迷于各种各样的耗资巨大而又转瞬即逝的时髦活动，也都是地道的罗马作风。”② 而对古代江南城市的诗性人文研究与阐释，有助于当代人认真地反省现实中的文化问题和城市问题，这不仅有助于江南城市自身的可持续发展，对中国其他地区乃至于在同样困境中挣扎的西方城市也具有一定的参照价值。

---

① 芒福德：《城市发展史——起源、演变和前景》，宋俊岭、倪文彦译，中国建筑工业出版社，2005 年版，第 259 页。

② 芒福德：《城市发展史——起源、演变和前景》，宋俊岭、倪文彦译，中国建筑工业出版社，2005 年版，第 259 页。

结　语

关于深化江南文化及城市研究的若干问题

近年来，随着长三角城市群建设不断深入推进，江南文化日益受到越来越多的关注和重视。特别是在2018年长三角一体化发展上升为国家战略之后，江、浙、皖、沪三省一市在加强江南文化研究、推动江南文化传承创新发展上形成高度共识，并将之视为推进长三角更高质量一体化发展的重要战略资源。历史上的江南地区是中华文明重要发祥地之一，由吴文化、越文化、徽州文化、海派文化等构成的江南文化源远流长，是中华优秀传统文化体系的重要组成部分。在长三角加快建设世界级城市群的背景下，深入开展江南文化的基本问题研究和理论体系建设，不仅有助于推进江南文化在城市化、现代化进程中的创造性转化、创新性发展，同时对长三角区域一体化及其他地区经济社会全面发展均具有重大现实意义。

一、纵向观察：传统江南文化理论研究的主要流派及其问题

依托优美的自然景观特色和深厚的历史人文积淀，江南与江南文化一直备受国内外、多学科的专家学者的青睐和重视，是我国区域经济、社会和文化研究中一个独具魅力、不可多得的重要研究对象，并历史地形成了三大主要学术流派，它们既取得了众多有影响的学术成果，同时存在着各自的局限和问题。

一是以文献编纂与考据为中心的文献研究。它们或是卷帙浩繁的集大成著述（如江苏古籍出版社的《江苏地方文献丛书》、上海古籍出版社的

《西湖文献丛书》、浙江古籍出版社《杭州全书》等），或是某一专学的资料汇编（如江苏古籍出版社的《明清苏州农村经济资料》、黄山书社的《江南女性别集》、上海辞书出版社的《中国明清江南服饰图典》等），为江南文化和江南城市研究提供了大量真实可靠的文献资源。但是问题在于，由于文献研究主要倚重传统的“小学”理论方法，缺乏现代学术意识和当代文化理论指导，而关于江南文化的创造性转化和创新性发展更是很少触及，因此文献研究只是走完了江南文化研究“万里长征的第一步”。而如何在这个基础上“接着讲”则是当下亟待思考和需要解决的学术发展问题。

在某种意义上说，这也是大多数传统学术研究面临的共同问题。从学术研究传统和范式看，任何一种学术系统的形成和传承，都有属于自身的特定的时代背景和学术语境。这种背景和语境既是一门学科得以确立的基本条件，同时也因此形成了难以逾越的“门户”意识，而不再关心时代背景的变迁和学术语境的变化。一般说来，越是相对成熟、定型的人文学科，就越不容易走出自己辛辛苦苦建立起来的话语圈子。对于江南文化文献研究而言，一方面直接承续了乾嘉时期江南地域十分发达的考据学传统，另一方面也受到现代中国“为学术而学术”思潮的影响，而其主要问题是局限于“历史真实”而未能抵达“历史的精神真实”，并造成了“历史文献学与精神现象学的两相分离，即历史研究（‘史实’）同历史上的生命活动（‘诗意’）相疏离”①。如何在传统文献“读书识字”的扎实基础上，促进“学主知”与“主术行”、“义理、考据、辞章”与“为学的目的”② 的互动融合，不仅有助于推进江南文献研究自身的革故鼎新，也可为整个传统学术更好地融入现代社会进程作出积极示范。

二是以经济史与社会史为中心的史学研究。在经济史方面如江南经济史、断代江南经济史、太湖流域商品经济与市场、江南乡村地权、城市手工业等；在社会史方面如江南城市通史、江南社会与社会生活研究、江南望族研究、江南丝绸史、江南佛教史、江南民风风俗等。在某种意义上讲，江南文化史研究的兴起和发展，既与史学在中国传统学术体系中占据

① 刘士林：《从历史真实到历史的精神真实》，《社会科学战线》2003 年第 2 期。
② 刘梦溪：《学术与传统》（上卷），北京时代华文书局，2017 年版，第 376—377 页。

的重要位置密切相关，如钱穆先生所说：“故求深切体会中国民族精神与其文化传统，非治中国史学无以悟入。若如宗教、哲学、文学、科学其他诸端，皆无堪相伯仲，相比拟。”[①] 同时也深受近代中国一直占据主流的“六经皆史”乃至“六经皆史料”（即作为古代典籍代表的六经“只是一大堆预备史家选择的原料”[②]）以及各种西方实证社会科学理论与方法滥觞的影响。无可否认的是，史学研究极大地拓展了江南文化研究的视野，丰富了其内涵，但受学科属性与学术范式的影响，他们一般也很难处理好“我注六经”和“六经注我”的辩证关系，因此也就不可避免地存在着“偏经济而轻人文”“偏科学研究而轻价值阐释”等问题和倾向。

实际上，前人对这种“重事实轻价值”的研究方法已有所警觉，如国学大师陈寅恪提出的“诗史互证”方法，“溶诗学文献与历史文献一体的阐释方法，或纠旧史之误，或补史料之阙，同样达到了使千载之前的社会生活历历在目的精深境地”[③]。对此我们曾提出要建立一个“诗性人文学术方法”。其要点有二，首先，正如马克思说：“现代英国的一批杰出的小说家，他们在自己卓越的、描写生动的书籍中向世界揭示的政治和社会真理，比起一切职业政客、政论家和道德家加在一起所揭示的还要多。”[④] 由此我们认为：“以文学艺术为主要材料与对象的诗性人文学术，不仅以独特方式记录和阐释着人类社会与文化的发展，在某些层面与局部还更深刻地揭示了其本质与规律，因而，诗性人文学术有着其他实证性社会科学无法替代的功能与作用。”[⑤] 其次，在马克思看来，在唯物主义第一个创始人培根那里，“物质带着诗意的感性光辉对人的全身心发出微笑”，但在以后的发展中却变得片面，“感性失去了它鲜明的色彩，变成了几何学家的抽象的感性……唯物主义变得敌视人类了”[⑥]。由此我们提出：以感性经验与诗性智慧为主要表现形式的诗性人文学术，是对唯物主义真实面目的回归与精神境界的拓展。由此可知，诗性人文学术“有助于纠正过度理性化、科学化与实证化的现代主流学术范式，对于更好地实现学术研究的人文关

① 钱穆：《现代中国学术论衡》，生活·读书·新知三联书店，2001年版，第106—107页。
② 朱维铮主编：《周予同经学史论著选集》，上海人民出版社，1983年版，第633页。
③ 刘士林：《中国话语：理念与经验》，上海三联书店，2006年版，第121页。
④ 《马克思恩格斯全集》第10卷，人民出版社，1998年版，第686页。
⑤ 刘士林：《建构江南城市研究的诗性人文学术谱系》，《学术月刊》2008年第8期。
⑥ 《马克思恩格斯全集》第2卷，人民出版社，1957年版，第163—164页。

怀十分必要与重要”[①]。进一步说，在江南文化研究中，以“经济研究”和“社会研究”为基础，补充和加强“人文研究”，促进三者的融合互动，是发现一个更加真实和完整的江南文化最重要学术路径之一。

三是江南文化与江南城市研究的西方框架及其卵翼下的中国话语问题。在西方学术框架下，主要以中华书局出版的《中华帝国晚期的城市》、江苏人民出版社的《宋代江南经济史研究》、上海人民出版社的《帝国晚期的江南城市》、江苏人民出版社的《蒙元入侵前夜的中国日常生活》等为代表，并以其特有的理论视角和研究方法深刻影响了国内的相关研究。在国内学术界，主要以人民出版社的《明清时期江南城市史研究：以苏州为中心》、中华书局的《宋代江南城市研究》、清华大学出版社的《江南的城市工业与地方文化》、复旦大学出版社的《江南市镇：传统与变革》、高等教育出版社的《江南城市群文化研究》等为代表，在推动江南文化和江南城市研究的深化上发挥了积极的重要作用。但是问题在于，由于这些研究的理论工具主要来自西方，加上人们在使用时对其解释江南文化和江南城市经验的合法性缺乏足够的论证和必要的修正，因而在一些结论和判断上也存在着不少值得商榷和讨论之处。这也是未来深入推进江南文化和江南城市研究需要重点关注和探索解决的方面。

在某种意义上说，这是20世纪以来西方学术理论与方法在解释中国经验时存在的普遍问题。按照一般的理解，西方理论与方法源自西方民族的历史实践，前者对解释后者具有完全的合理合法性。而至于这些理论与方法是否适合其他民族，则需要有一个论证和检验的程序。在研究中国都市文化时，我们曾提出要以“区分中西”为原则，探索和建构适合中国的学术语境，认为“尽管西方城市社会学等知识体系十分发达，是研究中国都市文化最重要的理论资源与方法工具，但另一方面，由于它们基本上是对西方城市历史经验的理论总结，由于中西文明在城市起源、历史形态、精神传统以及当代城市化的条件与背景等方面的巨大差异，因而其解释中国都市经验的合法性是特别需要小心论证的”[②]。其实关于这些问题，前人就已经注意到了。如与现代西方城市主要走以大城市为中心发展道路不同，

① 刘士林：《建构江南城市研究的诗性人文学术谱系》，《学术月刊》2008年第8期。

② 刘士林：《江南都市文化的“文化理论”与“解释框架”》，《江苏社会科学》2006年第4期。

在中国南宋时期，“大都市人口集中的程度已达极限，新的发展趋势是形成大都市附近的卫星市镇，让大都市去担负行政功能，而由新兴的卫星市镇去分担日渐加重的商业功能”[①]。再如在城乡关系上，与工业化以前的欧洲西方城乡区域之间往往截然分开不同，牟复礼在研究明清苏州城市史时曾指出中国的城市和农村是相互开放的，没有明显的空间利用方式使两者相互隔绝开来。[②] 当然，这绝不是要完全排斥西方理论，而是要以开放包容的学术胸襟和更加严谨求实的学术作风，推进“西方江南研究”与“中国江南研究”融合与协调发展。

由上可知，传统江南文化研究由于自身的历史和学术局限，已远不能适合当今长三角一体化对其区域文化资源提出的现实需求。在充分吸收和借鉴传统研究的基础上，开展一种独立、系统、符合中华优秀文化传承创新发展，能在推进长三角一体化进程中发挥重要作用的江南文化和城市研究，是一个需要大力开拓和深入探索的重大学术领域。

二、横向辨析：当下江南文化和城市研究中的结构性问题和矛盾

江南文化和城市研究的“热”，既与明清时代江南地区高度发达的城市经济和文化相关，也是当今长三角地区在国家发展大局中战略价值不断提高的必然反映。其主要标志有三：一是 2008 年国务院提出长三角建设“世界级城市群”，江南地区随之被推到当今世界舞台的中心；二是 2010 年上海世博会提出“城市，让生活更美好”，开启了这个中国当代经济高地的文化转向和探索之路；三是 2018 年上海市将江南文化列为打响文化品牌的重点任务，为长三角三省一市确立了共同的文化价值纽带和共有精神家园。但与快速变化、发展着的现实进程相比，关于长三角的思想文化理论研究却远远没有跟上。这是人们一般只能照搬照抄西方文化与城市理论，同时也是在实践中经常“跟着感觉走、拍脑袋决策”的深层次原因。学术理论研究中存在的问题，会直接影响到江南文化和城市的发展。特别是与长三角一体化国家战略提出的文化需求和期待相比，当下的江南文化与城

① 赵冈：《论中国历史上的市镇》，《中国社会经济史研究》1992 年第 2 期。
② 李伯重：《多视角看江南经济史》，三联书店，2003 年版，第 383—384 页。

市研究主要存在以下结构性的问题和矛盾，必须要通过理论研究和学术创新尽快地加以解决。

首先，在结构上看，是“历史研究”强势而“理论研究”羸弱。这与历史主义学术史观在现代中国学术中的兴起以及传统经学学术史观在现代化进程中的体系性崩解直接相关。“如果说经学学术史观旨在‘求善’，一切对天人、物理、历史、文献等的解释，目的全在于维护封建伦理道德，即‘经夫妇、成孝敬、后人伦、美教化、移风俗’；那么史学解释学的目的则在‘求真’……即把被经学夸大、抽象、扭曲、道德化了的历史，恢复为其本来面目。如王国维的二重证据法，它就超越了‘本经立义’的规范，不是用经书记载，而是用地下出土文物，去检验或复原真实的历史本身。”①这个巨大的学术史背景，是江南文化研究中“历史话语”格外强势和庞大的主要原因之一。

客观说来，在促进中国学术从传统向现代形态的转换中，历史主义学术思潮曾具有重大的进步意义。但是问题在于，历史本身并不只是一大堆“史料”，还包含了理解历史进程的观念、整理历史文献的工具、解读历史规律的方法和建构历史体系的价值立场。正如克罗齐所说“一切历史都是当代史”，历史和现实之间并没有“硬的界限”，过去的一切也不会和活生生的当下截然区分开，因此那种历史主义自诩的“回归历史本身”及“价值中立”本身就是不存在的。相反却是，如果在研究中过于排斥现实关切和时代价值，则必会导致伊格尔顿所说“在科学的名义下，知识不再负载伦理和审美的作用，也开始失去了与价值的联系”②。正是基于这一思考，我们曾提出研究历史需要从“对主体思维方式的清理”开始，认为“从清理材料到清理思维，它是一种向历史深处的进军”。③ 即如果不先把关于历史的观念和价值问题搞清楚，实际上也是无法开展真正的历史研究的。对于江南文化和城市研究来说，就是在开展具体的历史研究之前，首先建构一个基础性的文化理论，这种基础理论研究会直接影响到历史研究的结论的可靠以及对当代价值的判断。

其次，从学科上看，是单体研究热闹而整体研究冷落。当下的江南文

① 刘士林：《先验批判》，上海三联书店，2000年版，第143—144页。
② 伊格尔顿：《美学意识形态》，王杰等译，广西师范大学出版社，1997年版，第366页。
③ 刘士林：《先验批判》，上海三联书店，2000年版，第147页。

化与城市研究主要依托文学、语言学、历史学、艺术学、社会学、经济学、建筑学、地理学等相关社会科学、自然科学和人文学科，并天然划分出江南文学、江南诗歌、江南绘画、江南舞蹈、江南音乐、江南戏曲、江南民俗、江南工艺、江南科技、江南经济、江南城市、江南社会等各个研究领域，一直以来人们也习惯于把这种单体研究等同于整体研究，或者是认为把它们汇编在一起就完成了所谓的江南文化研究。但由于不同学科在思维方式和研究范式上差异很大，就很难在一些基本问题上达成共识。这在某种意义是现代社会过度专业化的必然结果。如怀特海所说："每一个专业都将进步，但它却只能在自己那一个角落里进步。在思想上限于一隅……社会的专业化职能可以完成得更好、进步得更快，但总的方向却发生了迷乱。"①

在这种知识生产的大背景下，即使有一些综合性的研究与跨学科的探索，也由于缺乏基础性的总体理论框架规约而乏善可陈。其中最典型的是关于江南文化的概论性研究，如时下为数并不算少的越文化、吴文化、海派文化、徽文化等概论研究，基本上都是把所涉及的不同学科的知识和成果汇编在一起，并以此等同于"江南文化研究"或某个片区的文化研究。但如果我们把江南文化看作是一个有机整体，由系统论"系统大于部分之和"这一基本原理可知，江南文化整体研究绝不等于各部分研究的机械叠加或简单组合。这与当下中国文化研究"缺乏核心范畴又没有逻辑系统"的基本情况一致，它导致的是把文化研究变成了从时间角度来排列历史生活现象，而不是从逻辑角度去重建一个完整的可理解的历史有机体。因此，要想有效改变单体研究热而整体研究冷的现状，首先需要把单体研究和整体研究的差异搞清楚，避免后者被前者取代。当然，单体研究和整体研究有内在联系，前者也为后者提供了大量的素材。在当下真正重要和紧迫的是如何以单体研究的丰富成果为基础，通过江南文化基本概念、范畴体系、学科框架研究和建设，促进不同学科、不同门类视界融合与综合创新，以整体研究规范和引导单体研究，把江南文化研究真正提升到系统和整体的理论高度。这不仅决定着江南文化研究自身能抵达何种学术境界，也决定着这项研究对长三角一体化实践可以提供何种智力支持。

---

① 怀特海：《科学与近代世界》，何钦译，商务印书馆，1959年版，第188—189页。

再次，从内容上看，是实用研究过剩而人文研究短缺。出于满足长三角经济社会发展的现实需要，当下各种应用型研究报告、政策建议类成果备受青睐，几乎每个地方政府都组织出版各种经济社会发展报告，而相关高校、科技机构和社会智库的咨询、策划研究更是不计其数。这些应用研究的主要问题有两方面：一是“急功近利”的问题。由于缺乏基础理论指导同时又急于服务现实需要，不少研究都属于“应急式”“圈地式”的“速成品”，如一些城市资助支持的相关“排行榜”，或是为争夺文化资源而挑起的各种“口水战”，其中普遍存在着浅尝辄止、囫囵吞枣、浑水摸鱼等突出问题，它们不仅严重损害了江南文化的总体和长远利益，也直接影响到对江南文化真精神和真价值的认知和接受。二是受其学科性质、研究范式、价值取向等影响，这些实用研究最容易犯的毛病则是所谓的“见物不见人”。借助“量化”“标准化”“大数据”“算法”等当代学术“口实”，这些研究直接牺牲了江南文化最宝贵的诗性和审美精神。

正如我们一再强调指出的，江南文化在本质上是一种诗性文化，代表了我国区域文化在审美和艺术上的最高水准，对应对现代人普遍的精神和心理危机，促进长三角社会、文化和精神生态的保护建设具有重大战略资源价值。但这种真正具有现代性价值的学术研究与探索，在过于实证化的相关社会科学研究中基本上是看不到的。而如果继续认为这种实用研究就是江南文化研究，则完全有悖于开展江南文化研究和建设的初衷和目的。由此可知，如何在江南经济、社会、金融、科技等“物质条件”充分研究的基础上，按照精神生产和文化发展的内在规律和要求，进一步强化和深化江南文化和城市的人文研究，发现和确定江南文化与长三角城市群建设、长三角一体化国家战略实施的契合点与纽带，不仅最终决定了江南文化和城市研究能够走多远、提升到何种境界，同时也可为更好地满足人民群众的美好生活需要、促进和引导长三角发展成为一个真正的“命运共同体”发挥重要作用。

三、前景展望：促进江南文化的创造性转化和创新性发展

刘勰《文心雕龙·时序篇》说：“文变染乎世情，兴废系乎时序。”白居易《与元九书》中说：“文章合为时而著，歌诗合为事而作。”恩格斯也

曾指出："社会一旦有技术上的需要，则这种需要就会比十所大学更能把科学推向前进。"[①] 江南文化和城市研究学术创新是长三角创新发展的核心组成部分之一，未来该怎样进一步加强和深化江南文化和城市研究，在深入研究中需要处理好哪些关系和矛盾，我们在此提出几点不成熟的意见和看法，供方家指正。

一是要注重处理好历史研究和文化研究的关系。简单说来，这是一种既相互依存又相互斗争的关系。一方面，没有"坐冷板凳"式的扎实的文献研究、文物考据、史实论证等历史研究支撑，江南文化和城市研究就会失之于空、流之于野，缺乏坚实的历史依据，最终沦为各种对江南文化和城市的戏说、乱说乃至于胡说八道，最终使严肃的学术研究和理论探索沦为一种想象力的游戏和话语的狂欢。在文化生态环境日益浮躁、"想怎么说就怎么说"的当下，强调这一点是十分必要和重要的。另一方面，也不能走向相反的另一个极端改为破折号将文化研究最关注的价值、意义、时代关切、超越理想等全盘否定，因为这些不仅决定着当代江南文化和城市研究的现实意义，同时也应该成为一切历史研究最后的归宿。对此最关键的是树立一种新的学术观，把有学术的思想与有价值的知识真正统一起来，同时要学会运用理论和理性的工具，把真正的学术创新和各种学术泡沫区别开。而这也是必须强化基础理论研究的重要原因之一。

二是要准确把握学术定位和现实定位的关系。一般说来，任何学术研究都有两个定位、两种功能和两个空间。一个是针对学术自身而言，在基本理论问题、研究方法方式、学科知识推进、规律本质把握上作出的努力和贡献，另一个是针对社会而言，也就是我们通常所说的学以致用、文以载道和理论联系实际等。如果一种知识和理论只是一种智力游戏，即使不能说它完全错误，但也可以说是有重大缺憾的。对于江南文化和城市研究也是如此，它在学术定位上必然要精研学理、探索新知，为一种更加纯粹的江南文化知识和理论孜孜以求，同时在现实定位上，必然要超越"钻故纸堆"和"发思古之幽情"，而是要在纷纭世界中为当代人提供一种理性的研究方法、观念、理论与解释框架，帮助人们在个体与社会之间建立起真实的现实联系。当然，这两者在发展到最高境界时并不矛盾，因为前者

① 《马克思恩格斯全集》第4卷，人民出版社，1977年版，第505页。

提供的可靠知识和理论，恰好是后者介入现实、改造现实最需要的理性智慧和力量。

三是要积极理顺大处着眼和小处着手的关系。在新时代提出江南文化和城市研究的命题，绝不是要回归南朝名士的“越世高谈”、南宋时期的“西湖歌舞”、明清文士的“诗酒行乐”、近代十里洋场的“纸醉金迷”。党的十九大报告指出，要“推动中华优秀传统文化的创造性转化、创新性发展”。随着长三角一体化发展正式列入国家战略框架体系，推动江南文化和城市的创造性转化和创新性发展，为长三角一体化发展战略实施提供强大和可持续的精神资源和力量，已经势在必行。为了能够更好地回应时代需要、承担使命任务，促进江南文化学术研究和江南文化战略研究的融合发展，避免江南研究泛化、口号化和庸俗化，必须在继承传统学术研究的基础上，从具体问题入手开展江南文化和城市研究，如江南概念和范围的界定、江南文化发生和历史流变的过程与机制、江南文化的精神内涵和核心价值、江南文化与中华文化的关系、江南文化各小传统的关系、江南文化的传播路线、江南城市与中国古代城市化进程、古代江南中心城市与周边城市的关系、江南城市与当代长三角城市群的关系等。对这些基本问题的深入研究若能够达成共识，不仅有助于推进江南文化理论与学科建设，同时也是为长三角一体化发展持续提供理论支持的重要源泉。

参考文献

学术专著

1. 班固撰，中华书局编辑部点校：《汉书》，中华书局，1962 年版。
2. 本尼迪克特：《文化模式》，华夏出版社，1987 年版。
3. 卞利主编：《徽州文化史（近代卷）》，安徽人民出版社，2014 年版。
4. 陈国灿：《宋代江南城市研究》，中华书局，2002 年版。
5. 陈桥驿主编：《浙江地理简志》，浙江人民出版社，1985 年版。
6. 陈学文：《明清时期太湖流域的商品经济与市场网络》，浙江人民出版社，2000 年版。
7. 戴伟华：《地域文化与唐代诗歌》，中华书局，2006 年版。
8. 董诰等辑：《全唐文》卷三一六，中华书局，1983 年影印版。
9. 段本洛、张圻福：《苏州手工业史》，江苏古籍出版社，1986 年版。
10. 段义孚：《恋地情结》，志丞、刘苏译，商务印书馆，2018 年版。
11. 范祖述：《杭俗遗风》，成文出版社，1983 年版。
12. 傅崇兰、白晨曦、曹文明等：《中国城市发展史》，社会科学文献出版社，2009 年版。
13. 傅崇兰：《中国运河城市发展史》，四川人民出版社，1985 年版。
14. 傅衣凌：《明清时代经济变迁论》，人民出版社，1989 年版。
15. 高树森、邵建光编：《金陵十朝帝王州》，中国人民大学出版社，1991 年版。
16. 高彦颐：《闺塾师——明末清初江南的才女文化》，李志生译，江苏人民出版社，2005 年版。
17. 葛剑雄主编：《中国移民史（第 2 卷）》，福建人民出版社，1997 年版。

18. 葛永海：《古代小说与城市文化研究》，复旦大学出版社，2005 年版。
19. 韩春平：《明清时期南京通俗小说创作与刊刻研究》，暨南大学出版社，2012 年版。
20. 胡适：《胡适口述自传》，华东师范大学出版社，1983 年版。
21. 怀特海：《科学与近代世界》，何钦译，商务印书馆，1959 年版。
22. 黄宗智：《长江三角洲的小农家庭与乡村发展》，中华书局，1991 年版。
23. 靳润成主编：《中国城市化之路》，学林出版社，1999 年版。
24. 卡西尔：《人论》，甘阳译，上海译文出版社，1985 年版。
25. 康德：《判断力批判》，宗白华译，商务印书馆，1964 年版。
26. 乐正：《近代上海人社会心态》，上海人民出版社，1991 年版。
27. 李伯重等主编：《江南的城市工业与地方文化》，清华大学出版社，2004 年版。
28. 李斗：《扬州画舫录》，中华书局，1960 年版。
29. 李涵秋：《广陵潮》，百花文艺出版社，1986 年版。
30. 李琳琦：《徽州教育》，安徽人民出版社，2005 年版。
31. 李廷先：《唐代扬州史考》，江苏古籍出版社，2002 年版。
32. 李学勤等主编：《长江文化史》，江西教育出版社，1995 年版。
33. 李仲谋编：《徽州文化综览》，安徽教育出版社，2004 年版。
34. 凌濛初：《二刻拍案惊奇》，上海古籍出版社，1983 年点校本。
35. 刘梦溪：《学术与传统》（上卷），北京时代华文书局，2017 年版。
36. 刘士林编：《江南文化的诗性阐释》，上海音乐学院出版社，2008 年版。
37. 刘士林：《苦难美学》，湖北人民出版社，2004 年版。
38. 刘士林：《千年挥麈》，百花洲文艺出版社，2000 年版。
39. 刘士林：《西洲在何处——江南文化的诗性叙事》，东方出版社，2005 年版。
40. 刘士林：《先验批判》，上海三联书店，2000 年版。
41. 刘士林：《振衣千仞：江南文化名人》，上海人民出版社，2010 年版。
42. 刘士林：《中国话语：理念与经验》，上海三联书店，2006 年版。
43. 刘士林：《中国诗性文化》，海南出版社，2006 年版。
44. 刘士林：《中国诗性文化》，江苏人民出版社，1999 年版。
45. 刘昫：《旧唐书·地理志》，中华书局，1975 年版。

46. 龙登高：《江南市场史——十一至十九世纪的变迁》，清华大学出版社，2003 年版。
47. 马家鼎选注：《扬州文选》，苏州大学出版社，2001 年版。
48. 马正林：《中国城市历史地理》，山东教育出版社，1999 年版。
49. 芒福德：《城市发展史——起源、演变和前景》，宋俊岭、倪文彦译，中国建筑工业出版社，2005 年版。
50. 孟元老撰，邓之诚注：《东京梦华录注》，中华书局，1982 年版。
51. 墨菲：《上海——现代中国的钥匙》，章克生等译，上海人民出版社，1986 年版。
52. 倪望重等：《祁门倪氏族谱》卷下《诰封淑人胡太淑人行状》，清光绪二年刻本。
53. 潘永因辑，刘卓英点校：《宋稗类钞》，书目文献出版社，1985 年版。
54. 钱穆：《现代中国学术论衡》，三联书店，2001 年版。
55. 秦绍德：《上海近代报刊史论》，复旦大学出版社，1993 年版。
56. 沈朝宣纂辑：《（嘉靖）仁和县志》，齐鲁书社，1996 年版。
57. 施坚雅主编：《中华帝国晚期的城市》，叶光庭、徐自立等译，中华书局，2000 年版。
58. 司马光撰，胡三省注：《资治通鉴·汉纪》，中华书局，1956 年版。
59. 司马迁撰，中华书局编辑部点校：《史记》，中华书局，1959 年版。
60. 斯宾格勒：《西方的没落》，陈晓林译，黑龙江教育出版社，1988 年版。
61. 苏保华：《扬州文学镜像研究》，社会科学文献出版社，2009 年版。
62. 苏轼：《苏轼文集》，商务印书馆，1930 年版。
63. 唐宋运河考察队编：《运河访古》，上海人民出版社，1986 年版。
64. 陶思炎等：《中国都市民俗学》，东南大学出版社，2004 年版。
65. 滕复等编：《浙江文化史》，浙江人民出版社，1992 年版。
66. 汪辟疆校录：《唐人小说》，上海古籍出版社，1978 年版。
67. 汪良发主编：《徽州文化十二讲》，合肥工业大学出版社，2008 年版。
68. 王士性：《王士性地理书三种》，上海古籍出版社，1993 年版。
69. 王士性撰，周振鹤点校：《广志绎》，中华书局，2006 年版。
70. 王卫平：《吴文化与江南社会研究》，群言出版社，2005 年版。
71. 王孝通：《中国商业史》，团结出版社，2006 年版。

72. 王心喜：《杭州史前文化研究》，人民出版社，2007 年版。
73. 王旭烽：《杭州史话》，杭州出版社，2000 年版。
74. 王振忠：《明清徽商与淮扬社会变迁》，三联书店，1996 年版。
75. 吴其贞：《书画记》，人民美术出版社，2006 年版。
76. 吴自牧：《梦粱录》，广陵书社，2003 年影印版。
77. 夏时正纂修：《杭州府志》，齐鲁书社，1996 年版。
78. 谢国桢：《明清笔记谈丛》，上海古籍出版社，1981 年版。
79. 谢和耐：《蒙元入侵前夜的中国日常生活》，刘东译，江苏人民出版社，1995 年版。
80. 辛文房撰，孙映逵校注：《唐才子传校注》，中国社会科学出版社，1991 年版
81. 熊月之、周武主编：《上海：一座现代化都市的编年史》，上海书店出版社，2007 年版。
82. 许承尧：《歙事闲谈》卷一八《歙风俗礼教考》，黄山书社，2001 年版。
83. 许维遹撰，梁运华整理：《吕氏春秋集释》，中华书局，2009 年版。
84. 薛冰：《南京城市史》，东南大学出版社，2015 年版。
85. 伊格尔顿：《美学意识形态》，王杰等译，广西师范大学出版社，1997 年版。
86. 余秋雨：《文化苦旅》，东方出版中心，1992 年版。
87. 约翰逊主编：《帝国晚期的江南城市》，成一农译，上海人民出版社，2005 年版。
88. 翟屯建主编：《徽州文化史（先秦至元代卷）》，安徽人民出版社，2015 年版。
89. 张岱撰，云告点校：《琅嬛文集》，岳麓书社，1985 年版。
90. 张海鹏等编：《明清徽商资料选编》，黄山书社，1985 年版。
91. 张之恒：《长江下游新石器时代文化》，湖北教育出版社，2004 年版。
92. 彰军选编：《郁达夫作品精选》，广西师范大学出版社，1994 年版。
93. 赵吉士：《徽州府志》卷一七《流寓》，清康熙三十八年刻本。
94. 赵吉士：《寄园寄所寄》卷十一《泛叶寄·故老杂记》，黄山书社，2008 年版。
95. 赵汸：《东山存稿》卷四《商山书院学田记》，文渊阁《四库全书》本。

96. 赵晔撰，徐天祜音注，苗麓点校：《吴越春秋》，江苏古籍出版社，1999 年版。
97. 浙江省文物考古研究所编：《良渚遗址群考古报告之二：反山》，文物出版社，2005 年版。
98. 郑学檬：《中国古代经济中心南移和唐宋江南经济研究》，岳麓书社，2003 年版。
99. 钟毓龙：《说杭州》，浙江人民出版社，1983 年版。
100. 周峰主编：《杭州历史丛编之六·民国时期杭州》，浙江人民出版社，1997 年版。
101. 周密撰，钱之江校注：《武林旧事》，浙江古籍出版社，2011 年版。
102. 周晓光主编：《徽州文化史（明清卷）》，安徽人民出版社，2015 年版。
103. 朱福炷、许凤仪：《扬州史话》，江苏古籍出版社，1985 年版。
104. 朱维铮主编：《周予同经学史论著选集》，上海人民出版社，1983 年版。
105. 祝穆：《方舆胜览》卷十六《徽州》，中华书局，2003 年版。

期刊报纸文章

1. 陈泳：《当代苏州城市形态演化研究》，《城市规划学刊》2006 年第 3 期。
2. 冯保善：《南京城市历史品格刍议》，《中国名城》2012 年第 5 期。
3. 高利华：《越文化孕育的自然环境及其文化特色》，《绍兴文理学院学报》2007 年第 5 期。
4. 高有鹏：《唐代扬州民俗文化初论》，《民俗研究》2000 年第 4 期。
5. 顾琅川：《古越文化精神研究》，《绍兴文理学院学报》2004 年第 5 期。
6. 李伯重：《八股之外：明清江南的教育及其对经济的影响》，《清史研究》2004 年 1 期。
7. 李久海：《论扬州宋三城的布局和防御设施》，《东南文化》2000 年第 11 期。
8. 李正爱：《从城市史看杭州城市文化的发展》，《南通大学学报：社会科学版》2011 年第 4 期。

9. 李正爱：《明清刻书业与江南城市的文化生产》，《浙江科技学院学报》2012年第2期。
10. 刘士林：《城市中的礼与乐》，《光明日报》2005年5月23日。
11. 刘士林：《从历史真实到历史的精神真实》，《社会科学战线》2003年第2期。
12. 刘士林：《当代江南都市文化的审美生态问题》，《光明日报》2005年10月11日。
13. 刘士林：《建构江南城市研究的诗性人文学术谱系》，《学术月刊》2008年第8期。
14. 刘士林：《江南城市与诗性文化》，《江西社会科学》2007年第10期。
15. 刘士林：《江南都市文化的"文化理论"与"解释框架"》，《江苏社会科学》2006年第4期。
16. 刘士林：《江南诗性文化：内涵、方法与话语》，《江海学刊》2006年第1期。
17. 刘士林：《江南与江南文化的界定及当代形态》，《江苏社会科学》2009年第5期。
18. 刘士林：《江南轴心期与中国古典美学精神的生成》，《浙江学刊》2004年第6期。
19. 刘士林：《人是一根有情感的芦苇——〈诗经·蒹葭〉与中国民族审美情感的历史源流》，《上海师范大学学报》2006年第1期。
20. 刘士林：《"诗化的感性"与"诗化的理性"》，《上海师范大学学报》2009年第1期。
21. 刘士林：《文化都市的界定与阐释》，《上海大学学报》2008年第3期。
22. 刘永：《西湖游赏的诗性境界及其当代意义》，《江南大学学报：人文社会科学版》2008年第6期。
23. 吕林荫：《发现扬州的发现》，《解放日报》2006年6月9日。
24. 毛燕武：《杭州城市近代化及其发展有限性（1896—1937年）》，《杭州研究》2008年第1期。
25. 宁欣：《转型期的唐宋都城：城市经济社会空间之拓展》，《学术月刊》2006年第3期。
26. 王鹏，孔茜：《扬州何以成首批"历史文化名城"》，《扬州日报》2015

年 4 月 16 日。
27. 许檀、高福美:《清代前期的龙江、西新关与南京商业》,《历史研究》2009 年第 2 期。
28. 许檀:《明清时期城乡市场网络体系的形成及其意义》,《中国社会科学》2000 年第 3 期。
29. 张宏生:《哈佛大学东亚语言与文明系韩南教授访问记》,《文学遗产》1998 年第 3 期。
30. 张兴龙:《"扬州小说"概念界定的理论阐释》,《明清小说研究》2016 年第 3 期。
31. 赵晔:《余杭良渚遗址群聚落形态的初步考察》,《东南文化》2002 年第 3 期。

索　引

后　记

本书为2018年上海市哲学社会科学规划“江南文化研究”系列课题《江南城市文化与长三角高质量一体化发展》（课题批准号：2018XAC005）的最终成果。

具体各篇章的内容及作者如下：

绪论　江南的历史、文化和城市（刘士林）

第一章　江南城市文化的诗性内涵与文化阐释（刘士林）

第二章　江南城市群与长三角的历史渊源与当代重构（刘士林）

第三章　苏州篇：江南水乡里的一株睡莲（王晓静、严明）

第四章　南京篇：从政治首都到文化都会的变奏（朱逸守）

第五章　扬州篇：以“灯火连星汉，帆樯近斗牛”作对联（张兴龙）

第六章　杭州篇：日常生活审美化最佳实践地（李正爱）

第七章　宁波篇：有一颗面向大海之心的江南城市（黄文杰）

第八章　徽州篇：中国古代城镇建设者出生和出发的地方（周枣）

第九章　上海篇：从大海里升起来的伟大城市（刘士林）

第十章　建构江南城市研究的诗性人文学术谱系（刘士林）

结语　关于深化江南文化及城市研究的若干问题（苏晓静、刘士林）

其中，既有在江南研究中长期合作的师友，也有新加入的友人和弟子，我们的目的只有一个，就是把江南城市文化研究好，同时希望为当今的长三角一体化进程提供支持。

作为主其事者，在此我要对参与本项目研究的全体专家、在收官阶段对书稿主要内容进行审读的常如瑜教授、对全书进行最后校勘的王晓静博士表示深深的感谢。是为后记。

刘士林

于沪上春江锦庐寓所